EUROPA PERSÖNLICH

Erlebnisse und Betrachtungen
deutscher P.E.N.-Autoren

Herausgegeben von
Thilo Koch

Horst Erdmann Verlag
Tübingen und Basel

In Zusammenarbeit mit Inter Nationes

ISBN 3 7711 0163 8

Gesetzt aus der Helvetica und der Garamond-Antiqua
Satz und Druck: Druckerei Am Fischmarkt, Konstanz
Bindearbeiten: Großbuchbinderei Josef Spinner, Ottersweier

Inhalt

Thilo Koch
Einleitung

Lieben Sie Europa?

Diese Frage richtete ich zu allererst an die Mitarbeiter dieser Anthologie, als ich sie einlud, einen Beitrag zu schreiben. Zuvor hatte ich mich selbst gefragt: liebte ich Europa? Mir machte es sofort Spaß, darüber nachzudenken. Spontan fiel mir ein bestimmter Augenblick ein. Die Wagenkolonne hielt an einer Stelle der Straße, die aus dem Parnaß von Norden kommt, wo sie sich zum Meer hin öffnet. Attika lag vor uns, in der Mitte Athen und im Zentrum Athens: die Akropolis. Ich war zwanzig Jahre alt und Soldat, wir schrieben das Jahr 1941.

Warum war das ein europäisches Erlebnis? Ich begegnete zum ersten Mal, wie Hölderlins Hyperion, meiner großen idealistischen Liebe: Griechenland. Dies geschah auf sonderbare Weise, mitten im größten der vielen großen europäischen Kriege. Ich sah zum ersten Mal das Mittelmeer, und wie viele Germanen vor mir, glaubte ich endlich zu fühlen, wofür ich lebte, ja daß ich lebte. Natürlich verliebte ich mich in eine Griechin.

Langsam, sagte ich mir, das ist doch wohl keine seriöse Annäherung an ein so ernstes Thema wie Europa. Andererseits, warum nicht einmal Europa sehr persönlich nehmen? Mir fiel auch etwas Bitterernstes, wiederum ganz Persönliches dazu ein. 1949 wurde mein Sohn in Berlin geboren, während der Blockade. Der Doktor hatte nur eine Propangaslampe, notfalls Kerzenlicht. Aber zwei Millionen Westberliner nahmen Dunkelheit, Hunger, Kälte in Kauf, um nicht russisch zu werden. »Wir wollen Europäer

bleiben«, hörte ich Ernst Reuter, damals unser Bürgermeister, einmal sagen.
Wieso eigentlich – waren die Russen denn keine Europäer? »Europa bis zum Ural«, entschied später der General de Gaulle mit dem ihm eigenen antieuropäischen Pathos; er liebte Europa nicht, weil er nur Frankreich lieben konnte. Wollte er die Sowjetunion teilen, die sich doch bekanntlich bis nach Wladiwostock erstreckt, 7000 km gemeinsame Grenze mit der chinesischen Volksrepublik hat? Die Sowjetunion ist eine europäische Macht, aber auch eine asiatische, und so drückte Reuter aus, was wir damals, kurz nach 1945, empfanden: Europa und der Westen, das waren Synonyme.
Welch eine Ungerechtigkeit gegen alles Europäische östlich von Eisenach. Peter Härtling beschreibt in diesem Buch, wie er mit seinem Vater zu dessen Eltern nach Brünn reist, und sagt: »Allmählich entdecken wir den europäischen Osten von neuem. Seine Reichtümer sind erdrückend.« Rudolf Walter Leonhardt: ». . . die Familie Leonhardt war aus dem Böhmischen nach Sachsen gekommen. Im Lande des böhmischen Humanismus, der im 17. Jahrhundert blühte, hatte sie, wie landesüblich, einen schwer aussprechbaren oder ungefälligen Namen gegen das damals schicke Pseudolatein meines Familiennamens eingetauscht . . .«
Der deutsch schreibende, aus Rumänien stammende Petru Dumitriu erzählt hier, wie kosmopolitisch-europäisch er aufwuchs. Das galt ja auch für Generationen von Russen; noch Pasternak studierte in Marburg. Werner von Simson, der mütterlicherseits aus Argentinien stammt und lange in England lebte, erinnert sich: »Wie groß war Europa, als ich jung war! . . . Amerika lag noch auf einem anderen Planeten. Rußland war ein literarischer und musikalischer, China mehr ein geographischer Begriff.« Ja, das Europa vor dem Ersten Weltkrieg konnte sich noch für die Welt halten.
Hilde Spiels Beitrag beginnt: »Die Welt über den eigenen Kirchturmspitzen hinaus zu sehen, in jüngsten Jahren das Gefühl der Weite, des großen Raumes, aber auch der Vielfalt in der Einheit kennenzulernen – wem wäre das leichter gefallen als einem Kind der Donaumonarchie?« Die Wienerin, die später nach Eng-

land emigriert, erwähnt, wie sie 1936 ihren Wohnsitz in London nimmt, »... und so gewissermaßen aus dem europäischen Orbit herausfiel«. Großbritannien also gehörte so recht nicht zu Europa? Frankreich aber wird, was mir Griechenland war, für Hilde Spiel »die erste Liebe«, Lehrmeisterin, Inspiration – literarisch zunächst.

Max von Brück spricht von seinem Kindheits-Vaterland Europa, für ihn ist der alte Kontinent die Fluchtburg, er beklagt »die Demontage des klassischen Europa«, preist das geschichtsträchtige französische Midi bei Aix, wo man das private Glück höher achte als die historische Größe. Diese Erfahrung berührt sich mit meinem Ansatz für das Buch »Europa persönlich«. Historische Aspekte Europas und aktuelle, die morgen Geschichte sein werden, das alles war und wurde oft genug und übergenug abgehandelt. In der Tat, mir schwebte Privates vor und, wo es sein konnte, auch etwas privates Glück mit Europa.

»Bitte, schreiben Sie einen ganz persönlichen Text«, bat ich die Mitarbeiter. »Leben Sie gern in Europa oder lieber woanders? Was denken, was empfinden Sie bei Wort und Begriff Europa? Gab es in Ihrem Leben persönliche Erfahrungen mit Europa?« Wie jeder Herausgeber war ich ängstlich und neugierig und hoffnungsfroh. Würde eine ähnliche Saite, wie sie bei mir anklang, bei so höchst unterschiedlichen und ausgeprägten Persönlichkeiten mitschwingen wie Ralf Dahrendorf und Peter de Mendelssohn, Christian Ferber und Wilhelm Wolfgang Schütz, Martin Gregor-Dellin und Werner Ross?

Bei der Auswahl der Beiträge sah ich ein bißchen darauf, daß die Autoren etwas mehr von Europa kannten als Deutschland und etwas mehr von der Welt als Europa. Besonders stark wurde zufällig eine »römische Fraktion«: Nino Erné und Gustav René Hocke leben in Rom, Max von Brück war lange dort, Horst Rüdigers Seele kann sich nie ganz von Rom trennen, auch wenn der Geist des Professors in Bonn lehrt. Entscheidend prägte England das Europa-Bewußtsein von Hilde Spiel und Peter de Mendelssohn, dessen Essay sogar ganz um einen Dialog mit England zentriert ist; in London lebt Christian Ferber; Rudolf Walter Leonhardt war viele Jahre dort, ebenso Wilhelm

Wolfgang Schütz und Werner von Simson; Ralf Dahrendorf ist der einzige politische Berufs-Europäer in der Autorenschar, er ist nicht nur mit einer Londonerin verheiratet, sondern begann auch seine wissenschaftliche Laufbahn in England.
Nie hat es so etwas wie eine Achse Rom–London gegeben. Hier ist sie. Um sie kreist das Karussell dieser Berichte; das war nicht beabsichtigt, es hat sich ergeben. Ich versuchte, ein bißchen weiter auszuschwingen, nach Athen und dem »europäischen« Israel auf der einen Seite, nach Lissabon auf der anderen; aber ich pendelte mich auf die Achse wieder ein mit einer Liebeserklärung für Sardinien – und für mein deutsches Domizil nach allen Lehr- und Wanderjahren, ein Nest in Ansehung des Schwarzwaldes, etwa gleich weit entfernt von Zürich wie von Straßburg, mit dem schönen europäisch-deutschen Namen Hausen ob Verena.
Martin Gregor-Dellin, der Europa seinen Seelenankerplatz nennt, erzählt von einer ersten europäischen Erfahrung in der Schweiz; sie war bitter, denn Schweizer Jungen grüßten den deutschen Wagen mit dem Hitlergruß (1937). Jürgen Petersen schreibt – für seinen Jahrgang (1909) mit traurigem Recht: »... europäisch wurden wir nicht erzogen. Der Zeitgeist wehte aus anderen Regionen. Er war im Sinne des Wortes restaurativ, national und auf Revanche aus.« Horst Rüdiger sagt dennoch: »Ich glaube nicht, daß die Kräfte erschöpft sind, die das Gesicht Europas geprägt haben.« Er überschreibt seine Arbeit: »Ich fühle mich wohl in Europa«. Und das tun sie eigentlich alle, die siebzehn Autoren des Bandes, wo immer sie auch heute leben.

Max von Brück
Fluchtburg Europa?

Fangen wir nicht mit Europa an, der erhofften umfassenden Einheit, sondern mit einer konkreten Einzelheit und ihrer einem jeden Menschen gesetzten Wirklichkeit. Beginnen wir mit dem Vaterland. Es ist die Zelle, aus der ein deutlicheres Bewußtsein umfassenderer Gemeinschaften, des Staates, der Nation, allmählich hervortritt. Das Vaterland setzt im Kleinen an – mit dem Kleinen. Es gibt ein Vaterland des Kindes und ein Vaterland des Erwachsenen. Es ist da, wo der Vater zu Hause ist: die Vokabel »Vaterland« leitet sich von Vater, dem pater familias, ab. Aber im Vaterland wird überraschenderweise eine »Muttersprache« gesprochen. Es erscheint auf den ersten Blick widersprüchlich, hat aber seine Logik für sich, da es ja die Mutter ist, die das Kind die ersten stammelnden Laute lehrt.

Nebenbei: Daß die Begriffe Vaterland, Muttersprache, Staat, nicht immer deckungsgleich sind, dafür gibt es zahlreiche Beispiele. Die Begriffe überschneiden sich zuweilen, Gefühlswerte schwingen mit, es gab und gibt Komplikationen. So liegt, beispielsweise, das Vaterland der eingesessenen Südtiroler irgendwo an Etsch und Eisack oder einem der anderen Täler; ihre Muttersprache ist unzweifelhaft Deutsch, ihr Staat ist Italien. Klare Verhältnisse, sollte man meinen. Daher wollte es mir nicht in den Kopf, als einmal ein Südtiroler Abgeordneter im italienischen Parlament einen Entrüstungssturm hervorrief, weil er deutsch als seine Muttersprache bezeichnete.

Doch zurück zum Kindheits-Vaterland. Das meine besteht, wie für jeden anderen auch, aus einem Bündel früher Erinnerungen. Da ist ein altes Haus mit einem geräumigen Garten, mit Obstbäumen, Blumen und Gemüsebeeten und vier hohen Tannen, die zum Nachbarn abgrenzen. Der Weg zur Schule führte einen schmalen Bach entlang, hinter dem die Bauernwiesen sich breiten. Am Bachesrand standen im Frühjahr Vergißmeinnicht, Anemonen und Leberblumen. Komme ich heute wieder durch die Gegend, wird Erinnerung durch die Gegenwart widerlegt. Das alles ist vergangen wie der Schnee von einst. Ein Häusermeer ist an die Stelle der Wiesen getreten, der Bach ist überbaut und verschwunden, zwar steht noch das Haus, hat aber längst den Besitzer gewechselt. Die Straße davor ist verbreitert, die vier Tannen gibt es nicht mehr, und wo einst der Nachbar war, stehen jetzt vier riesige Öltanks.

Trotzdem sind diese Kindheitserinnerungen, auch wenn sie durch die Umweltveränderungen vom Hier und Jetzt der Wirklichkeit abgelöst sind, der erste feste Punkt, von dem aus wir alle uns in die sich wandelnde Welt hineingetastet haben. Das Kindheits-Vaterland wurde zu einem Stück der Selbstgeschichte. Wir schleppen es als frühes Bild auf unserem Weg ins Leben mit. Vielleicht rekapitulieren wir, bis zu einem gewissen Grade, in unserer privaten Existenz den Geschichtslauf der Menschheit, der in privaten Gruppen und Verbänden begann und in der antiken Polis noch immer übersehbar blieb. Übersehbar ist auch die Welt des Kindes: Eltern, Geschwister, Gespielen, die Nachbarn; erste Freunde und Feinde kommen aus der Nähe. Dabei ist in früher Kindheit ein jeder ein unbewußter Weltbürger, insofern, als ihm die Nähe die ganze Welt bedeutet.

Das Vaterland war noch keine gegen andere Vaterländer und Nationen abgegrenzte Größe; der Staat wurde in einigen wenigen Institutionen erstmals erlebt, vor allem als Schule. Dort gab es – eine bayerische Volksschule vor dem Ersten Weltkrieg – noch die geistliche Schulaufsicht, die in Schulgebet und Gottesdienst uns begegnete, und es gab die körperliche Züchtigung. Die Lehrerin war eine brave Frau, ich habe ihren Namen noch heute, nach mehr als sechs Jahrzehnten, nicht vergessen, doch teilte sie nach herkömmlichem Brauch gelegentlich Tatzen aus. Die Brävsten unter uns lieferten mir das erste Modell des Untertanen. Sie

brachten nämlich selbst der Lehrerin zurechtgeschnittene Haselgerten, mit denen sie über Rücken und Hände strich.
Allmählich wurde das Vaterland mit seinen Symbolen, mit Fahnen und Liedern greifbarer. Am Geburtstag des Prinzregenten Luitpold wurde jeweils ein Schulausflug veranstaltet, bei dem kostenlos Kakao und Kuchen ausgeteilt wurden. Dergestalt nahm der Landesherr die Rolle eines gütigen Hausvaters an und wurde, als pater patriae, zu einer Art Überpapa. Bei dieser Gelegenheit vernahm ich, wohl zum erstenmal, die Landeshymne »Gott mit dir, du Land der Bayern« und die »Wacht am Rhein«. Ich will nicht verschweigen, daß mich, und nicht nur mich allein, bei »Schwertgeklirr und Wogenprall« ein Hochgefühl ankam, das sich später verlor und einer reflektierteren Betrachtung Platz gemacht hat.
Viele Jahrzehnte später nahm ich, als Italienkorrespondent des West- und Norddeutschen Rundfunks, in Mailand an einem Strafprozeß gegen drei Oberschüler teil. Sie hatten in ihrer Schülerzeitschrift sich freimütig über Sex, Religion, Eltern, heutige Gesellschaft geäußert und waren der sittlichen Gefährdung der Jugend angeklagt. Der Prozeß endete mit Freispruch und durchbrach eine Tabuschranke. An ihr schieden sich die Geister. Der Staatsanwalt, ein älterer Mann, hatte auch das mangelnde nationale Verhalten der Oberschüler getadelt. Ihm liefen noch heute, so bekannte er, »Schauer der Ehrfurcht« beim Anblick der Fahne über den Rücken und er müsse beim Singen der Nationalhymne mit »Tränen der Rührung« kämpfen. Möglicherweise rührte die Emotionsfähigkeit dieses Staatsanwaltes daher, daß die Italiener überhaupt in ihrem Nationalgefühl weniger verunsichert sind als die Deutschen und, ausgestattet mit einem besonderen Sinn fürs Dekorative, den Fahnen und Symbolen eine hohe Neigung entgegenbringen.
Dabei ist das Nationalgefühl eine verhältnismäßig späte Frucht am Baume des Abendlandes. Das gesamte Mittelalter mit seinen Auseinandersetzungen zwischen Papst und Kaiser, mit den konkurrierenden Nationen der Deutschen und der Franzosen wurde von anderen Prinzipien her bewegt, insbesondere von der Idee der Christenheit. Erst mit der Renaissance, bei Machiavelli und

Enea Silvio Piccolomini, trat ja der Begriff der Nation ins europäische Bewußtsein, und die Humanisten verbanden ihn mit jenem der europäischen »Gelehrtenrepublik«. Im Zeitalter des Feudalismus diente die Kabinettspolitik in erster Linie dynastischen Interessen, Heiraten, Erbschaften, Thronansprüchen, sie kümmerte sich wenig um das gemeine Wohl. Vollends bestanden supranationale Strukturen, vor allem im Lehenswesen, fort, was zur Folge hatte, daß mancher Lehensträger in einem und demselben Kriege bald auf der einen bald auf der anderen Seite Kriegsdienste leistete. Es war das Glück der Habsburger, daß Prinz Eugen, der Savoyer, sich in österreichische Dienste begab, nachdem er von Ludwig XIV. abgelehnt worden war.

Alteuropa lag als übergreifendes geistiges Gebilde noch lange Zeit über einer sich verdichtenden Staatenwelt. Die Humanisten standen, wahrscheinlich mehr als heutige Nobelpreisträger, über alle Landesgrenzen hinweg miteinander in Verbindung, sie korrespondierten auf lateinisch und französisch und studierten oder lehrten auf den Universitäten Deutschlands, Frankreichs und Italiens. Alteuropa war das Europa der Privilegierten. Im 17. und 18. Jahrhundert war die »Kavalierstour« bei den Söhnen der großen Familien üblich, stets hatten auch reiche Handelsherren mit ihren weitverzweigten geschäftlichen Verbindungen ein internationales Gepräge. Anerkannte Künstler wurden in ganz Europa beschäftigt, und von Land zu Land reisten auch – man denke nur an Casanova – die großen Abenteurer und Goldmacher. Freilich, den sozial niedrigeren Schichten verboten es die Umstände, über den eigenen Zaun hinauszublicken. Das Wort »bleibe im Land und nähre dich redlich!« ist hochbezeichnend und galt wohl noch in den Anfängen unseres Jahrhunderts. Zweifellos bietet heute der moderne Tourismus, der Massenverkehr, eine neue Möglichkeit, Europa zu erleben. Wenn er auch nur zu einer oberflächlichen Berührung der Fremde führen kann, öffnet er vielleicht doch den Blick auf uns verwandte Sitten, Gefühle und Denkweisen und trägt auf diese Weise dazu bei, einige geistige Zäune niederzulegen.

Mit dem Ersten Weltkrieg setzte die Demontage des klassischen Europa ein. Das Nationalgefühl wurde, natürlich nicht nur in

Deutschland, von einem blinden Fanatismus infiziert, der sich in der Propaganda als kaum mehr zu fassende Primitivität niederschlug. Jeder Schuß ein Russ, jeder Stoß ein Franzos, jeder Tritt ein Brit – so und ähnlich lauteten die Parolen. Ich kam damals gerade in die Oberschule. Turnvater Jahn und Ernst Moritz Arndt erklommen obere Ränge im deutschen Parnaß, angesehene lebende Schriftsteller der Rechten wie der Linken liehen ihre Feder dem Schwert. Wir siegten. Tannenberg. Im Turnsaal der Schule war das Podium geschmückt, festliche Musik, Fahnen, Ansprache des Rektors, und Hindenburg schwebte als Genius über der ergriffenen Gemeinde. Was dann folgte, lief wie ein Schicksalsdrama ab, das keinen Notausgang hat. »Wie hoch steht heute der Dollar«, raunte mir ein witziger Kumpan zu, als gerade der Rektor bei der Abiturfeier eine idealistisch beflügelte Rede hielt und in klassischen Zitaten schwelgte. Europa war fern. Die Sieger verfuhren nach dem bewährten Muster »vae victis«, aber Deutschland wurde nicht gespalten, die Nation behielt ihre Identität, mit einem zwar angeschlagenen, aber nicht völlig verunsicherten Selbstbewußtsein. Noch war ja auch die Sowjetunion keine Weltmacht, noch bedrohte den Westen nicht die kommunistische Ideologie, so daß die Sieger hofften, mit der Niederwerfung Deutschlands die Ruhelage wieder herzustellen.

Frau Klio, die Muse der Geschichte, liefert uns kein Zukunftsbild und zeigt vom Geschehen nur Ausschnitte, handgreifliche Tatsachen. Zu diesen gehört, daß die im Ersten Weltkrieg heranwachsende Generation Hunger und Arbeitslosigkeit kennenlernte, ohne daß Deutschland aufgetrennt wurde, wogegen die junge Generation des Zweiten Weltkriegs in der rumpfdeutschen Bundesrepublik in ein Wirtschaftswunder hineinwuchs, das sie den Verlust an nationaler Substanz nicht handgreiflich empfinden ließ. Das Deutschland von gestern ist dahin, das Deutschland von morgen liegt im Dunkel der Zukunft. Woran denken die Jungen, wenn sie an Deutschland denken?

Europa ist ein vielschichtiger Begriff, dessen Bedeutungsinhalte in geographischer, geistiger und politischer Hinsicht verschieden sind. Die griechisch-römische Antike hatte ihr Zentrum an den

Gestaden des Mittelmeeres, erstreckte sich aber nicht über unsern ganzen Kontinent. Erst als dieser mit den weiteren Teilen seines Territoriums aus dem Nebel der Geschichtslosigkeit hervortrat, wurde der geographische Umriß Europas sichtbar: als der reichgegliederten Halbinsel am Rande Asiens. Diese Halbinsel war das Gehirn der Welt, das die Ideen von Fortschritt, voraussetzungsloser Wissenschaft, personaler Würde und Freiheit verteidigte; die Heimstatt jener Gesinnung, die in den Perserkriegen ihren ersten Ausdruck fand und in den Sternstunden Alteuropas, zum Beispiel in der Abwehr der Türken, sich offenbarte. Die Wurzeln Europas als geistig-politischer Konzeption liegen in der Antike und im »christlichen Abendland« des Mittelalters, in dem das Wort »europäisch« noch keine spezifische Bedeutung hatte. Politisch war Europa nie eine Einheit, es bestand in seinem Kern aus jener Gruppe souveräner Staaten – dem Reich, Frankreich, England, Spanien –, die sich aus dem christlichen Abendland entwickelten und ihre Kriege führten.

Nach dem vorletzten Kriege, Ende der zwanziger Jahre, war ich längere Wochen im französischen Midi, und zwar in und bei Aix. Zum erstenmal verspürte ich nachhaltiger den die nationalen Grenzen übergreifenden geistigen Zusammenhang Europas; zum erstenmal auch das Besondere französischer Lebenskunst, das Voltaire als »esprit de société« bezeichnet, jenen Zivismus also, der die Kanten im menschlichen Zusammenleben abschleift und erträglich macht. Die Menschen dort, auch sie in Katastrophen alterfahren, waren noch einmal gut davon gekommen, wie schon damals in frühen Zeiten, als Marius nicht weit vom Mont Ste. Victoire die Cimbern und Teutonen schlug und dadurch für etliche Jahrhunderte Ruhe schuf. Glück im Winkel. Der Kellner in meinem Stammcafé auf dem Cours Mirabeau diskutierte mit den Gästen die Nachrichten aus dem »Petit Marseillais« und mißbilligte, sozusagen grundsätzlich, die Maßnahmen der Behörden. Sonntags radelte er regelmäßig auf sein Landgütchen, schnitt Blumen und pflegte sein Rebenfeld. Ringsum zu spüren war das gelindere Leben, die Liebe zum Leben, das private Glück, das nach einem Worte Hegels auf den »weißen Blättern« der Geschichte siedelt. Das Glück – nicht die Größe.

Der Mensch, das geschichtliche Wesen, ist voller Widersprüche. Bald wünscht er sich »die weißen Blätter«, bald bewundert er die geschichtliche Größe. Doch was ist Größe. Frau Klio gibt uns darauf keine Antwort, sie bucht die Erfolge und die Mißerfolge. Gottfried Benn sagt einmal: »Fünf schwerbewaffnete Hopliten mit Maschinengewehren überfallen einen Knaben, dem sie vorher versprochen hatten, ihm nichts zu tun, dann ziehen sie irgendwo ein – Geschichte«. Nach diesem Rezept ist auch ein Hitler »irgendwo eingezogen«, und es ging eine Zeitlang gut, bis ihn der organisierte Widerstand besiegte. Den Titel der »Größe« verleiht nicht die Geschichte, sondern das moralische Gewissen der Völker. Ein Verbrecher ist niemals groß, aber er kann Geschichte machen, mit dem Ergebnis, daß Deutschland als Einheit zugrunde ging.

Der Wunsch, die Steilwand der Geschichte zu erklimmen, ist den Deutschen nicht gut bekommen; da liegt das Bedürfnis, in einem ruhigen Winkel ohne weitere Störungen sich einzurichten, psychologisch nahe. Selbstverständlich ist es nicht realisierbar, denn die Geschichte läßt die Staaten und Nationen nicht aus ihren Fängen. Auch ich empfand die stille Provence, ihre Atmosphäre des klassischen Europa, damals nach dem Ersten Kriege, sehr wohltuend und hätte gern länger darin verweilt.

»Da wo mir's gut geht ist mein Vaterland«: dieses Wort findet sich in einer Komödie des Aristophanes – die alten Griechen haben alles, was uns bewegt, vorausgedacht. Das Wort wurde nach der Niederlage Athens im Peloponnesischen Kriege geprägt. Ich wage nicht zu entscheiden, ob unter moralischen Maßstäben der Satz »ubi bene ibi patria« zu rechtfertigen ist und nicht unter allen Umständen seine Umkehrung gilt. Nach dem Zweiten Kriege lebte ich beruflich zwölf Jahre in Rom, die Wahl der endgültigen Bleibe fiel schwer. Ich kehrte nach Deutschland zurück, weil das Italienische nicht das Haus meiner Muttersprache ist, in welchem allein sich ein jeder bis in die abgelegeneren Winkel heimisch fühlen kann.

Privates Glück, nationale Aufschwünge, nationales Scheitern, echte und falsche Größe bilden im Bewußtsein des Deutschen heterogene Sachkomplexe und haben jene politische Neurose begünstigt, die man uns heute nachsagt. Gebranntes Kind scheut das Feuer, wir haben ein schlechtes Gewissen und vermeiden es, auch nur im entferntesten den Verdacht der anderen zu erregen, wir könnten versucht sein, aufs neue die uns nachgesagten kämpferischen Eigenschaften zu üben. So ist auch bei unseren Bundeswehrsoldaten seiner militärischen Wirkung wegen der kurze Haarschnitt verpönt, den die anderen NATO-Partner nicht scheuen; so zog nicht, sondern schlenderte die deutsche Mannschaft im Münchener Stadion zu den Olympischen Spielen, unter den erstaunt-amüsierten Blicken so manches ausländischen Zuschauers.

Von den Völkern Europas gelang es den Franzosen und den Engländern am frühesten, sich als Nation zu begreifen und Staatsvolk, Staatsgrenzen und Nation zur Deckung zu bringen. Das alte »Heilige Römische Reich Deutscher Nation« war ein Überstaat mit vielen Muttersprachen, schließlich über 1700 großen, mittleren und kleineren Territorialherrn und einer nur mehr fiktiven kaiserlichen Zentralgewalt. In dem auf das Ende dieses Reiches folgenden Vakuum entstand der Deutsche Bund mit 39 Kleinstaaten, er wurde abgelöst durch das neue Reich mit seinem neuen Nationalbewußtsein. Eine ungebrochene nationale Entwicklung blieb den Deutschen immer versagt. Da lag es nahe, die enge unbequeme eigene Kammer mit einem wohnlicheren Hause zu vertauschen. Aufgehen in einem großen Staatenbund? Europa? Oder gar ein Weltstaat, eine »Nation Menschheit«? Von alldem wurde geträumt.

Weltbürger sein, ja, das wäre etwas. In »weltbürgerlicher Absicht« verfaßte Kant seine Friedensschriften. Auf dem Boden der idealistischen Philosophie empfahl Schiller seinen Landsleuten: »Zur Nation euch zu bilden, ihr strebt es, Deutsche, vergebens, / bildet, ihr könnt es, desto freier zu Menschen euch aus.« Der Rat ist unvollziehbar. Jeder personale Universalismus stößt sich an den umgrenzenden politischen Realitäten und den sie bestimmenden Herrschaftsstrukturen. Zum Weltbürger gehört der Weltstaat. Den gab es im römischen Weltreich, und nicht zufällig lehrte ihn dort die stoische Philosophie. Als Griechenland eine römische Provinz geworden war, wurden die Griechen zu Weltbürgern und brachten den Römern Wissenschaft und Kunst. Sie konnten es, als die Träger der antiken Kultur. Die Deutschen haben nicht die Kultur Europas geschaffen, wohl aber haben sie, gleich den anderen geistig führenden Völkern, einen wichtigen Beitrag zu ihr geleistet. Bleiben wir also beim Näherliegenden. Noch immer ist ja die Frage nach Europa, und zwar nach welchem Europa, hier offen.

Zunächst jedoch sei nochmals ein Blick nach rückwärts erlaubt. 1930 ist Clemenceaus berühmtes Buch »Grandeurs et Misères d'une Victoire« erschienen, Ausdruck eines ungebrochenen Nationalbewußtseins. Für einen deutschen Staatsmann hätte kein Anlaß bestanden, eine Schrift etwa des Titels »Kleinheit – und Größe einer Niederlage« herauszugeben. Trotzdem würden wir den Rest unseres nationalen Selbstverständnisses preisgeben, wollten wir verkennen, daß es auch in unserer politischen Geschichte – die geistige steht ohnehin außer Frage – Größe gegeben hat. Größe sogar im Zweiten Weltkrieg, und zwar hier in den Taten und Gesinnungen von Einzelpersonen und Gruppen, nicht zuletzt der Männer des zwanzigsten Juli. Verkörperten sie nicht die besten freiheitlichen Traditionen Europas? Gewiß, ihr Versuch war nicht imstande, die im Namen Deutschlands begangenen Verbrechen auszutilgen. Immerhin gibt es ein Zeugnis aus unverdächtigem, aus französischem Munde, und die Franzosen, zwischen denen und uns der politische Gegensatz, aber auch die geistige Nähe immer am größten waren, sind unsere berufensten Kritiker. Es wird berichtet, daß de Gaulle bei seinem Staatsbesuch in der Sowjetunion, als er das Schlachtfeld von Stalingrad besichtigte, seinen überraschten russischen Begleitern gesagt hat: »Un grand peuple – les Allemands!« Nehmen wir dieses Urteil als Anerkenntnis der Tatsache hin, daß es immer zwei Deutschland gegeben hat, ein gutes und ein schlechtes, ein großes und ein kleines, und mitunter beide nebeneinander.

Die Welt hat sich in diesem Jahrhundert bis heute zweimal verändert. Vor 1914 gab es noch die Großmächte Deutschland, Österreich-Ungarn, Großbritannien, Frankreich und Rußland.

Der Globus war in überblickbare Einflußzonen aufgeteilt. Noch hatten damals die Vereinigten Staaten im Konzert der europäischen Mächte keine Stimme, sie waren bis zum Ersten Weltkrieg ein Schuldnerland. Dann vollzog sich sozusagen über Nacht ihr Aufstieg zur Weltmacht, die durch ihren Einsatz den Krieg entschied. Die USA waren maßgebend am Friedensvertrag von Versailles beteiligt, ebenso am Zustandekommen des Völkerbundes, zogen sich aber dann in den Isolationismus zurück.

Altüberkommene Vorstellungen wirken eine Zeitlang weiter, auch wenn das Wirklichkeitsfeld, auf das sie sich bezogen, selbst nicht mehr besteht. Als die Niederlage Österreichs bei Königgrätz 1866 in Rom bekannt wurde, soll ein Kurienkardinal ausgerufen haben: »Il mondo casca!« – die Welt stürzt ein. Sein Ordnungssystem war an der Vorrangstellung des Hauses Habsburg orientiert.

Die Tatsache, daß am Ende des Zweiten Weltkriegs die Sowjetunion die zweite große Weltmacht war, bis an die Elbe vordrang und die Teilung nicht nur Deutschlands, sondern des Kontinents erzwang – diese große Veränderung der gesamten Welt ging über die überlieferten Vorstellungen hinaus. Daß damit wirklich die alte Welt eingestürzt war, konnte in seiner tieferen Bedeutung nicht sogleich wahrgenommen werden. Für eine Europapolitik alten Stils war kein Raum mehr, die Kategorien der klassischen Politik rechneten mit Größen, die es nun nicht mehr gab. Österreich-Ungarn war schon nach dem ersten Kriege verschwunden, Deutschland verschwand jetzt, die bisherigen Großmächte Frankreich und England rückten im Vergleich mit den Supermächten USA und Sowjetunion in den Rang von Zweitmächten ein. Die großen politischen Entscheidungen können vom reduzierten Kreis der europäischen Mächte gar nicht mehr getroffen werden, es entstand an Stelle der klassischen eine neue Gleichgewichtspolitik, die von außen her gemacht wird, von Amerika und dem eurasiatischen Rußland, und die seit 1945 sich entwickelnde Gleichgewichtslage zweier Supermächte wird neuerdings differenziert durch die Heraufkunft einer dritten Weltmacht: China.

1929 hielt Ministerpräsident Briand vor dem Völkerbund in

Genf eine Rede, worin er die Idee eines engeren europäischen Zusammenschlusses skizzierte. Kurz darauf erklärte der deutsche Außenminister Gustav Stresemann am selben Ort, Europa gleiche einem riesigen »Detailmarkt«, man müsse dahin gelangen, neue Bande zu schaffen, eine einheitliche Währung usf. Das von der Völkerbundsversammlung erbetene Memorandum der französischen Regierung begegnete einer kühlen Aufnahme, vor allem in Großbritannien, das an europäischen Organisationen nicht interessiert war. Dabei legten die Verfasser des Memorandums, wohl in Kenntnis der zahllosen früheren Versuche einer europäischen Integration, sich in ihren Vorschlägen größte Zurückhaltung auf. Sie empfahlen lediglich die Einrichtung einer »Europäischen Konferenz« aus allen europäischen Staaten, die Mitglieder des Völkerbundes wären. Dieser Konferenz sollte ein Sekretariat zur Seite stehen, dem die Aufgabe zugedacht war, die Eintragung und Bekanntgabe der Konferenzentschließungen verwaltungstechnisch sicherzustellen.

Alle europäischen Integrationsprojekte, mögen sie nun von politischer Seite oder von Privatleuten ausgegangen sein, sind bis zum Zweiten Weltkrieg an den nationalstaatlichen Interessen gescheitert; das alte Europa, wie es sich nach dem Mittelalter entwickelte, ist niemals zu irgendeiner Form der wirtschaftlichen oder gar politischen zwischenstaatlichen Organisation gelangt, ob auch die Versuche Legion waren.

Entweder waren diese Projekte philanthropische Utopien oder übersahen allzu großzügig die politische Wirklichkeit oder dienten der Bemäntelung eigener Hegemonialinteressen. Zum letztgenannten Typus gehörte der berühmte Plan des Herzogs von Sully, des Ministers König Heinrichs IV. von Frankreich. Er sei hier erwähnt, weil sich auf einer Europatagung in Venedig zu Beginn der fünfziger Jahre der deutsche Sprecher auf ihn bezog. Sully, der diesen Plan nicht mehr als aktiver Minister verfaßt hatte, schwebte ein gemeinsames europäisches Heer vor. Durch eine Neugruppierung der Mächte sollte das Haus Habsburg zum Verzicht auf seine gesamte Machtstellung in Mitteleuropa einschließlich der Kaiserwürde gebracht werden. Angesichts der

damaligen Stellung Habsburgs war der Plan im Grund ein französischer Wunschtraum.
Zumeist blieb die Europabegeisterung in der bloßen Rhetorik stecken. Dabei gab es warnende Stimmen genug, die schon lange vor dem Atomzeitalter befürchteten, daß Europa bei weiteren Kriegen, ohne größere Zusammenschlüsse, seine Existenz gefährde. Gelegentlich, so auch nach den Napoleonischen Kriegen, wurden Hoffnungen auf einen dereinstigen »weltbürgerlichen Zustand« laut.
Der große Publizist und nachmalige Interpret der Metternichschen Gleichgewichtspolitik, Friedrich Gentz, gab über die Möglichkeit supranationaler Friedensprojekte ein Urteil ab, das axiomatische Gültigkeit besitzt. Er schreibt: »Sobald eine (solche) Verfassung vom bloßen fortwährenden Willen ihrer Mitglieder abhängt, ist sie auf Sand gebaut. Die Neigungen der Menschen und der Staaten sind wandelbarer als die Natur, und ihre Moralität ist ein Rohr, das der Wind bewegt. Eine rechtliche Verbindung setzt notwendig Zwang, und Zwang setzt eine oberste Gewalt voraus. An dieser fehlt es gänzlich in jedem Projekt eines Staatenbundes. Es gibt in allen diesen Projekten zwar eine gesetzgebende und eine richtende Behörde, aber keine vollziehende Macht, und folglich keine Garantie. Dies ist der wichtigste Umstand, der ihre radikale Untauglichkeit ... charakterisiert.«
Gentz hatte das Staatenmodell des klassischen Europa vor Augen, auf diesem gründet sein Urteil. Naturgemäß konnte er nicht ahnen, daß es einmal ein Rumpfeuropa geben werde, das durch den Zwang von außen, den Zwang der kommunistischen Weltmacht, sich genötigt sieht, zu einer greifbareren Kooperation zu gelangen. Wohl aber gilt seine Auffassung von der Funktion einer »entscheidenden Macht« auch heute noch, und zwar hinsichtlich der Vereinten Nationen. Deren oft beklagte Unfähigkeit, mit internationalen Konflikten fertigzuwerden, rührt doch daher, daß die Supermächte nicht zur Einstimmigkeit gezwungen werden können. Was freilich nicht ausschließt, daß dieses internationale Gesprächsforum in seiner Charta, vor allem durch die Konstruktion des Vetorechts im Sicherheitsrat, die bestehende Machtlage wahrheitsgetreu spiegelt.

Von der realen Machtlage ging seinerzeit, nach den Napoleonischen Kriegen, auch die europäische Gleichgewichtspolitik aus. Metternich erkannte klar, daß dieses System nur solange Bestand haben konnte, als sich ein Consensus der nationalen Interessen herstellen ließ. Als diese wieder als Einzelinteressen den Vorrang gewannen, zerbrach das System. Die Staaten der Heiligen Allianz, zu denen Frankreich hinzukam, waren durch das Prinzip der Legitimität verbunden und ungefähr gleich stark. Entscheidend aber war, daß Alteuropa nicht in zwei ideologische Lager zerfiel, das kommunistische und das nichtkommunistische. Die Politik folgte den Methoden der klassischen Kabinettspolitik. Metternich war kein Nationalist, er setzte auf einen möglichen Ausgleich zwischen Partikularinteressen und gemeinsamen Interessen der Staaten. In einem Brief an Wellington schreibt er 1824: »Die Wiederherstellung der internationalen Beziehungen auf der Grundlage der Gegenseitigkeit, unter garantierter Anerkennung der erworbenen Rechte und der Achtung vor dem beschworenen Glauben, konstituiert in unsern Tagen die Essenz der Politik, von welcher die Diplomatie nur die tägliche Anwendung ist. Zwischen beiden (Politik und Diplomatie also) besteht meines Erachtens der gleiche Unterschied wie zwischen Wissenschaft und Kunst.« – Dieses Gleichgewichtssystem war ein kunstvoller Balanceakt. Es hat immerhin dem damaligen Europa einige Jahrzehnte lang den Frieden gesichert, wenn auch um den Preis des Polizeistaates. Nicht einmal ein »Zentralbüro«, wie es Metternich vorschwebte, nicht mit irgendwelchen Vollmachten, sondern als bloße Koordinierungsstelle, kam zustande.

Der Zweite Weltkrieg bedeutet einen weltgeschichtlichen Einschnitt, der viel tiefer geht als alle früheren. Er hat nicht nur die politische Landkarte verändert, er hat auch bisher gültige Grundlagen der zwischenstaatlichen Politik aus den Angeln gehoben. Das neue politische Gleichgewichtssystem wird nicht mehr durch ein Konzert selbständiger Staaten gebildet, sondern von den zwei Supermächten, deren eine nicht zum Kontinent Europa gehört, wogegen die andere über diesen hinausragt. Dabei hat auch der tradierte Begriff der Nation für die kommunistische Welt seinen

Sinngehalt verloren. Es ist gewiß kein Zufall, daß die DDR, gemäß ihrer Verfassung ein »sozialistischer Staat deutscher Nation«, sich neuerdings als eine eigene deutsche sozialistische Nation verstehen möchte. An die Stelle der früheren Begriffsmerkmale der gemeinsamen Abstammung, Geschichte und Sprache ist als formierendes Element die marxistische Weltanschauung getreten, die einen nationalen Gesamtzusammenhang der beiden Deutschland nicht mehr wahrhaben will.
Das freiheitliche Europa hat sich auf Staaten zurückgebildet, die schon vor rund tausend Jahren ins Licht der Geschichte getreten sind. Dabei deckt sich die Ostgrenze dieses Teileuropas in etwa mit der Ostgrenze des karolingischen Reiches; die Pyrenäenhalbinsel und Griechenland gehören zwar nicht dem kommunistischen Machtblock an, aber auch nicht einer freiheitlichen Ordnung. Wo diese herrscht, genügt noch nicht überall die Kennkarte zum Grenzübertritt, aber es ist die gleiche freiheitliche Luft, die man atmet, es gelten die gleichen geistigen und sittlichen Werte, auch läuft niemand Gefahr, in einem Konzentrationslager zu enden, der an öffentlichen Zuständen Kritik übt. Noch immer läßt sich ein Rest jener »douceur de la vie«, jener Süße des Lebens verspüren, der der Epoche vor 1789 nachgesagt wird. Und daß die Sehnsucht nach Liberalität auch im Bereich des Ostblocks nicht untergegangen ist, machten der ungarische und der tschechoslowakische Aufstand auf erschütternde Weise deutlich.
Nichts ist verständlicher, als daß den besiegten Deutschen nach 1945 das freiheitliche Europa als der Überbau erschien, in dem sie Unterschlupf zu finden hofften. Bei uns war ja so ziemlich alles zerstört; im öffentlichen Provisorium, in dem wir lebten, gab es staatliche Hoheitsrechte zunächst nur in rudimentären Formen. Eigentlich gab es nur mehr die Muttersprache. Der Verlust des gesamten Ostdeutschland, dessen reiche Kultur durch Kant, Herder, Hamann, Jakob Böhme und viele andere so nachdrücklich ausgewiesen ist, wurde nicht weiter schmerzhaft empfunden. Es ist für die jüngere deutsche Geschichte überhaupt bezeichnend, daß der geistige Raum der Nation als Ganzes kaum je deutlich zu Bewußtsein kam und die Amputationen an den

Rändern des Reiches den davon nicht betroffenen Volksteilen nicht weiter wehtaten. Die Kraft des geistigen Zusammenwachsens, die Herder an den Franzosen bewunderte, fehlt hier durchaus. Nun waren nach der Niederlage auch die von ihr belasteten nationalen Symbole zu revidieren. Die Fahne wurde wieder einmal gewechselt, die Nationalhymne wegen der ihr unterstellten Aggressivität in eine gekürzte Fassung gebracht.

Zweifellos entsprach die Europabegeisterung der ersten Stunde nicht einer realen Abschätzung unserer Möglichkeiten. Europa war als Wunschdenken vorhanden. Der Zugang zu dem, was heute noch »Europa« genannt werden kann, war der Bundesrepublik erst möglich, als sie den Westmächten integrationsfähig und -notwendig erschien.

Flucht nach Europa? In dieser Fragestellung kommt die deutsche Situation doch nicht zulänglich zum Ausdruck. Wer flieht, verzichtet auf Gepäck. Er läßt alles hinter sich. Das ist Völkern nicht möglich. Wir mußten unser »Gepäck«, unsere Geschichte nämlich, mitnehmen, wir taten es freilich zögernder als die anderen westeuropäischen Staaten, was zu verstehen ist. Indessen hat die Europabegeisterung der ersten Stunde ihren illusionären Umriß verloren und zu Zusammenschlüssen geführt, an denen Deutschland mitbeteiligt ist und die es im klassischen Europa nicht gegeben hat.

Gelänge es, das Gebiet der heutigen Wirtschaftsgemeinschaft mit seinen weit über 200 Millionen Menschen nicht nur als supranationalen Wirtschaftsraum, vielmehr als eine Art Bundesstaat mit politischen Zentralorganen, koordinierter Außenpolitik und zwischenstaatlichem Bürgerrecht zu konstituieren, dann wäre die neue höhere politische Einheit, die »Nation Europa«, entstanden. Man mag jeden Zweifel hegen, ob es dazu kommen werde. Immerhin wurden erste Stücke des Weges dorthin zurückgelegt. Die gemeinsam getroffenen Maßnahmen der Wirtschaftsgemeinschaft zum Schutz der Währung wären im klassischen Europa nicht möglich gewesen, sie kennzeichnen die heutige Weltlage, in welcher die Partikularinteressen der europäischen Partner durch das gemeinsame Schutzinteresse korrigiert werden.

Damit gewänne Kleineuropa eine neue Qualität: die der Fluchtburg vor einem Zugriff des Ostens, der es in eine Provinz des Weltkommunismus verwandeln würde; aber auch der Fluchtburg vor einer übermächtigen amerikanischen Wirtschaftsexpansion.

Noch ist Europa nicht am Ende. Es taucht in wechselnden Gestalten immer wieder auf. Stets griff es über die geographischen und politischen Grenzen hinaus: als Abendland. Amerika, Europas geistige Tochter, hat auch auf vielen Sektoren der Forschung die Mutter überflügelt und war während des Krieges das Asyl des von Hitler verfolgten europäischen Geistes. Japan, Indien haben die wissenschaftlichen Methoden Europas übernommen und bei sich weiterentwickelt. Zugleich dringen geistige Ströme Asiens nach Europa – Zen-Buddhismus, Meditation, die kontemplative Schulung – Elemente einer Mischkultur von alexandrinischem Ausmaß.

Europa ist da und dort, ich verspürte es an vielen Orten: in Byblos, am Rande des weinfarbenen Mittelmeeres, zu Füßen der alten Kreuzritterburg; in Israel, dieser Enklave des europäischen Geistes in Kleinasien. Als ich 1957 in Jerusalem Martin Buber besuchte, in dem kleinen Haus auf der stillen, gartenumsäumten Straße, fühlte ich mich in Frankfurt und an Alfons Paquet erinnert, bei dem ich ihn erstmals gesehen hatte.

Vielleicht stehen wir heute an der Schwelle eines neuen Weltzeitalters. Es begann mit Schrecken, Zerstörungen und atomarer Drohung, es legte frühere politische und geistige Schranken nieder und schmolz alte Entfernungen ein. Vielleicht wird Geschichte zur Weltgeschichte, mit der ganzen Menschheit als ihrem Subjekt. Europa, »unser Kontinent, das alte«, behielte dann noch immer seinen Stellenwert, doch im größeren Zusammenhang einer Republik der Geister, eines überkontinentalen Nationenvereins. Zukunftsmusik, Wunschtraum – mag sein. Und doch ist nicht alles beim alten geblieben.

Unterscheidet sich die heutige junge Generation von ihren Vorgängern nicht auch darin, daß der Nationalismus für sie seine Bedeutung verloren hat? Sie registriert mit empfindlicherer

Membran, was in irgendeinem Teil der Welt geschieht, sie entdeckt den größeren Zusammenhang und sieht mit eigenen Augen, daß die Menschen zusammengehören.

Ralf Dahrendorf
Mein kompliziertes Europa

Es mag zehn Uhr gewesen sein am Abend des 20. Oktober 1972. Das festliche Essen, zu dem der französische Ministerpräsident Messmer und seine Frau geladen hatten, fand nicht statt, denn die Gäste, die Staats- und Regierungschefs der Mitgliedsstaaten der erweiterten Europäischen Gemeinschaft, saßen noch am langen ovalen Tisch im Hotel Majestic und wälzten Papiere. Sie waren eben dabei, das Kapitel der Außenbeziehungen in ihrem Kommuniqué abzuschließen, da meldete der deutsche Bundeskanzler sich zu Wort. Er stelle fest, so sagte er, daß in dem Kommuniqué die Mittelmeerländer und die Entwicklungsländer, die verbleibenden EFTA-Länder und die Staatshandelsländer beim Namen genannt seien, daß ein Land aber völlig fehle, nämlich die Vereinigten Staaten von Amerika. Das sei nicht ausgewogen, das entspreche auch nicht der Ausgewogenheit seiner eigenen Politik. Er, der Bundeskanzler, mache keinen Vorschlag, stelle das aber mit aller Deutlichkeit fest. Im Saal war Stille, dann Gemurmel bei den Delegationen. Präsident Pompidou verwies auf die Formulierung im Text des Kommuniqués, wonach die europäischen Gemeinschaften einen »konstruktiven Dialog mit den wichtigsten industrialisierten Handelspartnern« suchen wollen. Er schlug vor, dem hinzuzufügen: »insbesondere mit den Vereinigten Staaten, Japan, Kanada, etc.« Der Bundeskanzler räumte ein, daß dies eine Verbesserung sei, wenn es auch seine Auffassung von der Rolle der Beziehungen zu den Vereinigten Staaten durchaus nicht angemessen wiedergebe. Mir schien vor allem das »etc.« ärgerlich, wenn man es schon für nötig hält, die USA in einer Liste von Ländern zu verstecken.

So meldete ich mich zu Wort und beantragte die Streichung des »etc.«, was den französischen Präsidenten zu einer längeren Rede veranlaßte, in der er darlegte, daß für ihn das »etc.« der wichtigste Punkt der ganzen Formulierung sei, denn dadurch werde die offene Tür für andere deutlich; auf das »etc.« könne er unter keinen Umständen verzichten. Daß ich mich erneut zu Wort meldete, rief nicht durchweg Begeisterung hervor; »noch einmal Dahrendorf« – »encore Dahrendorf« – brummte der neben ihm sitzende Außenminister dem Präsidenten zu. »Ihren Wünschen kann Rechnung getragen werden, Herr Präsident, wenn wir vom ›konstruktiven Dialog mit den Vereinigten Staaten, Japan, Kanada und den übrigen industrialisierten Handelspartnern‹ sprechen.« Der Präsident guckte zu mir herüber, war einen Augenblick still. Dann: »Ja, das geht, das ist das bessere Französisch.« Erleichterung, halb unterdrücktes Lachen hier und da, es geht weiter im Text, ohne »etc.«.

Das also ist Europa. Nun hat auch ein EWG-Kommissar nicht jeden Tag Gelegenheit zu solchen europäischen Hochleistungen. Meistens geht es ja nicht um die Vereinigten Staaten von Amerika, sondern um die Freizügigkeit für Zollagenten, die Sonderregelungen beim Referenzpreis für »Cyprus Sherry« und die Einfuhrbedingungen für ägyptischen Reis. Aber die Methoden sind dieselben. Da gibt es Texte und ausgiebige, man möchte sagen ausschweifende Diskussionen über so manches »etc.«. Da gibt es unverständliche Verhärtungen und überraschende Auflockerungen. Da sorgen die Prätoren sich nahezu ständig um die Geringfügigkeiten, nur sind es nicht immer die Staats- und Regierungschefs, sondern zumeist ihre Minister für dieses und jenes.

Um die nicht so geringfügigen Dinge sorgen sich vornehmlich andere. Zuweilen sind das ganz konkrete Sorgen: Premierminister MacMahon in seinem Amtszimmer im Parlamentsgebäude in Canberra spricht ohne besondere Betonung, aber eindringlich in der Sache. Durch den Beitritt Großbritanniens hat sich für Australien die Welt verändert. Nun ist der große europäische Partner nicht mehr in London, sondern in Brüssel zu suchen. Zugleich muß Australien noch stärker auf eigenen Füßen stehen, seinen Handel regional umorientieren, seine industrielle Entwicklung weiter forcieren. MacMahon sucht Verständnis für sein Land, praktisches Verständnis in einer begrenzten Übergangszeit ebenso wie politisches Verständnis auf Dauer. Wissen wir überhaupt, wie tief wir in die wirtschaftliche und politische Existenz anderer eingegriffen haben?

Präsident Suharto in seinem eher schlichten, viereckigen Palast in Djakarta, den er der aufwendigen Residenz seines Vorgängers vorgezogen hat, nennt seine Ziele mit einfachen Namen: In Südostasien soll eine Region des Friedens und des Wohlstandes entstehen. Darum suchen die südostasiatischen Staaten eine Politik der militärischen Neutralität. Diese soll nicht durch Großmächte garantiert werden; solche Garantien schaffen auch Abhängigkeiten. Sie soll vielmehr garantiert werden durch die eigene innere, vor allem wirtschaftliche Kraft. Sie zu stärken, dient die Assoziation südostasiatischer Staaten (ASEAN); aber gelingen kann das Werk nur, wenn Europa hilft, wenn ein wirksames System der Zusammenarbeit mit den europäischen Gemeinschaften geschaffen wird.

Da ließen sich manche weitere Erfahrungen hinzufügen: die Hoffnung vieler in Lateinamerika, daß der Dialog mit der Europäischen Gemeinschaft ihnen die meisten Vorteile bringen möge, die sich aus Beziehungen mit den Vereinigten Staaten ergeben, ohne von deren Nachteilen begleitet zu sein; die Erwartung vieler in den Ländern des Mittelmeerraumes, daß die Europäische Gemeinschaft Voraussetzungen eines dauerhaften Friedens ohne Eskadra und Sechste Flotte schaffen könne; auch wohl der Traum des einen oder anderen in den kommunistischen Ländern Osteuropas, daß es möglich sein sollte, den Nutzen einer Zusammenarbeit mittlerer und kleinerer Staaten einmal am eigenen Leibe zu erleben. Hoffnungen, Erwartungen, Träume – und gewiß auch deren Schattenseite, also Befürchtungen, Ängste und Alpträume –, das ist es, was Europa in der Welt begleitet. Bleiben wir bei der hoffnungsvollen Seite, so sind die Elemente des Bildes, das viele von Europa haben, immer wieder diese: ein freier Zusammenschluß freier Völker, ohne Supermacht, orientiert nicht auf militärische Stärke, sondern den Wohlstand der Menschen, aufgeschlossen für andere, bereit zu einer Zusammenarbeit, die keine Abhängigkeit schafft, ein Lichtblick in einer von der Arroganz der Macht geprägten Welt.

Auch das also ist Europa. Aber da gibt es noch ein drittes Element, das selbst in der knappsten Skizze europäischer Dinge nicht fehlen darf, neben der Kleinkariertheit des europäischen Entscheidungsprozesses und dem Bild der Hoffnungen, das die Welt sich von uns macht. Ich habe im Bundestagswahlkampf 1972 an vielen Orten über europäische Fragen gesprochen. Die Erfahrung wiederholt sich Abend für Abend, ob in Emden oder Schweinfurt, Wolfsburg oder Karlsruhe: die Leute hören freundlich zu; gewöhnlich gibt es ein, zwei »Europa-Experten« im Publikum, die einigermaßen technische Fragen stellen, von denen sonst niemand etwas versteht (»Wird auf die Fusion der Gemeinschaften in absehbarer Zeit die Fusion der Verträge folgen?«); dann weiß noch jemand irgendeine Absurdität aus dem Agrarbereich (»Wie ist es möglich, daß es vor einem Jahr noch Abschlachtprämien für Rinder gab, und jetzt gibt es Aufzuchtprämien?«); und danach geht die Diskussion ohne Übergang und vor allem ohne erkennbare Reue in ganz andere Richtungen. Nun wird über Dinge gesprochen, die die Menschen »wirklich« interessieren: über Löhne und Preise und Koalitionen und den § 218 und den Grundvertrag und die Bodenspekulation. Da hat Europa keinen klaren Stellenwert im Bewußtsein der Menschen, ja zuweilen hat man den Eindruck, daß es als lebendige Realität für die meisten gar nicht vorhanden ist; den Begriffen aus dem Lexikon für Wirtschaftswissenschaften (»EWG«, »Gemeinsamer Markt«) fehlt der Anker in der unmittelbaren und relevanten Erfahrung.

Dieser Eindruck trifft die Sache selbst. Europa ist heute irgend etwas auf dem Weg von der Möglichkeit zur Wirklichkeit, nicht mehr Fata Morgana und noch nicht Oase, nicht mehr dichter Nebel und noch nicht klarer Tag. Daß es überhaupt auf diesen beschwerlichen Weg geraten ist, zeugt von der Notwendigkeit Europas als wirksamer politischer Kraft. Aber wo es steht auf dem Weg, und vor allem, in welche Richtung der Weg führt, ist einstweilen wohl nur mit halbgenauen Formulierungen zu beschreiben.

Das beginnt schon bei der Geographie. Der bayrische Abgeordnete des Europäischen Parlaments, der berichtete, er kriege immer Bauchschmerzen, wenn er sich der italienischen Grenze nähere, nämlich im Gedanken an die Formulare und Formalitäten – er mußte sich übrigens später für diese »beleidigende« Äußerung entschuldigen –, hat offenbar an der österreichischen oder schweizerischen Grenze einen ganz ruhigen Magen. Jedenfalls hat er von diesen Grenzen nichts gesagt, von denen er mindestens eine auch überschreiten muß auf dem Weg von Bayern nach Italien. Und doch ist Italien Mitglied der Europäischen Gemeinschaft; die Schweiz und Österreich sind es nicht. Wo ist da nun Europa? Die Europäische Gemeinschaft hat jetzt neun Mitglieder, dann gibt es noch fünf oder (mit Portugal und Island) sieben Rest-EFTA-Staaten; dem Europarat gehören auch die Türkei und Zypern und Malta an, aber nicht Portugal und Island (und nicht mehr Griechenland); die Euro-Gruppe der NATO hat 14 Mitglieder (Zypern und Malta nicht, nicht Irland und auch nicht Frankreich); auf der Konferenz für Sicherheit und Zusammenarbeit in Europa sind 34 Staaten vertreten, und manche weitere, vor allem im Mittelmeerraum, wären gern dabei. Wo ist Europa?

Eine richtige Antwort auf diese Frage gibt es offenkundig nicht. Aber es gibt eine persönliche Antwort. Wenn ich mich selbst beim naiven, ganz unreflektierten Gebrauch des Wortes beobachte, dann spreche ich von Europa zunächst für die Länder unseres Kontinents, in denen ich leben könnte, für die freien Länder Europas also; und ich denke dabei mit – was vielleicht schon eine »déformation professionelle« des europäischen Kommissars ist –, daß die Europäische Gemeinschaft dieses Europa repräsentiert. Das ist gewiß ein Satz mit mancherlei Untiefen. Ich will einräumen, daß niemand einen Monopolanspruch auf den Namen »Europa« hat. Es ist darüber hinaus klar, daß Europa in diesem Sinne an den Rändern erhebliche Fransen hat. Wie steht es mit Griechenland und der Türkei, mit Malta und Zypern, mit Spanien und Portugal, mit Island? Ist Israel ein europäisches Land? (Ich will gar nicht fragen, ob Jordanien es durch eine Pipeline geworden ist und ob der Iran es auf diese Weise werden könnte?) Mich stört es allerdings nicht, wenn diese Fragen offen bleiben. Das ist schon sehr viel schwieriger im Hinblick auf den zweiten Teil meiner Eingangsbehauptung, wonach die Europäische Gemeinschaft in ihrer Zusammensetzung aus neun Ländern und mit ihren Institutionen dieses Europa repräsentiert. Ich habe das ernst gemeint. Ich möchte nicht, daß die Schweiz und Österreich, Schweden und Norwegen und Finnland eingerührt werden in einen großen europäischen Einheitsbrei. Es ist überhaupt ein Grundmerkmal Europas, daß es Vielfalt nicht nur kennt, sondern will, daß es bunt ist in den Formen seiner Freiheit. Doch sind alle Länder, die der Gemeinschaft nicht oder noch nicht angehören, heute auf sie bezogen. Sie werden in mancher Hinsicht von ihr so repräsentiert wie auch der CDU-Wähler vom SPD-Abgeordneten seines Wahlkreises repräsentiert wird, obwohl er ihn nicht gewählt hat. In einem gewissen Sinn mag sogar gelten, daß diese Buntheit nur möglich bleibt, wenn Europa in der Form der Europäischen Gemeinschaft Gestalt gewinnt. Das geographische Europa mit seinen ausgefransten Rändern ist Potential, nicht mehr; das politische Europa mit den Institutionen der Europäischen Gemeinschaft ist Realität. Auch insofern ist Europa weniger Tatsache als Entwicklung, es ist unterwegs.

Das alles sind indessen vergleichsweise harmlose Fragen, verglichen nämlich mit der Frage der östlichen Grenze Europas. Am Ural verläuft diese wohl nicht, denn wer wollte schon einer Teilung Rußlands das Wort reden. Aber wer will andererseits bezweifeln, daß Prag eine ebenso europäische Stadt ist wie Straßburg! Wer könnte die Absicht haben, Warschau und Leningrad, Budapest und Bukarest, Sofia und auch Tirana aus Europa herauszudefinieren! Wer könnte dies, zumal als Deutscher, wollen! Ich bin groß geworden in Berlin und dann, im Krieg, in Buckow in der Märkischen Schweiz; ich war bei der Hitler-Jugend in Kolberg an der Ostsee und bei der Gestapo in Frankfurt an der Oder; zwar habe ich in Danzig nie die Blechtrommel gerührt, aber zu meinen Traumstädten gehört – schon weil ich

Immanuel Kant verehre – Königsberg. Ist das alles etwa nicht Europa?

Hier sind einfache Antworten wohlfeil. Natürlich gehört das ganze Deutschland zu Europa, und Polen und Ungarn und die anderen Länder Osteuropas nicht minder. Natürlich wünschen wir eine gesamteuropäische Zusammenarbeit, in der der Frieden sicherer gemacht und ein System vertrauensvoller Koexistenz ermöglicht wird. Natürlich ist auch die Eigenart, die Geschichte und innere Ordnung der Länder des östlichen Europa Teil dessen, was wir mit diesem Begriff meinen. Aber wenn Europa nicht nur die Überschrift für zwei Seiten im Weltatlas, sondern das Thema einer geschichtlichen Symphonie ist, dann stehen die kommunistischen Länder einstweilen abseits, auch sie europäische Möglichkeit, aber nicht Teil der Entwicklung, die so viele in der Welt hoffen und auch einige zittern läßt. Daß ich nicht mißverstanden werde: ich will keine Grenzen mit Gewalt verrücken und auch niemanden zu einem Glück zwingen, an das er selbst nicht glaubt. Und wenn ich sage, daß Europa für mich in der Freiheit seiner erlaubten Vielfalt, in der Fähigkeit, die Zukunft aus der Geschichte heraus zu entfalten, in der praktischen Humanität liegt, dann übersehe ich nicht, daß dieses selbe Europa auch die schrecklichsten Beispiele des Gegenteils geliefert hat, und das nicht zuletzt durch uns Deutsche. Aber weil ich Europa für den Prozeß der Verwirklichung einer großen Möglichkeit der Menschen halte, sehe ich in aller »gesamteuropäischen« Zusammenarbeit nur einen notwendigen Zwischenschritt und in den Versuchen, die wir hier in Westeuropa für eine wirksame Zusammenarbeit unternehmen, die bisher stärkste Annäherung an das, was Europa bedeutet.

Damit ist ersichtlich, daß für mich Europa weniger eine Beschreibung von Tatsachen ist als ein Inbegriff von Hoffnungen. Es ist nicht nur das, selbstverständlich. Der schon zitierte australische Premier MacMahon war es, der zu mir sagte: Australien habe eine vornehmlich europäische Bevölkerung, es sei ein entwickeltes und demokratisches Land, warum es denn nicht Mitglied der Europäischen Gemeinschaft werden könne? Daß nach entsprechenden Kriterien Kuba Mitglied des Comecon geworden ist, zeigt einen der Unterschiede zwischen Europa und dem Rest, auf die es mir hier ankommt. Europa ist der Versuch, hier auf diesem Kontinent, mit seiner Geschichte des Kleinmuts und der Feindseligkeiten, ein Beispiel der Zusammenarbeit und Verantwortung zu schaffen. Und beides ist nicht sentimental zu verstehen. Der Weg, den wir gehen sollten und eines Tages gehen müssen, ist genau beschreibbar – auch indem wir klarlegen, was wir nicht tun sollten oder dürfen.

Wenn in Deutschland heute mit europäischen Themen keine Wahlen mehr zu gewinnen oder zu verlieren sind, wenn selbst im Deutschen Bundestag bei Europa-Debatten gähnende Langeweile sich ausbreitet, dann ist das schon ein zweiter Schritt in der Haltung der Deutschen nach dem Kriege. Zunächst, nach Churchills Züricher Rede, nach der ersten Konferenz von Den Haag, nach der Aufnahme der Bundesrepublik in den Europarat, bis hin zur Zeit der Konferenz von Messina gab es eine Art erwartungsvoller Erregung angesichts der europäischen Möglichkeiten. Daran war vieles echt und aus einer intuitiven Einschätzung des Notwendigen geboren. Vieles aber war auch unechter, oder zumindest fehlgerichteter Enthusiasmus. Viele haben sich in Deutschland für Europa begeistert, weil sie sich für das eigene Land nicht mehr begeistern konnten, seiner Geschichte wegen, vor allem aber wegen seiner Teilung. Da die Nation nicht da war, und sich nur schwer beschreiben ließ, trat Europa an ihre Stelle als die kulturelle und politische Einheit, durch die man seinen Platz in der Welt bestimmte.

Das war verständlich. Aber es war auch kostspielig, voreilig und vielleicht überhaupt verfehlt. Im Europarat saßen zwei deutsche Staaten, die Bundesrepublik und das Saarland. Daß sie nach dem Willen der Menschen in einen Staatsverband gehören, stellte sich 1955 heraus (und daß dieser Wille sich durchsetzen konnte, zeugt für die Kraft des freien Europa), aber gerade darin wurde auch erkennbar, wie wenig die Zugehörigkeit zu Europa die zur Nation ersetzen kann. Europa ist insgesamt ein Kunstgebilde, es ist Hoffnung und Möglichkeit, aber weniger in der Folge einer gewachsenen kulturellen Einheit der Menschen – die gibt es nicht, im Gegenteil, da kennt Europa unvergleichlich viel mehr Trennendes als Verbindendes – als auf Grund vernünftiger Einsicht in das Notwendige. Europa ist der notwendige Versuch der mittleren und kleineren Staaten dieses Weltteils, das gemeinsam zu tun, was sie als einzelne nicht mehr oder nicht mehr angemessen bewältigen können.

Europa der Vaterländer? Gewiß, aber das Wort ist auch mißverstehbar. Die Vereinigten Staaten von Amerika haben ihr eigenes inneres Gefälle. Als die offene Grenze zum Westen immer weiter vorangetrieben wurde, empfanden die dreizehn Unterzeichnerstaaten der Unabhängigkeitserklärung sich schon als alteingesessen; der amerikanische Bürgerkrieg war Ergebnis einer inneren Zerrissenheit, deren Wunden auch heute noch schmerzen; unübersehbar sind die spanischen Spuren in San Diego, die französischen in New Orleans, die skandinavischen in Minneapolis, die irischen in Boston und andere andernorts. Aber wenn das alles gesagt ist, bleibt die Tatsache, daß die Vereinigten Staaten insgesamt ein Kunstgebilde und nur dieses sind, nicht herausgewachsen aus der Kooperation alter Regionen und Staaten, sondern schon konstruiert von lauter Zugereisten, nahezu gleichzeitig mit den Einzelstaaten entstanden, in der Tat in den meisten Fällen der heutigen USA sogar vor ihnen. Möglichkeit und Hoffnung auch hier, gewiß, aber Hoffnung auf das ganz und gar Andere, unbegrenzte Möglichkeit. Europa ist demgegenüber das Land der begrenzten Möglichkeiten, in dem alles Neue aus festen Strukturen herausgepreßt werden muß, in dem das Kunstgebilde neben und vor eine bestehende Wirklichkeit tritt. Vielleicht ist Europa auch darum ein Land der realeren Hoffnungen, für andere nämlich, bei denen es ebenso wie in Europa keinen Punkt Null der staatlichen Entwicklung gibt, keine »Mayflower« und auch keine Unabhängigkeitserklärung.

Die Teile Europas sind also lebendige Gebilde eigenen Rechts. Es sind Einzelstaaten, aber mehr noch Regionen: das Elsaß, Bayern, Sizilien, Friesland, Schottland – das sind die Einheiten, in denen Menschen ihre Zugehörigkeiten mit bestimmten Empfindungen verbinden können. Und wenn es eines Tages eine europäische Regierung gibt – ich denke, es wird sie geben, möglicherweise noch vor Ende des Jahrzehnts –, dann sollten die Väter der Verfassung der Europäischen Union dafür Sorge tragen, daß die Regionen so stark wie möglich gehalten werden. Es käme den Menschen zugute, wenn die heutigen Nationalstaaten ihre Rechte teils gemeinsam mit anderen in Europa ausüben, teils den Regionen überlassen würden, damit das ferne Kunstgebilde der Vernunft und die nahe Realität des täglichen Lebens im dialektischen Einklang bleiben.

Was ich hier meine, läßt sich auch anders, weniger geographisch sagen. Vor einiger Zeit hatte ich in der Sendung »It's Your Line« im britischen Rundfunk Fragen von Hörern über Europa am Telephon zu beantworten. Die meisten Frager waren besorgt über den britischen Beitritt und seine Folgen. Eine Hörerin wollte wissen, ob denn nunmehr britische Staatsbürger schutzlos der Polizei und den Gerichten des Kontinents, etwa dem Europäischen Gerichtshof in Luxemburg, ausgeliefert seien. Beruhigen konnte ich die Dame erst, als ich ihr versicherte, daß es einstweilen weder eine Europa-Polizei noch Europa-Gefängnisse gebe. In der Tat braucht die Hörerin sich keine Sorgen zu machen; Grundrechte der britischen Tradition wie das Habeas-Corpus-Recht werden durch den Beitritt nicht berührt. Aber die Frage, die sich hier stellt, reicht tiefer: Was ist es denn, das wir, das jeder von uns einbringt in das Kunstgebilde Europa? Und vor allem: Wie vermeiden wir, daß in einer künstlichen Harmonie gerade die Dinge aufgehoben werden, die uns teuer sind?

Da gibt es eine Maxime vor allem: Wenn Europa irgend jemanden zwingen wollte, etwas aufzugeben, das ihm teuer ist, dann müßte dies in die neue Gemeinschaft die Saat künftiger Zwietracht eingeben. Nichts ist gefährlicher für das einstweilen zerbrechliche Kunstgebilde Europa, das wir schaffen, als die doppelte Gefahr einer Harmonisierung um jeden Preis oder einer Harmonisierung auf Kosten der Interessen einiger Mitglieder. Und wem eine solche Aussage zu abstrakt klingt für eine Darstellung, die Europa aus persönlicher Perspektive beleuchten soll, für den sei hinzugefügt, daß ich gerade hier als Person meine größten Sorgen mit dem Europa habe, das sich uns in der Europäischen Gemeinschaft darstellt.

Harmonisierung um jeden Preis – das ist die Versuchung der Kommission, die als einzige Einrichtung Europa gleichsam als solches zu vertreten, vor allem zu entwerfen berufen ist. Hier liegt eine große Aufgabe, wohl so auf halbem Wege zwischen der der Académie Française für die französische Sprache und der der NASA für die Weltraumfahrt: mal gelingt etwas, mal nicht; manche Entwicklungen gehen an einem vorbei, ohne daß man in sie eingreifen könnte; wenn einem die Basis entzogen wird, rückt das an sich erreichbare Ziel in weite Ferne; man kann durch Beispiel vorangehen und durch Phantasie; der Kampf mit dem Erreichbaren hört niemals auf. Nun gibt es Staaten, in denen beträgt der zugelassene Achsdruck für Lastwagen 10 t. Es gibt andere Staaten, in denen beträgt er 13 t. Es gibt zudem solche, die wollen von 10 auf 13 t gehen, und andere, die das Umgekehrte anstreben. Es gibt auch Staaten, die wollen auf keinen Fall von den 10 t abgehen und andere, die ebenso kategorisch die Reduktion auf 10 t ablehnen. Das ist eine recht europäische Situation. Daß es im Interesse der Wettbewerbsgleichheit in einem gemeinsamen Markt gut wäre, zu einer einheitlichen Regelung zu kommen, sei unterstellt; der Transport von Gütern ist für den Markt ja ein Thema von einiger Bedeutung. Aber ist es in irgendeinem vernünftigen Sinn »europäisch«, nach langen Verhandlungen alle unglücklich zu machen mit dem Vorschlag, auf 11 t zu gehen? Ist dieser teure Kompromiß, der die Industrie überall zu Anpassungen zwingt, in manchen Ländern weniger umweltfreundlich ist als gegenwärtige Regelungen, Maßnahmen des Straßen- und Brückenbaus zur Folge haben kann und beträchtliche Emotionen hervorruft, »im europäischen Interesse«?

Ich habe das Beispiel gewählt, weil es nicht einfach ist. Übrigens habe ich selber dem Beschluß, einen solchen Kompromiß vorzuschlagen, nicht widersprochen. Nicht immer ist auch der Kompromiß so mechanisch wie in diesem Fall; ebenso häufig besteht die Harmonisierung darin, daß jeder dem anderen eine Dummheit gestattet, um auf diese Weise selbst zu einer solchen legitimiert zu werden. Aber gleichgültig um die Form: Ich sprach von der Versuchung der Harmonisierung. Das ist die Versuchung, etwas zu tun, weil es »europäisch« scheint, weil es also gemeinsam getan wird von verschiedenen Staaten, wobei zugleich übersehen wird, daß dieses Europäisch-Gemeinsame hinlänglich von allen Realitäten und Aspirationen der Menschen entfernt ist, um seine europäische Aufgabe nie zu erfüllen, ja sie manchmal geradezu zu stören. Wer Europa will, braucht neben der Begeisterung sehr viel Disziplin, sehr viel Sinn für die Proportionen zwischen europäischen Hoffnungen und dem wirklichen Leben der Menschen.

Dem ist dann folgerichtig noch ein Wort hinzuzufügen, das mich möglicherweise nicht gerade beliebter machen wird bei denen, mit denen ich täglich arbeite und noch lange arbeiten möchte. Ist Europa schon ein Kunstgebilde – nicht mehr bloße Möglichkeit, noch nicht volle Wirklichkeit, und beides als Hoffnung, die verschränkt bleibt und bleiben soll mit der bunten Vielfalt des Kontinents –, so gilt die Künstlichkeit, der artifizielle Charakter, erst recht für diejenigen, die das noch nicht vorhandene Europa in Glas und Stahl vertreten. Eine europäische Zentralbehörde, die mehr ist als ein Treffpunkt der Mitgliedsstaaten, läuft ständig Gefahr, sich selbst mit Europa zu verwechseln. In Wahrheit ist die Entscheidung über Gehaltsforderungen der Beamten der Europäischen Kommission aber kein Maßstab für die europäische Gesinnung des Ministerrates, und selbst die über 11 t Achslast für Lastwagen ist es nur sehr bedingt. Meinem Bild von Europa würde es entsprechen, daß die Beamten aller Mitgliedsstaaten nach einigen Jahren der Tätigkeit in Brüssel wieder in ihre Heimat zurückkehren, und daß alle Mitglieder der Kommission im politischen Leben ihres Herkunftslandes fest verankert sind. Das Kunstgebilde Europa muß von Menschen vertreten werden, die nicht ihrerseits noch eine künstliche Existenz fernab von den Interessen und Empfindungen der Menschen führen.

Die andere gefährliche Versuchung, die der Harmonisierung auf Kosten einzelner, führt in ein ganz anderes, obgleich ebenso heikles Thema, in dem persönliche Erfahrungen und politische Absichten sich mischen. Das Verhältnis von Deutschland und Frankreich bleibt der Schlüssel zur europäischen Zusammenarbeit. Es ist – wie übrigens nach Osten hin das von Deutschland und Polen – das am stärksten belastete Verhältnis. Da ist in der Kathedrale von Reims wohl noch nicht das letzte Wort gesprochen worden, vom Deutsch-Französischen Vertrag ganz zu schweigen. Der Versuch, die Belastungen der Geschichte durch das gemeinsame Wirken am Ziel der europäischen Zusammenarbeit zu überwinden, bezeichnet den großen Fortschritt der letzten zweieinhalb Jahrzehnte gegenüber der ersten Zeit nach dem Ersten Weltkrieg. Nur müssen wir dafür Sorge tragen, daß dabei nicht, durch Verschulden oder Nachlässigkeit, neue Belastungen, neue Quellen der Entfremdung entstehen. Das ist eine Frage, die in sehr unterschiedliche Dimensionen hineinführt.

Ich gehöre zu den wohl nicht ganz wenigen Deutschen, die ihr Herz in Rom und in London verloren haben. Das mag die Marotte des ein bißchen sentimentalen Hamburgers sein: Wenn ich das Gefühl habe, einmal wieder seelisch auftanken zu müssen, dann spaziere ich am liebsten auf dem Cimitero Acattolico an der Cestius-Pyramide herum oder sitze auf den Trümmern der Domus Livia auf dem Palatin oder starre vom Pincio in den Sonnenuntergang hinter S. Pietro. Wenn ich andererseits meine Freunde in London besuche, mit ihnen in einem der viel zu engen Büros im House of Commons sitze, zum Essen in einen Club in St. James's gehe oder im Coffee Shop neben der London School of Economics diskutiere, dann habe ich den Eindruck einer gleichgestimmten humanen Sachlichkeit bei allen Unterschieden der Tradition, der Interessen und wohl auch mancher Kategorien des Denkens und Verfahren des Handelns. Paris ist mir demgegenüber eher fremd geblieben; mit meinen französischen Freunden und Bekannten spreche ich oft Englisch, manchmal Deutsch. Und da bin ich nicht der einzige. Daß Karl Schiller und Giscard d'Estaing sich nur englisch unterhielten, hat dem ohnehin nicht entspannten Verhältnis der beiden kaum geholfen; für Schillers Nachfolger gilt dasselbe. Willy Brandt kann mit dem dänischen Ministerpräsidenten leichter parlieren als mit dem französischen Staatspräsidenten, und selbst Walter Scheel – an sich weniger angelsächsisch oder skandinavisch geprägt als die anderen genannten, oder auch als Gerhard Schröder – spricht unter vier Augen mit seinen Kollegen aus anderen Ländern seltener Französisch als Englisch.

Das sind keine Argumente, gewiß, und es müssen auch keine Belastungen sein. Es mag dennoch etwas zu tun haben mit einer Stimmungslage, die verbreiteter ist, als wir uns heute noch eingestehen. Wenn einer in einer deutschen Versammlung aufsteht und sagt, die Europäische Wirtschaftsgemeinschaft diene doch im wesentlichen französischen Interessen, dann findet er nicht nur bei Landwirten Zustimmung. Das »Wir zahlen, und die anderen, vor allem die Franzosen, bedienen sich« ist zu einer oft gehörten Meinung geworden, auch übrigens zu einer Begründung, die für die verbreitete Indifferenz gegenüber dem organisierten Europa gegeben wird. Bei denen, die mehr wissen, gibt es dennoch ähnliche Empfindungen. Da wird manches entschieden, weil Frankreich es will, und vieles wird nicht entschieden, weil Frankreich es nicht will, und das alles erfolgt zumeist aufgrund von Texten, die nur in französischer Sprache vorliegen. Beide Arten von Empfindungen halten einer genauen Prüfung auf ihre Substanz nur sehr bedingt stand; aber beide zwingen doch den, der die europäische Hoffnung verwirklichen will, zu nachdenklichen Anmerkungen.

Für die Generation, der ich angehöre – der Backofen für den mageren Kuchen zu meinem 16. Geburtstag wurde mit dem Kleinholz unseres Radios geheizt, das wir den Russen drei Tage nach dem Einmarsch in unseren Teil Berlins nicht abliefern wollten –, ist Europa kein Akt der Wiedergutmachung. Für mich gilt auch nicht, daß Deutschland einen Preis, etwa einen wirtschaftlichen Preis für das politische Recht zur Teilnahme am Prozeß der europäischen Einigung zahlen müßte. Ob das 1957, bei der Ausarbeitung des Vertrags von Rom, oder 1951, bei der Begründung der Montanunion, galt, weiß ich nicht; es würde mich nicht überraschen; ja mehr, ich könnte das wohl verstehen. Heute handeln alle europäischen Staaten unter gleichen Voraussetzungen im Hinblick auf eine gemeinsame Zukunft; und je rascher alle das auch verstehen, desto besser wird das für uns sein.

Das ist aber nur eines. Das zweite und dritte ist eher kritisch teils an die französische, teils an die eigene Adresse gerichtet.

Man kann Europa nicht nur dann wollen, wenn es einem unmittelbar nützt. Der Agrarfonds und der Entwicklungsfonds werden zentral verwaltet; aus Frankreich habe ich Klagen darüber nicht gehört. Aus welchem erdenklichen Grund soll ein neuer Regionalfonds nun zwar von allen gespeist, aber national verwaltet werden? Wer immer gewinnen will und darum nicht mehr mitspielt, wenn die Dinge gegen ihn laufen, muß mit Sicherheit die Interessen anderer verletzen. Das aber führt zu neuen und unglücklichen Ressentiments, eben zu jenen Belastungen, von denen ich sprach. Andererseits fehlt bei uns vielfach noch immer die richtige Mischung von selbstbewußter Vertretung der eigenen Interessen und Verständnis für die Methoden der anderen. Vor dem spielerischen Element internationaler politischer Entscheidungen unter Freunden scheint mancher Deutsche nach wie vor eher fassungslos zu stehen. Da spielen wir dann auf unsere Weise nicht mehr mit, sondern werden böse und schmollen (was wiederum die anderen sehr erstaunt). Daß man gar nicht genug Menschen diesen Erfahrungen aussetzen kann, ist noch der harmloseste Schluß aus solchen Erwägungen.

Da bietet sich dann fast schon ein Resümee dieser persönlichen Betrachtungen an, wenn es nicht noch einen Punkt gäbe, ohne den ich nicht schließen kann. Europa ist kompliziert; das darf als der rote Faden meines Bildes von unserem Kontinent gelten. Ich sage das ganz und gar ohne Bedauern. Seine Vielfalt, seine Buntheit, seine Widersprüchlichkeit, selbst noch seine Unfertigkeit machen den großen Reiz Europas aus, den Reiz seiner Hoffnungen. Auf dem Weg von der Möglichkeit zur Wirklichkeit einer freien Zusammenarbeit freier Völker zum Wohle der Menschen bleiben die geographischen Grenzen offen, die inneren Unterschiede auch dort groß, wo sie belasten können, die Methoden des Fortschrittes experimentell, die Chancen des sicheren Erfolges ungewiß. Als Kunstgebilde, das aus einer kräftigen geschichtlichen Wirklichkeit herausentwickelt, um nicht zu sagen, in diese hineinentwickelt werden muß, wird Europa für lange Zeit durch den hoffentlich fruchtbaren Konflikt mit den Nationen, für immer durch den mit den Regionen bestimmt sein. Es gibt praktisch keine Komplikation, die sich nicht zum größeren Ruhme Europas anführen ließe.

Außer einer. Die Hoffnung Europa ist letzten Endes einfach. Die Völker Europas sind verschieden nach Herkunft und Bildung, nach Sprache und Lebensweise. Sie haben den größeren Teil ihrer Geschichte damit zugebracht, ihre Lebensmöglichkeiten dadurch zu sichern, daß sie den anderen deren Lebensmöglichkeiten und häufig genug das Leben selbst verweigerten. Heute wissen wir, daß es Lebensmöglichkeiten in Europa nur noch gibt, wenn wir zusammenarbeiten. Wir müssen unseren Reichtum entwickeln, um die Mittel zu haben, die unser Leben lebenswert halten oder wieder machen. Wir müssen unsere Freiheit entwickeln, um unserem Leben jene Qualität zu bewahren, die der Vielfalt der Menschen allein gerecht wird. Wir müssen Reichtum und Freiheit verbinden mit der Offenheit für die Interessen und Bedürfnisse anderer, insbesondere derer, die noch einen langen Weg vor sich haben, bevor sie selber diese Ziele erreichen. Das alles müssen wir tun aus der Einsicht in die Fehler der Geschichte, aus der Notwendigkeit der Vernunft. Tun wir es nicht, dann sind nicht nur die Lebenschancen der Europäer gefährdet, dann ist auch die Welt um eine große Hoffnung ärmer, nämlich die, daß freie Menschen aus freien Stücken vernünftig handeln können.

Das sind ziemlich große Worte, und ganz ohne ein ironisches Postskriptum kann ich sie nicht dahingehen lassen. Ich habe meinen Glauben an Europa einmal so kräftig ausgesprochen, weil ich meine, daß das hin und wieder nichts schadet; ich bin andererseits nicht der Meinung, daß Europa durch Bekenntnisse zustande kommt. Davon gibt es eher zu viele. Nein, wer redet, soll lieber kritisch reden, und wer handelt, soll das präzise tun; nichts ist schlimmer als die Mischung von festlichen Reden und tiefer Gleichgültigkeit. Ich sage das nicht ohne Grund. Mancher hat die Artikel, die im Juli 1971 ein gewisser Wieland Europa – mit dem ich bekanntlich auf durchaus vertrautem Fuß stehe – in der »Zeit« veröffentlicht hat, mißverstanden. Das war keine Tirade gegen Europa, noch nicht einmal eine gegen die Europäische Wirtschaftsgemeinschaft. Es war vielmehr ein Versuch, vor der Sackgasse zu warnen, in die ein nicht mehr zeitgemäßes, allzu enges, gelegentlich dogmatisches Bild der Methoden des europäischen Einigungsprozesses uns führen muß. Präsident Hallsteins Verdienste für Europa sind so unvergessen wie die Bundeskanzler Adenauers für Deutschland; aber die Rezepte von gestern heilen die Krankheiten von morgen nicht.

In jenen Artikeln habe ich auch ein paar unfreundliche Worte für die Kommission, der ich angehöre, und damit für meine Kollegen gefunden. Ich will sie nicht wiederholen, denn ich bedauere heute, daß ich damals so formuliert habe. Meine Kollegen waren empört. Eine schwierige und heftige Kommissionssitzung fand statt am Abend vor der Debatte im Europäischen Parlament, die sich mit den Artikeln beschäftigte. Ein Beschluß-Vorschlag sollte mich gleichsam ausschließen aus dem Kreis derer, die für die »europäische Konstruktion« wirken. Wäre dieser Vorschlag angenommen worden, dann hätte ich noch am selben Abend mein Amt niedergelegt. Aber er wurde nicht angenommen. In einer bemerkenswerten Wendung der Solidarität erreichte die Kommission einen Beschluß, mit dem alle neun Mitglieder sich identifizierten. Ohne Ausnahme alle erschienen dann auch am nächsten Morgen im Parlament, wo die Fraktionen ihre kritischen Kommentare von sich gaben. Für mich sprach nur der italienische Kommunist d'Angelosanti. Die Liberalen schwiegen. Es war keine parlamentarische Stunde, an die ich besonders gerne zurückdenke.

Aber nicht darum erinnere ich hier an diese Geschichte. Der 23. September 1971 war für mich zunächst eine Erfahrung in europäischer Solidarität, die ich als solche nicht vergessen werde. Das Kollegium der Kommissionsmitglieder aus den damals sechs Mitgliedsstaaten hatte es in der Hand, einen unbequemen Kollegen loszuwerden. Es hat einen anderen Weg gefunden, einen übrigens, den möglicherweise ein nationales Kabinett nicht beschritten hätte. Das hat meinen europäischen Überzeugungen tiefere Bindungen hinzugefügt.

Daß dieselbe Erfahrung mich in den entscheidenden Punkten der Sache, um die es mir ging, nicht bekehrt hat, ist hoffentlich nicht nur meiner Dickköpfigkeit zuzuschreiben. Die Sache, das ist die Vielfalt Europas und damit auch der Wege, die zu ihm führen. Das ist keine einfache Haltung, mit voller Absicht nicht. Daß die Welt sich nicht nur in der Theorie, sondern auch in der Praxis den einfachen Formeln entzieht, ist eine der Lehren des großen Königsbergers Immanuel Kant. Vielleicht macht die Geschichte es denen leichter, die sie in Grandma-Moses-Bildern zeichnen – gemacht wird sie, davon bin ich überzeugt, eher von denen, die sie sehen wie Cézanne, oder wie Paul Klee. Nach Rom führen viele Wege, und nach Europa auch. Man muß nur hinkommen wollen, zum vierten Rom, und sich auf den Weg begeben. Beides macht für mich Europa persönlich wichtig.

Petru Dumitriu
Zum Beispiel: als Vorbedingung der Utopie

Die Spielregel ist, über »Europa – persönlich« zu sprechen. Doch was soll die Meinung des Einzelnen in einer Frage, die dreihundert Millionen Menschen und vielleicht die ganze Menschheit angeht? Zu glauben, daß unsere Ideen und Gefühle zum Thema »Europa« in ihrer Individualität von Belang seien, wäre vermessen. Andererseits sind sie je individueller, desto signifikanter, wenn das Individuum überhaupt von Wert ist. Wir nehmen es an; andere halten weniger vom Einzelnen, mehr von der Masse, wenn sie nur groß ist und sie zu ihr gehören. Aber gerade wenn sich dieses Individuelle wiederholt, sich als solches also aufhebt, wenn es vielen von uns oder uns allen gemeinsam ist, sich damit zum Allgemeinen erhebt – oder degradiert –, hat es konkrete Bedeutung. Das heißt – leider, denn der oberste Wert unserer Zeit ist das Instrumentelle –: Wirksamkeit. Sprechen wir also über Europa ganz persönlich, aber suchen wir in den unteren Schichten unserer Erfahrung das Unpersönliche, Gemeinsame. Wir werden damit das Spiel nach der Regel spielen – nach der erklärten, frei gewählten. Während wir es aber spielen, wird es insgeheim von der unwiderstehlichen Kraft einer anderen, verborgenen Regel, der unausgesprochenen, unabwendbaren, verändert. Damit werden wir zugleich ehrlich und falsch spielen – vielleicht eine Methode, um auf jeden Fall zu gewinnen.

Ich habe mich früher nicht als Europäer gefühlt. In einem kleinen südosteuropäischen Land geboren und aufgewachsen, habe ich, von sechs Semestern auf einer deutschen Universität abgesehen, dort bis zu meinem sechsunddreißigsten Lebensjahr ge-

lebt. Jenes Land liegt an der Nahtstelle zwischen der unendlichen, einförmigen eurasiatischen Ebene und dem vielfältigen, kleinstrukturierten, durchgeprägten Subkontinent Europa. Es gibt einen Punkt zwischen dem südöstlichsten Bogen der Karpaten und dem letzten Knie der Donau vor ihrer Mündung ins Schwarze Meer, wo die Ebene ganz eng wird: einige Dutzend Kilometer. Von diesem Ort ostwärts gibt es nur Flachland, Steppe, bis zur Chinesischen Mauer, weiter noch: bis zum Amur, zum Ussuri, und immer weiter, bis zur Beringstraße. Grenzenlose Ebene. Von dort ging es immer nach Westen, vom Gelben Meer zu den Katalaunischen Feldern, nach dem Lechfeld, nach Liegnitz. Die Völkerwanderungen, die Reitervölker sind dort, zwischen Karpaten und Donau, in die Donauebene und weiter nach Europa eingebrochen. Die Ebene wird noch enger am Eisernen Tor, um sich dann wieder auszudehnen bis nach Wien. Als kleine Jägerhorden, später auf ihren Ochsenkarren und hinter ihren Herden, später noch zu Pferd, von den vorgeschichtlichen Völkerwanderungen bis zu den Mongolen und Türken, brachen sie dort in Europa ein. Das Einfallstor war bei uns. Ich höre noch den Schullehrer eines winzigen Dorfes an der Donau, der ein bescheidenes Museum eingerichtet hatte, darin neben Mammutzähnen eine ganze Sammlung von rostigen, eisernen Pfeilspitzen. »Die findet man bei uns überall in den Äckern beim Pflügen«, sagte er schlicht, ohne weiter nachzudenken, was das bedeutete. Ein Dorf in der Nähe hieß, ins Deutsche übersetzt, »Schindstätten«. »Warum? Wohl weil dort die Türken unseren Leuten lebendigen Leibes die Haut herunterzogen . . .«
Die Finnen haben keinen Zweifel, ob sie zu Europa gehören oder nicht. Wir aus dem Südosten können uns immer fragen, ob bei uns nicht die Levante schon anfängt. Wo hört hier Europa auf, wo beginnt Asien? Seit mehr als einem Jahrhundert der Selbstreflektion sprechen die Russen vom »Westen«. Dostojewskij beschreibt das alte, kleine, verstaubte, verhutzelte Europa, als ob sein großes, heiliges Rußland nicht dazu gehörte. Er war ungerecht. Europäische Lehrmeinungen dienen zur Rechtfertigung der unangenehmen, aber großartigen russischen Neuschöpfung einer politischen Führungs- und Organisationsmethode

und einer neuen Gesellschaftsform – ein Beweis dafür, wie mächtig der Geist Europas gerade zu Dostojewskijs Zeit noch war. Von Heraklit über Platon bis Hegel und Marx reicht die Denklinie, die heute noch – obwohl nicht sie allein – das Bewußtsein von Nichteuropäern formt, die in tropischen Dschungeln im Namen der Dialektik, des Materialismus und der Historie töten und sterben.

Land der Dunkelheit, ereb, irib, Abendland, nannten die Assyrer das, was die Griechen einerseits als Erebos, Land der Toten, über die Phönizier übernahmen, andererseits, ebenfalls über Phönizien und Kreta, Europa nannten: Europe, Tochter des Totenrichters Rhadamanthys, Beisitzer des Minos, aus Phönizien nach Westen übers Meer von Zeus in Gestalt des Stieres entführt. Bevor es ein Europa gab, spielten in Kreta die Jünglinge in der Arena mit dem Stier. Dort, wo es Europa bald nicht mehr gibt, zwar nicht in der Zeit, aber im Raum, weil nach Westen das Festland aufhört, spielen heute noch die jungen Männer mit dem Stier in der Arena zu Pamplona, im Baskenland. Die vorindogermanischen Basken töten ihn ebensowenig wie die Kreter von einst.

Dort, im Südosten dieses nach Asien geöffneten, nach Osten unbestimmten Subkontinents mit dem assyrischen Namen und den minoischen Symbolen, hatten wir nie das sichere Gefühl, zu Europa zu gehören. Europa lag im Westen. Im Vergleich zu uns war es unendlich verfeinert, reich, mächtig, wissend. Diesen Zweifel hatten die katholischen Ostländer, Polen und Ungarn, nie. Trotz ihrer hunnischen Anfänge gehörten die Ungarn, trotz ihrer heidnischen Götter bis zur späten Bekehrung die Polen, zu Europa schon zur Zeit, als es noch nur »die Christenheit« hieß und die östlichen Christen stillschweigend ausschloß. Heute fühlen sich die Südosteuropäer endlich wirklich als Europäer, durch den Widerstand gegen das erdrückende Gewicht der Sowjetunion. Für mich bleibt aber unauslöschlich der Augenblick des Erstaunens bei einem Empfang in Eriwan, südlich des Kaukasus, in Sichtweite des Berges Ararat, Eriwan in Kleinasien,

Hauptstadt der Sozialistischen Sowjetrepublik Armenien. Zusammen mit den Hethitern, den längst verschollenen, sind die Ahnen der Armenier das älteste bezeugte indogermanische Volk. Christlich wurden die Armenier kurz nach Konstantin dem Großen. Sie bauten gotische Spitzbogen ein halbes Jahrtausend vor der Gotik. Sie erfanden ihre Schrift, lange bevor es Runen gab. Die Armenier sind ein altes Kulturvolk. Sie wissen es. Sie vergessen es nie. Aber als das Orchester zum Tanz aufspielte und ich gestand, daß ich nicht tanzen konnte, erhoben sich buschige schwarze Brauen hoch über die Wurzel der kaukasischen Nasen (wer sie kennt, weiß, was ich meine): »Wieso? Sie, ein Europäer?« Ein Europäer, meinten sie offenbar, sollte ein vollendeter Salonlöwe sein. Ich staunte weniger über die naive und unbewußte Unterstellung der zivilisatorischen Überlegenheit des Europäers bei diesen zutiefst zivilisierten Menschen (dort hörte ich beim Besuch einer Kolchose einen Landarbeiter ein Lied von Sajat Nowah, ihrem großen Lyriker aus dem XVII. Jahrhundert, singen; so wie ein französischer Bauer eine Ballade von Villon, ein englischer Farmer ein Sonett von Shakespeare, ein deutscher Bauer *Es war ein König in Thule* singen würde ...) als über die ganz natürliche Annahme, daß ich ein Europäer sei. *Sie* hatten daran nicht den geringsten Zweifel.

Die Mutter: Ungarin aus Siebenbürgen; Kalvinistin; Bildungssprache der Mutter: Deutsch. Als Student auf einer deutschen Universität zur Zeit des rassischen Aberwitzes mußte ich Anmeldungsformulare ausfüllen. Rassenzugehörigkeit? Ich konnte nicht so einfach »arisch« schreiben. Die Ungarn sind Finno-Ugrier. »Die Ungarn und die Finnen sind unsere treuesten Verbündeten. Hauptsache, Sie sind kein Jude. Schreiben Sie ruhig: *arisch.*«

Ich hatte kaum zu lesen gelernt, da lasen wir schon zusammen aus der Bibel – aus dem Alten Testament, nicht aus dem Neuen. Später entdeckte sie den Rudolf Steiner und wurde zur Anthroposophin. Sie hatte außerdem gebildete Juden zu Freunden; bei denen standen in der Bibliothek die neuesten Bücher aus dem Insel Verlag oder von S. Fischer. Die Nazis behaupteten und glaubten vielleicht auch, daß sie alles Deutsche liebten. Sie rotteten jedenfalls die Träger der deutschen Bildung in Osteuropa für immer aus.

Mein Vater war Rumäne aus der Donauebene, rundköpfig, schwarzhaarig, blauäugig, ein griechisch-orthodoxer Atheist; Bildungssprache: Französisch. Er opferte seine berufliche Laufbahn der Liebe zu einer Erbfeindin. Das gab mir ein besonders klares, auch kühles Auge für Erbfeindschaften zwischen Völkern, überhaupt für alles, was Nationen trennt – und das ist fast alles, was Nationen ausmacht.

Ich erlernte die europäischen Universalsprachen Latein und Französisch (Englisch ist etwas anderes: eine Weltsprache, und Spanisch nur die Sprache eines Kontinents), dazu die europäische Relativierung der Werte; erhielt eine humanistische Bildung, europäisches Gegenstück der brahmanischen und der konfuzianischen – die ersten zwei gibt es kaum noch, die dritte nicht mehr; entkam sehr knapp dem Zweiten Weltkrieg, vor allem als uns deutsche 8,8-Kanonen unser Haus über dem Kopf in Trümmer schossen, was ich den Deutschen aus irgendeinem, mir unerfindlichem Grunde nie nachgetragen habe; entkam *nicht* der industriellen Revolution des XX. Jahrhunderts im rückständigen Osteuropa, der die Lehre des Marxismus-Leninismus als Rechtfertigung diente; schrieb mit dreizehn Jahren meine erste Prosa auf Französisch, dann auf Rumänisch bis zum *mezzo del cammin di nostra vita;* übersiedelte widerwillig doch beileibe nicht wider Willen, aus Aufsässigkeit und der Freiheit zuliebe, um das zu schreiben, was ich will, und es auch zu veröffentlichen, wenn nur *ein* Verleger seinen, in seltenen Fällen sogar immateriellen, Gewinn darin sieht, nach Westeuropa, wieder ein unscharfer Begriff, denn so sehr ich Spanien liebe und Portugal mag, waren diese westlich gelegenen Länder nicht gemeint; durfte unter den Deutschen als ein freier Mann, unter ihren sehr liberalen Gesetzen, inmitten ihres unverhofften aber nicht unverdienten Wohlstands leben, auf Französisch schreiben und publizieren, denn seit der Antike ist keine Literatur der Welt dem Fremden so gastlich wie die französische gewesen. Dort hat der Fremde, wie mir ein provenzalischer Freund einmal sagte, *droit de langue, droit de cité,* ein Anrecht auf Logos und Polis. Ein Hellene hätte es kaum anders gesagt. Deutsch aber bleibt für mich die Sprache, in der »Ausländer« kein Schimpfwort ist.

Ein Europäer ist nirgends in Europa im Exil. Aus einem Teil Europas in einen anderen emigriert man nicht: man wechselt lediglich den Wohnort. Ich gebe zu, daß dies meistens in umgekehrter Richtung zur Umdrehung der Erde geschieht.
Ich verdanke also meine Geburt meiner südosteuropäischen Heimat; mein Dasein als freier Mensch und mein materielles Leben der Bundesrepublik Deutschland, zur Zeit, und alles in allem, ohne daß es jemand laut ausspricht, eins der erfreulichsten Länder der Welt; mein geistiges Dasein jedoch dem Umstand, daß man, ohne Franzose zu sein, ein Schriftsteller französischer Zunge, *écrivain d'expression française,* sein darf. Und ich wurde schließlich vor Jahren – ein böses Jahr, eine böse Zeit – exemplarischerweise in einem amerikanischen Flugzeug aus Berlin herausgeflogen. Hunderte von Millionen Europäern verdanken wie ich ihre Freiheit – auch die Freiheit, sich der Freiheit zu entledigen – dem vielgeschmähten Amerika (und auch einem anderen großen Land, welches jedoch einen Teil von uns nicht nur von Hitler, sondern auch von unserer, zugegeben: oft mißbrauchten Mündigkeit befreite). Darüber hinaus finde ich, daß mein und unser aller Denken, Empfinden und Tun solcherart sein sollten, daß sie nicht nur für uns, sondern auch für die Nicht-Europäer relevant, gut und nützlich seien.
Kurzum, es ist wahr, es ist ausgemacht: ich bin ein Europäer.

Spätestens bei dieser Feststellung beginnen die Schwierigkeiten. Ein Europäer: ein Bewohner Europas. Was ist Europa? Geographisch bleibt die Definition unmöglich. »Europa bis zum Ural« – diese Worte sind stilgerecht: bei einem großen Mann müssen auch die Torheiten großartig sein. Am Ural endet nichts, jenseits des Ural beginnt nichts. Sprache, Kultur, Volk, Staat – von Osteuropa bis Ostasien sind sie dieselben; es ist die Russische Sozialistische Sowjetische Bundesrepublik, der Kern, der größte

Bundesstaat der Union Sozialistischer Sowjetischer (das heißt: Räte-) Republiken. Eher nach Breitengraden wären die Groß-Russen, diese Fast-, aber nicht Ganz-Europäer, diese Auch-Europäer, von ihren innerasiatischen oder kaukasischen Mitbürgern zu unterscheiden. Europa endet nicht nach Osten; nach Osten verwischt es sich. Dies gilt auch für den Südosten, wo sich Europa in die Levante verliert, jenes Noch-nicht-Asien, fast schon Kleinasien; es gilt auf andere Art auch für Spanien, das so fremd, von seinem islamischen Mittelalter so tief geprägt ist, ohne aus Europa wegdenkbar zu sein. Doch am schwerwiegendsten, stärksten und fruchtbarsten ist Europas Zweideutigkeit nach Osten. Dort ist es offen, so wie ebendort Asien nach Westen offen ist; und nicht nur geographisch. Im Zeitalter der Aufklärung übersah man diese Zwiespältigkeit. Solange Sankt Petersburg seine Hauptstadt war, wurde Rußland naiv und wie selbstverständlich zu Europa gerechnet. Als die Stadt Petrograd benannt wurde, war die Eigenständigkeit alles Russischen amtlich bescheinigt. Seitdem hat sie sich nur noch vertieft. Aber auf der oberen Ebene gleichen europäische Lehren, auf der unteren technologische Sachzwänge das Uneuropäische in allem Russischen Europa an. Die Sowjetunion ist das größte Land der Erde, jedoch kein Kontinent, noch weniger eine Welt für sich. Man möge nur, wie es mir einmal widerfuhr, nach einem längeren Aufenthalt in China nordwärts über die Mongolei nach Irkutsk reisen. Gott weiß, wie wenig europäisch Irkutsk ist: Zwiebeltürme, früher Holzhäuser aus verwitterten grauen Stämmen, jetzt mittelmäßiger Beton. Doch sind die Gesichter der Menschen, ihre Körperhaltung, ihre Gesten, ihre Stimmen fast wie bei einem daheim; selbst der Italiener, Spanier, Grieche könnte denken: »Etwas sehr nordisch, aber immerhin, Europäer ...« Nein, sie sind es nicht. Sie sind es nur beinahe. Sie sind es auch, aber nicht nur.

Das europäische Selbstverständnis ist ohne Mendelejew und Pawlow, ohne Gogol, Dostojewskij, Tolstoj, Tschechow, ebenso verstümmelt wie es ohne Newton oder Cervantes wäre. Andererseits ist die russische Kultur trotz ihrer schöpferischen Fülle und Kraft keine um ihren eigenen Mittelpunkt kreisende Welt, wie der Islam, Indien oder China. Das christliche Erbe und die bisher europäischste, bis zur nächsten, wahrscheinlich nahen, Blüte auch die einstweilen fruchtbarste Epoche der russischen Kultur, das XIX. Jahrhundert nämlich, sind da und verhindern solche Unabhängigkeit. Eine Lösung dieser Spannung in der »russischen Seele«, das heißt in der Kulturgeschichte, im Bewußtsein, im geistigen Verhalten des russischen Volkes ist nicht absehbar, ja nicht vorstellbar; nicht einmal wünschenswert. Auch für uns nicht, denn jene Spannung ist schöpferisch, und was die russische Kultur reicher macht, bereichert die europäische. Das sagt ein Südosteuropäer, den das unausgesetzte Stemmen seines kleinen Heimatlandes gegen das gigantische Übergewicht der Sowjetunion nicht unbeteiligt läßt. Manche von uns lernten Dostojewskij und Tolstoj in französischen und deutschen Übersetzungen kennen und lieben, stellten den einen neben Aischylos und Shakespeare, den anderen neben Homer und Balzac. Wir wurden von späteren politischen, sozialen und kulturpolitischen Ereignissen dazu gebracht, daß manch einer von uns keine einzige Seite der großen Russen mehr lesen mag. Das ist eine Tatsache. Eine andere Tatsache entdeckte ich beim schon erwähnten Aufenthalt in Peking, bevor mich Irkutsk, Hauptstadt Ostsibiriens, so anheimeln sollte.

Die sieben Stunden Zeitunterschied strapazierten auf schwer erklärliche Weise meine Gesundheit. Die Chinesen, liebenswürdigste Gastgeber, brachten mich ins beste Hospital der Nördlichen Hauptstadt (Pej-Tsching): damals, vor dem großen Zerwürfnis, das sowjetische Krankenhaus. (Viel später, auf Gran Canaria, wurde ich im besten der Insel gepflegt: *el Hospital Inglés*, das Englische ...) Wie viele Osteuropäer, wenn sie schlecht gelaunt sind, hatte ich keine Lust, mich auf Russisch zu unterhalten. Die Ärztin – es war eine Ärztin, grauhaarig, pummelig, mütterlich warm wie ein Samowar, eine gütige, gutmütige, seelenvolle Kartoffel – hatte wohl keine Lust, mit mir Englisch zu sprechen, oder konnte es nicht, und Französisch auch nicht. So fragte sie, die Russin, mich, den Rumänen, denn auch, in Peking, auf Lateinisch: *Ubi dolet?* Wo tut's weh?

Plötzlich tat mir gar nichts weh. Mir war sehr wohl. Die gute

Person liebe ich immer noch. Sie hatte sich der alten Universalsprache der europäischen Gelehrten bedient. O Zeiten! O Wissenschaften! Erasmus in Oxford, Sir Philip Sidney in Frankfurt, Tycho Brahe in Prag. Alsdann das majestätische, später das galante Zeitalter, als Europa französisch sprach: Descartes in Stockholm, Voltaire in Potsdam, Diderot in Sankt Petersburg, Tiepolo in Würzburg, Canaletto in London und Warschau. Es gab zuletzt das skurrile Europa der Fürstlichkeiten, die Internationale der Monarchen, Hannover und Sachsen-Coburg-Gotha in London, Anhalt-Zerbst in Sankt Petersburg, Wittelsbach in Athen, Hohenzollern-Sigmaringen in Bukarest, Sachsen-Coburg in Sofia, Bourbon in Madrid und Neapel, Bernadotte in Stockholm. Man hatte Manieren und Mätressen, man hielt Cour und Cercle. Auf die Internationale der gekrönten Häupter folgte die der Sozialisten und Anarchisten, die internationale Arbeiterbewegung, die bis 1914 wirklich international war – das heißt, europäisch. Sie ist es nicht mehr.

Auch nach Westen ist Europa offen, aber auf andere Art. Brennpunkt der Faszination ist nicht Europa, sondern Amerika. Kunst, Trinksitten, Folksong, politische Parolen für die Jugend, sogar die neuesten Laster, Marihuana und Hasch, werden in Europa nachgeahmt, stellvertretend für die eigene Schöpfung, die einstweilen nicht stattfindet. Das entspannte, selbstverständliche, tänzerische Gefühl, Mitte aller Dinge in einem gegebenen Wertsystem zu sein, das Gefühl, das »man es ist«, *to be It,* haben die Europäer nicht. Nicht mehr. Noch nicht. Den Grundton, die Farbe, den Duft des modernen Daseins bestimmt die amerikanische Ostküste. Vielleicht auch Kalifornien. Die Sowjetunion und China versuchen, der Faszination Widerstand zu leisten, aus dem Bewußtsein ihrer Größe und ihrer wertschöpferischen Kraft heraus. Europa aber ist Provinz. Wir sind Provinz geworden, ohne es zu merken. Wir bemerken nicht, wie klein unsere Länder, unsere Städte sind, wie kleinlich jede Dimension unseres Daseins. Unsere Staatsmänner wagen es nicht laut auszusprechen, und wir, die Hunderte von Millionen, wollen es nicht hören: daß keiner dieser europäischen Schrumpfstaaten sich ohne

Erlaubnis aus Washington oder Moskau rühren kann. Verächtliche Zuckungen, wie die Suez-Affäre, oder verzweifelte Aufstände, so Budapest zur selben Zeit wie Suez, scheinen noch nicht genügt zu haben, um die Europäer über die eigene Erniedrigung zu empören. Als der größte Staatsmann der Franzosen seit 1815 sein Land der amerikanischen Hegemonie zum Schein entzog, erlaubte er gleichzeitig, daß das einzige französische Unternehmen, das Computer herstellte, in den Besitz einer amerikanischen Firma überging.
Es gibt heute in Europa, außer der alten, brüchigen Internationale der Kommunisten und der unwirksamen kleinen Internationale neoanarchistischer Grüppchen, die mächtige, stillschweigende Internationale der Großunternehmen mit der Zentrale meistens in Amerika und Tochtergesellschaften überall außerhalb der kommunistischen Länder. Wenn meine Bücher das tägliche Brot meiner Familie nicht einbringen, arbeite ich für eine multinationale Bank, die europäische Unternehmen an internationale oder multinationale Gruppen der angedeuteten Art verkauft. Nachdem ich mich von der ersten Jugend an bis zum *mezzo del cammin* an der Errichtung der totalen Apparatgesellschaft in meiner osteuropäischen Heimat aber ungern aktiv beteiligte, helfe ich jetzt noch weniger gern und gezwungenermaßen noch energischer an der Konzentration technokratischer Oligopole in Westeuropa. Europa – ganz persönlich. Herrgott. Persönlicher als so geht es gar nicht.

Die einst tatsächlich internationale Arbeiterbewegung ist nicht international. Die sozialistische Internationale, die Internationale der Gewerkschaften sind in nationalen Apparaten zertrennt. Sie sind nicht einmal europäisch. Man hat es beobachtet und gesagt: sie überlassen Europa den ersten neuen Europäern, den Managern. Europa ist wie die Macht, von der es heißt, man erobert sie nicht, man hebt sie auf. Die Neue Linke, die heute aus manchen Gründen die schöpferische politische Reflexion beinahe monopolisiert, leidet oft – und das relativiert das »Schöpferische« – unter den zum Teil unscharf gewordenen, nicht mehr anwendbaren Kategorien des ursprünglich so lebendigen und

relevant gewesenen Marxismus, wo doch inzwischen neue, von Marx noch ungeahnte Dimensionen entdeckt worden sind: die Verhaltenstriebe, Hierarchie, Revier; die Organisations- und Führungstechniken, ebenso mächtig und ebenso elementar wie die Entwicklung der Produktionsmittel und die »ehernen Gesetze« der Wirtschaft; die Gesellschaft als Summe von Informations- und Kommunikationsvorgängen, als Anhäufung von Regelkreisen.
Weil all dies noch nicht verarbeitet wurde, bleiben die angeblichen Lösungsvorschläge leeres Rechtfertigungsgerede für Machtansprüche, für die unselige Alternative: entweder Oligopol der Wirtschaftstechnokratie mit Leistungs- und Konsumzwang, oder aber Monopol der ineinander verfilzten Partei-, Staats- und Gewerkschaftsapparate mit chronischem Leistungsschwund und unfreiwilligem Konsumverzicht.

Viele sind der Neuen Linken gram, weil sie Bestehendes verändern will. Man kann ihr aber auch umgekehrt vorwerfen, daß es ihr an Vorstellungskraft und konstruktiver Phantasie fehlt. Unter ihren Augen treibt die unwiderstehliche Macht der Produktions-, Informations- und Verkehrstechnologie auf einen wirtschaftlichen Großraum mit dreihundert Millionen Menschen zu, ein Großraum mit einheitlichem Lebensstandard und standardisiertem Verhalten. Weder hilft die Neue Linke aber, dieses neue Europa herbeizuführen und es währenddessen nach ihren Absichten umzuformen, noch sucht sie die neuen Verhaltensformen und -inhalte zu definieren, die einem solchen Raum Sinn geben, das heißt, ihn menschlich machen würden. Sie redet von Vergesellschaftlichung, von der wir schon lange genug wissen, daß sie Verwaltung durch einen unkontrollierten, unkontrollierbaren, weil gegengewichtsfreien Apparat bedeutet; von Wirtschaftsplanung (auch demokratische W. genannt), das heißt, von der Lahmlegung der Wirtschaft durch den sie bis ins kleinste kontrollierende, unkontrollierte Apparat; von Großkapital, wo es nur noch technokratische Generalstäbe gibt, ungeachtet des Anwendungsbereiches ihrer Management-Technik; von Arbeiterklasse, statt von atomisierten Streumassen von Produzenten-

Konsumenten und deren Riesenapparate gewerkschaftlicher Hierarchien; von Dialektik anstatt von Informatik; von Herrschaft und Knechtschaft anstelle von statistischer Erfassung und statistischem Erfaßtsein.
Hat denn all das etwas mit Europa zu tun? Es hat. So zu fragen ist unerlaubt. Europa pflegte die Lösungen auch für die Nicht-Europäer theoretisch und manchmal praktisch durchzuexerzieren. Nach kolonialer Eroberung und industrieller Zerstörung aller anderen Kulturräume schuldet es Europa den Nicht-Europäern wie sich selbst. Daß es ihnen außer der Waffentechnologie auch den Marxismus schenkte, ist vielleicht der Wiedergutmachung nicht genug. Und daß es sich über die eigene Erniedrigung keine Rechenschaft geben will, ist vielleicht kein genügender Grund, weiter zu existieren.

Ich kenne aus Erfahrung die nicht triumphierende, sondern verwundete Liebe, die man wie zu einem kränklichen Kinde zu einem kleinen Vaterland hegt, vor allem wenn es sich nicht der wilden Heldenhaftigkeit der Südslawen, der verzweifelten Aufsässigkeit der Ungarn und der Polen rühmen kann. Es gibt da keine tonische, primitiv-wohltuende Identifizierung mit irgendeiner kolossalen oder sonstwie großartigen Phantasiegestalt, »unser 600-Millionen-Volk«, »das heilige Mütterchen Rußland«, *»la France«, »this happy isle«.* Man kommt aus dem Balkan und findet sich plötzlich in einem balkanisierten Westeuropa; früher *»donna di genti, ora bordello«*, sagte Dante von seinem Italien: Europa ist nicht viel besser. Nach zwei europäischen Weltkriegen, zehn Millionen Toten für Elsaß-Lothringen, zwanzig Millionen Toten für Danzig, ist es nicht erhebend, ein Europäer zu sein. Wir sprechen von Supermächten, als ob es außer diesen noch Mächte gäbe: es gibt nur noch Ohnmächte, an deren geheimen oder offenen Demütigungen teilzuhaben jeder von uns die Unehre hat.
Ich weiß, daß Worte wie »Ehre« und »Unehre« altmodisch klingen. Die Sache aber, die sie bezeichnen, ist nicht altmodisch. Es geht um Sein oder erlebte Nichtigkeit, um Mündigkeit oder Unmündigkeit von uns allen zusammengenommen, um freies Han-

deln oder Vergewaltigtwerden. Alle europäischen Staaten sind zu Mündeln herabgesetzt worden. Nachdem sich Europa in den zwei Kriegen, die seine politischen Eliten entfesselten und weder rechtzeitig abzubrechen noch zu gewinnen wußten, zerfleischt hat, sind ihm die Attribute der Freiheit entzogen worden. Suez, Berlin, Budapest, Prag sollten als Beweise genügen.
Als Sohn eines kleinen Landes, das zu oft überrollt wurde und dessen ganze Lebenskraft sich im Überleben erschöpft, weiß ich nur zu gut, was es heißt, als Gemeinschaft nichts zu bedeuten. Die Verdauung des Wohlstandes trübt vielen Westeuropäern das Bewußtsein; das Bewußtsein ihrer Kinder wird von Revolutionsmythen des vorigen Jahrhunderts, von Leistungsangst und frustrierten Konsumimpulsen eingeengt. Beide Formen von Bewußtseinsschwund helfen nicht viel, um der Machtlosigkeit zu entraten. Und die tieferen Strömungen unserer Zeit sind alles andere als machtlos. Es ist eine Situation denkbar, in der Konservative und Liberale, im Glauben, die kollektivistische Linke zu bekämpfen, nur dem Wachstum und Erstarken des Apparatstaates Vorschub leisten, und wo umgekehrt diejenigen, die »das System überwinden« wollen, einer extremen Form desselben Systems den Weg ebnen, die sich dann nicht mehr überwinden läßt, weil sie, einmal im Besitze der physischen Gewalt, unüberwindlich ist. Die Ironie der Geschichte ist nicht immer heiter.

Die radikale Reform der modernen Industriegesellschaft wäre eine Aufgabe für Europa. Europa, das es vorläufig nicht mehr gibt. Europa das Museum, Europa der Soldatenfriedhof, Europa das Zöllnerparadies, mit seinen lächerlichen alten Kleinmetropolen – denn so sind sie, gesehen aus den nordamerikanischen Ballungsräumen, aus Tokio, São Paulo oder Buenos Aires –, seinen lächerlichen kleinen Nationalstaaten, je eine Hälfte, ein Viertel, ein Achtel der Bevölkerungszahl Brasiliens, Indonesiens, Japans, Indiens, denn selbst als Ohnmächte sind die 10- bis 60-Millionen-Staaten-Europas zweit-, dritt- und viertrangig. Die Devise der abgewirtschafteten europäischen Nationalstaaten sollte lauten: »Ich glaube zu sein, also bin ich«, oder: »Ich war einmal, also bin ich heute noch.«

Europa könnte sein. Es ist sogar erstaunlich, daß es noch nicht existiert. Man wünschte, daß der historische Materialismus insofern wahr wäre, daß der Unterbau die gesellschaftliche und politische Wirklichkeit bestimmte, daß Europas technologische und ökonomische Gegenwart und nächste Zukunft durch ihre schiere Masse eine neue soziale und politische Organisation hervorbringen würden. Aber vielleicht haben die Ethnologen recht und ist der Reviertrieb, einmal auf die nationalen Staaten fixiert, stärker als die ökonomischen Kräfte? Die Finanz- und Industriemanager (das, was die Spätmarxisten »Großkapital« nennen: es sind aber Funktionäre wie sie selbst) bestätigen Marx: aus der Sachlogik der Wirtschaft heraus streben sie nach dem ökonomischen Großraum Europa mit einer entsprechenden, das heißt produktionsfreundlichen Verwaltung. Die neue Linke und die Gewerkschaften bestätigen die Verhaltenstheoretiker: sie denken ausschließlich in nationalen, das heißt Revier-Kategorien, wenn man von der politisch unersprießlichen Beschäftigung mit dem Vietnam-Krieg, mit der Guerilla in Lateinamerika und mit der arabischen Sache gegen Israel absieht. Die Neue Linke bietet kein umfassendes, komplettes Programm einer radikalen Veränderung, das mit dem Kommunistischen Manifest von 1848, mit den Utopien Fouriers, Proudhons, Kropotkins vergleichbar wäre, ein jetzt, im letzten Drittel des XX. Jahrhunderts geschaffenes, ein für die Viertelmilliarde Menschen oder für die Menschheit schlechthin entworfenes. Wir erwarten es von ihr. Die heftigsten Gegner der amerikanischen Vorherrschaft in Europa haben ihr nichts entgegenzusetzen als die alten kleinen Nationalstaaten, allenfalls noch ebenso kleine Räterepubliken in denselben nationalen Grenzen.

Das Vorfeld jeglicher Utopie: das könnte zunächst Westeuropa sein. Dreihundert Millionen Menschen auf mindestens demselben Zivilisationsniveau wie Nordamerika oder die Sowjetunion oder China, aber mit einem größeren Wirtschaftspotential als jede der drei Supermächte; ohne Raumtiefe, also tödlich verwundbar und unfähig zur Aggression im Zeitalter der »raumgreifenden« Waffen – eine Alptraummetapher aus der Feder irgendwelches entfesselten Militärjournalisten oder dichtenden Waffentechnikers –, zugleich aber fähig, von jeder Aggression abzuschrecken. Der mannigfaltigste, nicht der einheitlichste, aber der differenzierteste Zivilisationsraum der Erde, starrend von Gegensätzen und Vielfalt, die ihn entweder zerstören würden, oder eine unerhörte schöpferische Fülle hervorbringen müßten. Das wäre Europa, die am wenigsten faszinierende, doch bemerkenswerteste Utopie des Tages, weil die einzige offensichtlich erreichbare. In Wahrheit gar keine Utopie, sondern das Vorfeld jeder ernst zu nehmenden Utopie. Denn weder in mittleren bis winzig kleinen nationalen Apparatstaaten – Polen, Jugoslawien oder Albanien – noch in von unkontrollierbaren multinationalen Oligopolen ausgehöhlten, zur Farce gemachten nationalen Parlamenten und nationalen Gewerkschaften – brauchen wir denn noch Beispiele zu nennen? – noch schließlich in mittleren bis kleinen sich selbst überwindenden und sich selbst ruinierenden Räterepubliken – die es gar nicht gibt – wäre das Experiment möglich und aussichtsreich, die überintegrierten Strukturen der industriellen Gesellschaft durchsichtig zu machen, zu entwirren, der allmächtigen, ungreifbaren Technostruktur Gegengewichte und Gegenkräfte in geordneter Spannung entgegenzusetzen, den Einzelnen von den Sachzwängen, von der Anonymität und von der individuellen Macht- und Bedeutungslosigkeit soweit zu erlösen, wie es mit dem Weiterfunktionieren dieser Gesellschaft und ihrem Fortschritt vereinbar ist. Von den politischen Eliten, so wie sie heute sind, nach zwei von allen Beteiligten verlorenen Weltkriegen, nach einem Dritteljahrhundert ohne politische Neuerung und ohne große politische Idee – mit Ausnahme des europäischen Zollvereins namens Gemeinsamer Markt, und das ist keine große, sondern nur eine größere Idee –, dürfen wir nicht viel erwarten, schon gar nicht dieses Europa als Vorfeld der Zukunft, von wo aus sich kühnere, radikalere Unternehmungen anfangen ließen. Nur eins hat diese Vor-Utopie an sich, nur eins spricht für ihre Verwirklichung, und es wurde schon gesagt: sie ist nämlich so verdammt erreichbar. Natürlich, wenn es um Selbstzerfleischung ginge, wäre auf uns Europäer Verlaß. Trotzdem, gegen schlimmeres Wissen, bleibe ich unbelehrbar genug, naiv genug, mit einem Wort: menschengläubig genug, um noch zu hoffen. Wie unsere osteuropäischen Juden, die aus der Ukraine, aus Galizien, aus der Bukowina, aus Polen, Jahrhunderte hindurch zu einem bestimmten Feiertag einander das Absurde, das offenbar Unmögliche wünschten: »Nächstes Jahr in Jerusalem!« *Sie* haben's geschafft. Und es war schwerer.

Nino Erné
Ein europäisches Tagebuch

Rom, 21. Juli 1972

Schon die Frage, was wir uns unter Europa vorstellen, ist ureuropäisch. Ein Chinese würde sich vermutlich kaum nach dem Sinn, der Idee »Asien« fragen. Hinzu kommt das näher bestimmende und zugleich uferlos dehnende Adjektiv »persönlich«. Es müßte doch leicht sein ... Statt dessen! Im Augenblick, da ich drauflosschreiben will, streben Hirn und Herz auseinander, unruhig gewordene, an den Karren eines Begriffs geschirrte Pferde. Unmöglich, eine runde »Betrachtung« über dieses Thema zustande zu bringen. Ich müßte schon den »Essay« beim Wort nehmen, denn mehr als ein Versuch kommt nicht dabei heraus. Wenn überhaupt. Ich kann mich auch in den Standpunkt hineindenken, das ganze Unternehmen sei überflüssig. Wir haben andere Sorgen, höre ich beschwörende und beschimpfende Stimmen von mancherlei Seiten, Schluß mit der ewigen Nabelschau! Heute verlaufen die Grenzen interkontinental, andere Aufgaben sind gestellt, die wir bewältigen müssen, soll nicht der ganze Planet in Stücke gehen ... Es ist nicht leicht, die Ohren vor solchen Stimmen zu verstopfen. Zumal dann nicht, wenn man einer Generation angehört, die kurz nach dem ersten großen Ausverkauf Europas geboren wurde und den zweiten zwar nicht gerade verschuldet, aber doch mitangesehen hat. Die Diktatoren aller Couleurs, die ihre große Zeit erlebten, als wir unsere geistige Pubertät durchmachten, haben uns ein ganzes Vokabular verhunzt. Ich für mein Teil wenigstens kann mich eines Drucks in der Magengrube nicht erwehren, wenn ich Worte höre wie

Abendland, Heimat, Blut, Boden, Mutterlaut und Vaterland. Auch das Wort Europa hat gelitten. Manchmal, nein oft, wenn ich meine tägliche Ration Politik zu mir nehme, scheint mir Europa so nebelhaft zu entgleiten wie Orplid, mein Land, das ferne leuchtet. Falls es aber vorsichtigen, klugen, wahrhaft großen Staatsmännern wirklich eines Tages gelingt, Europa unter einen Hut zu bringen, dann sollten wir nicht von einem vaterländischen und nicht von einem abendländischen Hut sprechen, sondern schlicht von den Vereinigten Staaten Europas.
Immerhin, man kann auch die Empfindlichkeit gegenüber verhunzten Vokabeln übertreiben ... Wenn wir uns das Wort Europa deshalb verbieten, weil Hitler »Europa vor dem Bolschewismus retten« und ihm dafür den Frieden der Gaskammern bringen wollte, müssen wir konsequenterweise auch die Rasse der Schäferhunde aussterben lassen, an der unser Führer so viel Freude hatte. Ich will sogar zugeben, daß diese sechs vokalreichen Buchstaben, dieses »Europa«, ein unbestimmbares Lustgefühl in mir auslösen, manchmal sogar, in seltenen Augenblikken, etwas, das ich nicht recht wage, Glück zu nennen – und das sich von jenem kreisenden Gedankenzwang, der fast jedesmal zu Resignation und Bitterkeit führt, nicht ersticken läßt.

Lucca, 28. Juli

Nun haben wir also hier in Italien den französischen Präsidenten zu Besuch gehabt. Das Wetter war schlecht, wurde jedoch von Pompidous Lächeln aufgewogen: das spendete Sonnenschein, mediterranen Sonnenschein während aller Besprechungen mit den italienischen Politikern bis hin zur Schlußrunde für die versammelten Journalisten. Viele von ihnen knieten nieder, was ein hübsches Bild europäischen Hofzeremoniells ergab, obwohl sie nur den hohen Gast wirkungsvoll fotografieren oder den Kollegen bessere Sicht einräumen wollten. Für den Rahmen des Besuchsgipfels hatte Diplomatie ein Äußerstes an Kultur zur Verfügung gestellt; an mediterraner Kultur. Italiens Präsident Leone wohnte in der Villa Torrigiani, einem der vollkommen-

sten Renaissancepaläste der Toscana, Georges Pompidou hingegen in der Villa Marlia, was ein paar delikate Aufmerksamkeiten für ihn enthielt: sie stammt aus dem französischsten aller Jahrhunderte, dem Dixhuitième, und hat einmal der Schwester Napoleons gehört. Das Treffen zwischen den beiden Staatshäuptern wiederum fand in der Villa del Gombo statt, die 1958 auf den Trümmern eines königlichen Landhauses erstand. Man würde zu weit gehen, wollte man hierin eine Anspielung auf Vittorio Emanuele III. sehen, der in diesem Jahrhundert zweimal an die Seite der kämpfenden französischen Truppen geeilt war, beide Male freilich mit einiger Verspätung. Die Villa ist ein Musterbeispiel modernsten Baustils, enthält wertvolle Gobelins aus dem Schatz der Medici und Stilleben des neapolitanischen Settecento. Das Mittagessen für 34 Personen gestaltete sich, bis auf das Dessert *Pêche Melba,* unvermischt italienisch, getrunken wurde hingegen sowohl *Pinot grigio* und *Vignamaggio Sanmitelli* als auch *Champagne Blason de France 1964.* Eine Höflichkeitsgeste dem wichtigsten ehemaligen Alliierten und neuen EWG-Mitglied gegenüber schlug aus klimatischen Gründen fehl: eigentlich hätte in dem prachtvollen Englischen Garten gegessen werden sollen. Dafür gelang eine andere Erweiterung über den Mittelmeerraum hinaus ins allgemein Europäische: man speiste aus Meißner Porzellan. Die Bundesrepublik hatten die Protokollführer offenbar vergessen. Hier ging es nicht um eine Verbrüderung am Rhein. »Frankreich und Italien«, so erklärte der Gast wörtlich, »haben gemeinsame Interessen zu verteidigen, in diesem unserem mediterranen und meridionalen Europa.«
Es wäre unfair zu behaupten, der französische Präsident und seine Begleiter hätten nur deshalb ans lateinische Herz appelliert, um dem nicht mehr aufzuhaltenden italienischen Farbfernsehen in allerletzter Stunde das deutsche System Pal wieder aus- und das französische System Secam einzureden. Mindestens ebensosehr kam es ihm darauf an, die Italiener dafür zu gewinnen, daß der Politische Sekretär der EWG seinen Sitz in Paris nimmt. Und vielleicht, wer wagt das laut auszusprechen, steht dahinter auch die Hoffnung, die »Cité de la lumière« eines Tages

zur Hauptstadt der Vereinigten Staaten von Europa zu machen.
Nun wäre dagegen nichts einzuwenden, wenn ein »Europa der Vaterländer« mit Paris als Hauptstadt nicht doch nur ein erweitertes Frankreich bliebe. Das Wort Chauvinismus ist französisch – freilich sind es auch die Worte Liberté, Egalité, Fraternité, an deren Verwirklichung wir doch, trotz allem, nie ganz verzweifeln wollen.
Es hat einmal Europa gegeben, in jener Zeit, die man übereingekommen ist, das Mittelalter zu nennen, nicht ohne das mit Recht abwertende Beiwort »finster« hinzuzufügen. Aber wie immer man dazu stehen mag: es war ein zwar nicht politisch geschlossenes, aber in Sitte, Kunst, Religion, Sprache doch recht einheitliches Gebilde, das rund tausend Jahre gedauert hat, von der Völkerwanderung bis zur Schwarzen Pest. Auch das berühmte Habsburger Reich, in dem die Sonne nicht unterging, war zwar dynastisch starr und ganz gewiß nicht ideal, aber doch bis zu seinem unrühmlichen Ende übervölkisch und übernational. Bei der Erfindung des »Nationalstaates« und der Steigerung zur entfesselten Vaterländerei hat hingegen immer wieder einmal Frankreich die Fahne vorangetragen, von Jeanne d'Arc über den Sonnenkönig und die tapfer sich verteidigenden »Enfants de la patrie« bis zu Charles de Gaulle. Allerdings schwenkte auch eine andere Nation diese Fahne recht kräftig, und am Ende so fanatisch, wie man es nie zuvor erlebt hatte. Wer in deutscher Sprache schreibt, hat kein Recht, einem anderen Volk Nationalismus vorzuwerfen ... Ich glaube, ich breche hier lieber ab.

Pisa, 29. Juli

Da Europa persönlich befragt wird, sollte ich mir wohl eingestehen, daß meine hartnäckige Kritik an Frankreich nur die Komplementärfarbe ist zu einer allzu blinden Liebe. Als ich noch sehr jung war, sah ich in Frankreich das Gelobte Land Europas, ich setzte alles daran und vieles aufs Spiel, um dort ein paar Jahre leben zu können. Gerade weil ich geglaubt hatte, die

Franzosen seien das höflichste Volk, nahm ich den Parisern ihre gereizte Grobheit um so übler; gerade weil ich mich von ihrer Literatur hatte überreden lassen, Frankreich vor allen anderen stritte für Europa und die ganze Humanité, war ich so betroffen, als ich feststellte, daß sehr viele Franzosen sich fast ausschließlich als Franzosen fühlen. Zwar fand ich bei ihnen keinen Schatten jenes Rassenvorurteils, das unsere Jugend in Deutschland vergiftet hatte. Frankreich, so schien mir und so glaube ich noch heute, ist bereit, jeden in den Schoß der »Grande Nation« aufzunehmen, aber nur, wenn der Fremde sämtliche Segnungen und Hemmschuhe der französischen Zivilisation übernimmt. Ein Franzose hingegen ließe sich, etwa um Europäer zu werden, kein Jota davon rauben. Selbst die berühmte französische Freude an ironischen Spitzen schlägt leicht, wie ich oft erlebt habe, urplötzlich ins Gegenteil um, sobald ein Franzose oder gar La France von einer solchen Spitze getroffen werden. Ohne Selbstironie jedoch wird keine Nation aus ihrem Eigenheim herausfinden. Aber was helfen all solche Einwände? Ich bekenne mon amour retrouvé für dieses Land, eine Bewunderung, die ich mit jedem echten Europäer teile, denn Frankreich ist seit Jahrhunderten Europas Lieblingskind, selbst in Zeiten, da es sich als Enfant terrible erweist.

Ich weiß, daß die Idee Europa nicht trägt, überhaupt nie entstanden wäre ohne den französischen Geist, die französische Philosophie, Dichtung und Malerei, ohne die romanischen und gotischen Kathedralen, die man zuerst auf französischem Boden gebaut hat. Auch die europäische Menschlichkeit, falls es so etwas gibt, und ich meine, es gibt sie, hat in Frankreich eine ihrer stärksten Wurzeln. Ich erinnere mich an einen Schwarzhändler vor dem Marseiller Konzerthaus, der mir keine seiner kriminell teuren Karten mehr andrehen wollte, als er hörte, ich sei ein Student: »Un étudiant? Un homme de la culture! Alors, non!« Und die junge Gemüsefrau in Aix erklärte, während ihre spitzen, blutrot lackierten Fingernägel zwischen den Salatköpfen verschwanden, ich dürfe nicht versäumen, mir das Kirchenportal zu betrachten. Ein Weinbauer, der einen Fremden dabei überraschte, ein paar Trauben zu stehlen, warf nur einen Seitenblick

auf dessen hochschwangere Frau, sagte ernst: »Vous aimez beaucoup votre femme, n'est-ce pas, Monsieur?« Und half ihm, weitere Trauben abzupflücken.
Wenn ich mich schließlich frage, wer unter allen Poeten und Schriftstellern unseres Jahrhunderts der europäischste Europäer genannt werden müßte, brauche ich nicht lange zu grübeln. Es ist Valery Larbaud, ein großer Kaumbekannter. Er las die griechische, lateinische, italienische und deutsche Literatur im Original, war französischer Dichter und gelegentlich englischer und spanischer Schriftsteller. Er hat James Joyce, Ramon Gomez de la Serna und Italo Svevo in Paris durchsetzen helfen und das Gesamtwerk Samuel Butlers vorbildlich übertragen. Larbaud bereiste das östliche und westliche, nördliche und südliche Europa mit einer fast erotischen Leidenschaft und dachte sich eine große Hauptstadt aus, mit Straßen und Plätzen aus London, Rotterdam, Madrid, Neapel, Paris, Budapest, Charkow, Stockholm ... Der zweite Teil seines Gedichtbandes heißt *Europe,* und schon im ersten findet man den charakteristisch-larbaudschen Rhythmus der transeuropäischen Züge, das Gedicht *Ma Muse,* das mit den Worten beginnt:

»Je chante l'Europe, ses chemins de fer et ses théâtres
Et ses constellations de cités ...«

Florenz, 6. August

Die Stadt steht da wie eh und je, trotz des hektischen Verkehrs in den engen Straßen der Innenstadt – und trotz der Überschwemmung von 1966 ... Man braucht nicht erst nach San Miniato in Monte hinaufzusteigen; genauer, greifbar fast sieht man von der Domkuppel aus: es ist alles da, wieder da. Hat sich damals im November irgend jemand diesen Anblick vorstellen können? Florenz lebt moderner, tatkräftiger, besser als die meisten anderen italienischen Städte. Es gibt neue Arbeitsplätze, der doppelte Turnus in den Schulen ist überwunden, Handwerk und Antiquariate haben sich vom großen Schock erholt. Damals hätte man von hier oben sehen können, wie die Autos die Straßen entlang schwammen und von manchen Dächern Menschen in Hubschraubern abgeholt wurden. Als wir im Hotel Mediterraneo am Arnokai ankamen, standen die Angestellten zwischen zerbrochenem, durchtränktem Mobiliar und zuckten die Achseln. Dann ging einer telefonieren (das Telefon funktionierte noch), um uns woanders unterzubringen. Das erste, was wir erlebten, war, daß Florentiner uns halfen, nicht wir ihnen. Wir kamen nicht mehr aus den Gummistiefeln heraus, tagelang gab es keinen Strom, wir wuschen und rasierten uns mit Mineralwasser. Der Bürgermeister Piero Bargellini stand im Hof seines Palazzo zwischen verschmutzt-ramponierten Schätzen und beriet sich mit einem Arbeiter, der gleich nebenan wohnte und einen ebenso hohen Wasserstand maß, über die Möglichkeiten, eine Pumpe zu bekommen. »Natürlich tut es mir irrsinnig leid um Cimabues Kruzifix«, sagte dieser Professor, einer der besten Kunstkenner Italiens, dem Fernsehen ins Mikrophon, »aber ich muß erst mal daran denken, wo die Leute schlafen können und etwas zu essen bekommen.« Die Studenten und Lehrer des Deutschen Kunsthistorischen Instituts standen mit Kommilitonen und sogenannten Gammlern aus vielen Ländern im ölverschmierten Schlamm der Nationalbibliothek und klaubten die alten Bände heraus, damit sie in einer Fabrik auf Schnüren wie Teeblätter getrocknet werden konnten. Manches war im letzten Augenblick gerettet worden, wie die Fra-Angelico-Sammlung in San Marco: ein Wächter hatte dem Wasser geistesgegenwärtig einen Abfluß in den Keller gebahnt, ehe es zu den Portalen hereinströmen konnte.

Die Florentiner halfen sich selbst, vom Augenblick an, da sie ihre Lage erkannten, und die halbe Welt half ihnen. Ist dies, diese Energie, die hartnäckige Tatkraft in Stunden scheinbarer Hoffnungslosigkeit, ein europäischer Charakterzug? Und haben sich die Sizilianer nach dem Erdbeben von Gibellina afrikanisch oder orientalisch benommen, als sie klagend und zugleich fatalistisch auf den Steinen saßen und darauf warteten, daß der liebe Gott die Sache in die Hand nehme, die Regierung in Rom mobilisiere, Spenden vom Schweizer Roten Kreuz und aus dem übrigen Europa besorge und alles wieder aufbaue, schöner und gesünder als zuvor? Ich weiß es nicht. Ich stelle keine Behauptung auf, nur eine Frage. Und ich habe manche Antworten darauf bekommen: Das sei lediglich ein soziales Problem, wie könne man die armen Sizilianer mit den reichen, gebildeten Florentinern vergleichen! Aber in Florenz gibt es ein zahlreiches Proletariat, es ist eine der »rötesten« Großstädte Italiens; in Sizilien haben viele Leute Unsummen in die interessante Bauspekulation gesteckt. Andere Kollegen wieder sagen, Europa ende in Florenz, allenfalls in Rom. Dann beginne der Orient. Auch solche Worte wird man einschränken oder zurücknehmen, wenn man wieder Abstand gewonnen hat.

Dieser Eindruck aber, so glaube ich zuversichtlich, bleibt: Florenz ist ein Trumpf im europäischen Spiel. Nebeneinander stehen hier, im Sommer 1972: die umfassendste Ausstellung über Restaurierungsarbeiten, die man je gesehen hat; der schon konkret umrissene Plan einer Europäischen Universität; Vorbereitungen zum Treffen der sozialistischen Fraktion des Europäischen Parlaments; ein intaktes Renaissance-Stadtbild und eine Ansammlung von europäischen Kunstschätzen, wie sie, vielleicht von Venedig abgesehen, reicher und kostbarer in keiner anderen Stadt zu finden ist; schließlich das Werk eines Engländers, der zu den zwei, drei größten lebenden Bildhauern zählt: Henry Moore. Ich bin nicht nur auf die Kuppel Brunelleschis gestiegen, sondern auch hinauf zum Forte di Belvedere, vor dem Moores Skulpturen stehen. Sie sind groß genug im Format, um die Architektur des Hintergrundes und den Blick, an ihnen vorbei und durch sie hindurch, auf den Dom und Giottos Campanile auszuhalten – ob auch in der künstlerischen Höhe, werden spätere Zeiten entscheiden. Aber: diese Konfrontation bestätigt eine Erfahrung, die uns oft, nur nie so gewagt-großartig, vermittelt wurde: die moderne Kunst dieses Jahrhunderts ist nicht »europäisch«, nicht mehr nur europäisch, da undenkbar ohne den Einfluß und Einbruch afrikanischer, asiatischer, ozeanischer, präkolumbianischer Kunst, bis hin zur marktbestimmenden Vorherrschaft Amerikas in den letzten Jahrzehnten.

Was europäische Kunst ist, in einer ihrer reinsten Ausprägungen, fällt nirgends so deutlich ins Auge wie bei einem Blick, an Henry

Moore vorbei, auf Florenz. Denn dort entstand, vor über einem halben Jahrtausend, das Wunder der perspektivischen Malerei.

Florenz, 9. August

Der chinesische Maler löst sich in seinem Bild auf, er steigt, wie eine Legende erzählt, in das von ihm gemalte Boot und fährt davon, aus dem Bild hinaus in die Unendlichkeit hinein. Der Europäer zwingt dem Betrachter seinen Blickwinkel auf. Er erfand in Florenz, gestützt auf die griechische Philosophie, die perspektivische Weltanschauung des Humanismus, der im Menschen Maß und Würde aller Dinge sah – und gestützt auf die griechische Geometrie, die perspektivische Maltechnik. »O che dolce cosa è questa prospettiva!« sagte Paolo Uccello, als seine Frau ihn nach durchgrübelter Nacht ermahnte, schlafen zu gehen. Man versteht die Faszination, die alle Maler von Florenz bis Flandern erfaßte, als sie plötzlich den Punkt außerhalb der Welt gefunden hatten, von dem aus sie die Welt darstellend bewegen konnten, bewegen bis hinein in die ungeheuren, den Bildrand sprengenden Aufschwünge und Diagonalflüge des Barocks, bis in die Tiefen der »Prospekte«, der Spiegelungen von Kulissen auf den Theatern der großen Höfe Europas.

Spiegelungen ... Auch die Idee des Spiegels gehört zu jener Ichbezogenheit des Künstlers, die ich hier nicht ethisch wertend nehme, lediglich zur Kennzeichnung des Standortes. Bei einem Spaziergang durch das »Imaginäre Museum« der europäischen Malerei könnte man eine ganze Anthologie über das Thema *der Spiegel* zusammenstellen. Die drei wichtigsten Haltepunkte wären diese:

Das früheste Bild stammt aus dem Jahre 1434 und wird *Das Verlöbnis des Arnolfini* genannt, oder auch *Bildnis des Giovanni Arnolfini und seiner Frau,* und ist signiert von Jan van Eyck. Darauf spürt man ganz deutlich die Freude über die Entdeckung der dritten Dimension und der ebenso neuen, schmiegsamen Ölmalerei: die Möglichkeit, etwa einen Kronleuchter so plastisch und glänzend in den Raum zu hängen, daß man ihn »mit Händen greifen kann«. Und dann traf den Maler noch der Blitzstrahl des Einfalls, einen runden, zierlich gerahmten Wandspiegel im Hintergrund anzubringen. Der zeigt nicht nur die Rückseite des statuarischen Brautpaares, sondern, stark verkleinert und etwas verzerrt vom konkaven Glas, eine Verdoppelung des ganzen Zimmers: einschließlich zweier Gestalten, die in der räumlichen Wirklichkeit des Bildes selbst nicht sichtbar sind, weil sie davor stehen, außerhalb, so daß man vielleicht den Maler und den Beschauer in ihnen vermuten darf – als Hochzeitsgäste oder Trauzeugen.

Das Mittelstück heißt *Las Meninas,* die Hoffräulein; Diego Velázquez malte es 1656 in Madrid. Inzwischen ist die Raumtiefe für den Künstler etwas Selbstverständliches, diesem Spanier zumindest kommt es mehr darauf an, die malerischen Valeurs auf den Kleidern und Mädchengesichtern abzutasten, als runde Plastizität zu gestalten. Auch sein Spiegel ist viel unscheinbarer als der des van Eyck, geradezu raffiniert unscheinbar: man könnte ihn zunächst für eines der Bilder im Hintergrund halten. Aber immerhin, er ist da. Und auch er bezieht den Zuschauer in den Raum mit ein, sowie man nämlich darin das königliche Paar entdeckt hat, das neben, nein, hinter einem steht, wie die Blicklinien aller Personen verraten. Die Anordnung ist vielfältig, modern gebrochen. Das Königspaar unsichtbar ganz außen, wie ganz innen gespiegelt, als Modell: für den Maler an der Staffelei, der sich selbst im Zwischenreich der Bildmitte aufhält und prüfend aus ihr herausblickt – wie er in Wahrheit außerhalb stand und hineinblickte, als er – nicht das Königspaar malte, sondern dessen Spiegelbild, sondern die Hoffräulein, die Zwerge, den Hund und die kleine Infantin – und am Ende, eben, sich selbst.

Edouard Manet ist der Meister des dritten Bildes. Er hat Velázquez den »Maler aller Maler« genannt und ihm zu Ehren, angeregt zweifellos durch die *Hoffräulein,* ein Bild versucht, das er *Velázquez im Atelier* nannte. Aber nicht jenes Bild meine ich, sondern sein letztes in großem Format, gemalt 1882, die Spiegelung seiner Epoche, seiner Gesellschaft, seines Lebens: *Bar aux Folies Bergères,* bei uns auch *Die Bardame* genannt. Hier nun

scheint die perspektivische Tiefe fast nur noch Vorwand, ihre Auflösung, die Rückkehr zur Zweidimensionalität steht dicht bevor. Und gerade in diesem Augenblick gibt der äußerlich so diskrete, in seiner Arbeit bis zum Skandal rücksichtslose Manet der Spiegelung, der »Reflexion« noch einmal einen Raum, wie sie ihn nie zuvor gehabt hat. Tatsächlich bedeckt der Spiegel über Dreiviertel der Bildfläche, wenn auch unterbrochen von der großen Mittelfigur, der Bardame, deren Rückenansicht er ebenso reflektiert wie das Gesicht eines Herrn im Zylinder, der sie ansieht und in dem man wieder, wenn man will, den Maler des Bildes sehen darf, und den Betrachter, beide schattenhaft zusammengezogen in eine einzige Gestalt. Vorne ist noch ein Stück der Marmortheke sichtbar, auf die das Mädchen die Hände stützt, eine Fruchtschale, Champagnerflaschen, ein Glas mit zwei blassen Rosen: traditionelles europäisches Stilleben, verfeinert, gebrochen zur Impression.
Zwanzig Jahre später kam der junge Picasso, kamen die Fauves und die deutschen Expressionisten, kam die Wiederentdeckung des Holzschnitts und die Begeisterung für die Kunst der Primitiven.

Notwendiger Nachtrag, Rom, 12. August

Der Blick von Florenz auf Europa ist rein und überzeugend, von Rom aus verwirrend, aber umfassender. Ich habe mich eine Stunde lang auf die Piazza Bocca della Verità gestellt. Dieser Platz beim »Mund der Wahrheit« wirkt unruhig, unorganisch, er hat keine eigentliche Mitte – wenn man nicht gutwillig den Barockbrunnen dafür nehmen will – und zerläuft nach allen Straßen. Aber nirgends umfaßt man mehr von Europa als hier. Da stehen, unter anderem: zwei römische Tempel aus republikanischer Zeit (etwa 50 vor Christus); der Bogen der Geldwechsler (A. D. 204); der Bogen des Janus Quadrifons aus dem Zeitalter Konstantins; die Ruine eines Hauses, das 1084 bei einer der Plünderungen Roms zerstört wurde; eine von Griechen im sechsten Jahrhundert erbaute Basilika mit einem romanischen Campanile aus dem zwölften; ein strenger Renaissance-Palast, ein

Tritonsbrunnen des Jahres 1710 und ein Bau im Reichskanzleistil der faschistischen Ära.
Soweit der Längsschnitt der Geschichte. Für den Querschnitt der Geographie nahm ich – kein imaginäres Museum, aber eine imaginäre Filmkamera zu Hilfe. Um den Westen einzukreisen, richtete ich das Objektiv auf den kleinen runden Vestatempel, und wie von selbst ergab sich eine Überblendung in Bramantes *Tempietto,* die Kapelle auf halber Höhe des Janiculus, wo Petrus gekreuzigt worden sein soll; von dort in die Peterskuppel. Dann löste San Pietro sich auf, und das Pariser Pantheon erschien, ging schließlich über in Christopher Wrens Sankt-Pauls-Kathedrale am Rand der Londoner City. Den östlichen oder nordöstlichen Bogen setzte ich in der Basilika an, Santa Maria in Cosmedin, wo noch heute Messen nach griechisch-orthodoxem Ritus zelebriert werden. Es gibt da einen Mosaikfußboden und einen bescheidenen steinernen Löwen, der eine gewundene, ebenfalls mit Mosaiken verzierte Säule zwischen den Tatzen hält und darauf die Kanzel. Von ihm führt die unsichtbare Kamera zu den sechs Kanzellöwen im kleinen Dom von Ravello an der amalfitanischen Küste, und weiter südlich nach Palermo, wo sich die von Wikingern abstammenden Normannen, die Hohenstaufen und die Byzantiner (freilich auch die Araber) begegnen, so daß man, wenngleich mit einigen harten Schnitten, nach Schwaben, in die Normandie und nach Norwegen gelangt, und östlich über Konstantinopel nach Moskau. Denn vor lauter Bewunderung für die Florentiner Kunst hatte ich vergessen, daß auch die byzantinischen Mosaiken und die russischen Ikonen, beide über jede menschliche Perspektive erhaben, zu Europa gehören.

Rom, 22. August

Ein Kollege ist heute aus Prag zurückgekommen. Dort endete vor vier Jahren in der sommerlichen Hitze jener berühmte Frühling, der uns allen, die zum Orden von Don Quijotes Enkeln gehören, eine euphorische, wenngleich von Skepsis durchsetzte Hoffnung einblies, die an die große, trotz aller Trauer zukunftsgläubige Erleichterung nach 1945 erinnerte. 1968, von April bis August, war Prag die Stadt, in der sich die Gegensätze zwischen Ost und West auszugleichen schienen. Die Tschechoslowakei bewies damals, daß möglich ist, was die westlichen Befürworter der freien Marktwirtschaft und die östlichen der Planwirtschaft für unmöglich halten: Sozialismus in Freiheit. Nicht die tschechische Bevölkerung ist schuld, daß dieser – phrasenlos gemeint – wahrhaft europäische Versuch fehlschlug. Das triste »Jubiläum«, bei dem kein Grund zum Jubeln gegeben ist, fand, wie ich höre, in aller Ruhe statt. Nicht gerade in der Ruhe eines Kirchhofs, aber in der vieler Gefängnisse. Um Un-Ruhe zu verhindern, hat man vom 17. Juli bis zum 11. August Schauprozesse aufgeführt und eine frische Verhaftungswelle über die Stadt hingehen lassen. Demonstrationen waren somit von der ohnehin vier Jahre lang eingeschüchterten, nun noch mit dieser Schocktherapie behandelten Bevölkerung nicht zu befürchten. Es störten auch keine russischen Panzerwagen das friedliche Bild, die 90 000 seinerzeit provisorisch »zum Schutz gegen die Reaktionäre« eingesetzten Soldaten waren zwar immer noch anwesend, aber in ihren Garnisonen. Die Diktatoren konnten auf Grund der erreichten Befriedung großzügig Einreisevisa austeilen, was sie vor einem Jahr nicht gewagt haben. Prag als Potemkinsches Dorf. Aber die Verkleidung ist löcherig. Außerhalb des Landes, und wohl auch innerhalb, weiß man, was die gleichgeschaltete Presse verschweigt: nicht nur das »faschistisch-kapitalistische Westeuropa« protestiert gegen die Prager Prozesse. Zu diesem Jahrestag schrieben 37 sowjetische Intellektuelle, Mitglieder des »Komitees für die Menschenrechte«, einen Brief an die tschechische Nationalversammlung. Darin verurteilen sie die Verhaftungen unzähliger Bürger, die nicht gegen das Gesetz verstoßen haben, sie erinnern an die Prozesse der Stalin-Ära, sie geben zu, daß die Verantwortlichkeit letztlich auf die Sowjetunion zurückfällt. Nicht ganz so ungeschminkt, doch lesbar, stand in einem rumänischen Leitartikel, die Anwesenheit fremder Truppen auf staatseigenem Gebiet vertrage sich nicht mit dem Prinzip der Souveränität.

Was in jenen Monaten des Jahres 68 in Prag geschah, ganz besonders zuletzt, in den Tagen nach dem Einmarsch der Warschauer-Pakt-Soldaten und bis zur Unterzeichnung des Moskauer Protokolls: der in unseren Demokratien kaum mehr vorstellbare Mut, mit dem die militärisch besetzten Prager durch Zeitungen, Funk, Fernsehen, durch die Unterschrift auf einem Blatt Papier (für das sie schwer haben büßen müssen), durch das Wort »Warum?« an den Häuserwänden Alexander Dubček und ihre anderen verschleppten Politiker zu unterstützen suchten – alles das ergibt einen der wenigen echten Höhepunkte der politischen Geschichte Europas. Und sollte wirklich je eine gesamteuropäische Einigung von den Küsten Irlands und Portugals bis zum Ural zustande kommen, wäre doch vielleicht zu erwägen, ob es eine so gute Hauptstadt dafür gibt, wie dieses uralte, blutjunge Prag.

Rom, 23. August

1948 erklärte André Malraux in einer seiner messerscharfen Reden, es sei schwer, »Rußland ohne weiteres als europäisches Land anzusehen«, allerdings auch wieder »geradezu lächerlich, die Russen für Asiaten, also für eine Art Chinesen oder Inder zu halten, wie ihre Gegner es seit Jahren getan haben«. Ich weiß nicht, ob ein Russe auf diese Rede geantwortet hat, doch könnte ich mir vorstellen, daß viele russische Sowjetbürger keinen großen Wert darauf legen, als Europäer verstanden zu werden, daß sie mehr mit Menschen in Turkestan oder Sibirien verbindet als mit Jugoslawen oder gar Briten. Die Sowjetunion reicht bekanntlich von Brest bis Wladiwostok. Mit etwas bösem Willen kann man behaupten, Europa sei gar kein eigener Erdteil, sondern ein Ausläufer Asiens: die kleine Jungfrau auf dem Rücken des riesigen Stiers ... Anderseits läßt sich auch sagen, daß Mütterchen Rußland seit der Hollandreise Peters des Großen von Europa geistig ernährt worden ist, daß Puschkin, Turgenjew, Tschechow europäische Dichter sind, daß nicht wenige Offiziere und Diplomaten des Zaren deutsche, gar preußische Namen trugen, daß sich die gesamte Oberschicht auf französisch unterhielt und daß noch die Oktoberrevolution, die jene Oberschicht

stürzte, und die am Ende sogar das fernöstliche China erobert hat, durch einen deutschen Juden aus Trier begründet und von Paris und London aus in Bewegung gesetzt worden ist.
Nach beiden Weltkriegen hat Rußland in und für Europa neues Schwergewicht gewonnen. Und dabei ging eine seltsame Umkehrung vor sich, die zum Nachdenken anregen kann: 1918 zählte Rußland zu den Besiegten, und gerade dort suchte der verzweifelte, übermüdete, auf den Trümmern seines »abendländischen Weltbildes« hockende Europäer geistige Zuflucht. Es war die große Stunde des urrussischen, östlich-russischen Dichters Dostojewski, und selbst Lao Tses geheimnisvolles Lehrbuch und die Reden Buddhas wurden zu »Bestsellern«. Aus dem Zweiten Weltkrieg hingegen ging die Sowjetunion als Sieger hervor – und die *politische* Verlagerung von halb Europa, die nun stattfand, ist bekannt. Natürlich muß man auch hier von einer veränderten Lebenshaltung und geistigen Konzeption sprechen, doch es ist eben eine in ihrem Kern westliche Konzeption, die Osteuropa von Westeuropa abschließt. Wir haben erlebt, wie lange es dauerte, bis sich zögernd erste Türen von hüben nach drüben und umgekehrt öffneten, wie sich in Ungarn, Polen, der Tschechoslowakei und in Rußland Liberalität regte, auch wenn sie mit Haft, Verbannung oder Tod bezahlt werden mußte – haben erlebt, wie auf unserer Seite von Vorhang und Mauer, im Westen, die Ideen des Sozialismus immer mehr Anhänger fanden, inner- und außerparlamentarisch ... so daß man sich in optimistischen Augenblicken zu der Hoffnung versteigt, die beiden auseinandergebrochenen Hälften könnten doch noch wieder zusammenwachsen.
Seitdem Brandt Kanzler ist, wird die Öffnung der bisher härtesten Grenze zwischen Ost und West auf höchster politischer Ebene angestrebt. Unseren guten Willen wenigstens kann man uns nicht mehr bestreiten. Trotzdem: vorläufig sind wir schon froh, wenn wir es im Westen zu einer wirklich funktionierenden Wirtschaftsgemeinschaft bringen. Ansätze sind gemacht, sämtliche Staaten der EWG wie der EFTA zusammenzuschweißen. Dann würde das kleine, alte, zerschlagene Europa, zum Wirtschaftswunderriesen geworden, die Vereinigten Staaten der Sowjets wie die der

Amerikaner überragen. Wenigstens mit seinem Sozialprodukt, immerhin.

Auch für die nicht mehr ganz jugendfrische Atlantische Gemeinschaft, die große Verlagerung nach Westen, finden sich Argumente und politische Voraussetzungen. Wenn Europas östliche Hälfte sich, freiwillig oder gezwungen, an die Sowjetunion anlehnt – warum soll die westliche nicht, zur schwimmenden Insel geworden, auf Amerika zustreben? Englische, französische, holländische, deutsche Kolonisatoren haben es aufgebaut. Und noch als es sich losriß vom »Mutterland«, berief es sich auf Ideen, die aus Frankreich und England kamen. Umgekehrt: ohne die Vereinigten Staaten von Amerika wäre der überwiegende Teil Europas heute entweder ein großdeutsches oder ein großsowjetisches Reich. Aber mit dem Frieden brachten uns die Amerikaner ihre Zivilisation, überdeckten damit Westeuropa, zumal die Bundesrepublik und Italien: von den wirksamen Mitteln zur Insektenvertilgung bis zum Erfolg der großen und minderwertigen Romanschriftsteller, von Public Relation, Management und Konsumzwang bis zur Anbetung der Technik und des Fernsehprogramms. Vermutlich ist dies der wahre Geist der Zeit, manches davon, wie die Industrialisierung um jeden Preis, sogar international, die einzige Basis, auf der Osten und Westen parallel marschieren, allen weit voran, ihre einstigen europäischen Lehrmeister überflügelnd, die Japaner. Also auch der atlantische Staatenbund hat seine Schattenseiten – ganz abgesehen davon, daß die Politik des Weißen Hauses seit Jahren mehr Schrecken als Schutz spendet ...

Immerhin würde dann ein Land in die natürliche Mitte rücken, das Europas besten Tugenden noch immer ein bescheidenes Apartment bietet: Tradition und Diskretion, Fairneß und Sportsgeist, Sinn für künstlerische Werte, ohne viel Aufhebens von der eigenen Schöpferkraft, Freude am Understatement und Sympathie für den Underdog, Fleiß mit Muße und Eleganz mit Lässigkeit, Beherrschung der demokratischen Spielregeln, selbstverständliche Hilfsbereitschaft, Nachgiebigkeit, wo immer es möglich ist, aber Standfestigkeit, wenn es wirklich drauf ankommt, Höflichkeit, Takt, Humor und eine hochausgebildete

Kunst der Ironie und Selbstironie. Ich brauche eigentlich gar nicht mehr hinzuschreiben, daß ich Merry Young England meine, das zu allem übrigen noch das Temperament seines Elisabethanischen Zeitalters wiedergefunden hat.

Mailand, 24. August

Die Stadt ist sommerlich leer, die Scala geschlossen, an ihrer Mauer hängen ein paar Plakate. Ich überquerte eine breite Straße, Via Benedetto Marcello, und plötzlich fiel mir ein, daß ich den Namen kannte, längst ehe ich ein Werk dieses Komponisten hörte: es war das Viertel, in dem ich als Kind von vier, fünf Jahren gewohnt habe. Bach, Brahms, Tschaikowsky, Marcello, Alessandro Scarlatti, Frescobaldi ... fast täglich hört man im italienischen Radio irgend etwas aus der Zeit der alten Musik, in der es keine Landesgrenzen gab. Aber wir dürfen von europäischer Musik sprechen. Nicht nur, weil Händel in London komponierte, Chopin in Paris und der junge Mozart beim Padre Martini in Bologna. Non est demonstrandum: man braucht nur daneben eine indische Instrumentalgruppe oder einen afrikanischen Chor zu hören. Unsere Notenschrift, die Guido in Arezzo bei Florenz um das Jahr 1000 geordnet und brauchbar gemacht hat, beruht ebenso wie die Perspektive auf der Mathematik. Und ebenso, wie die bildende Kunst Europas in diesem Jahrhundert mit der Weltkunst verschmolz, so wurde die moderne Musik mit Zwölftontechnik, amerikanischem Jazz und elektronischen Klängen zum Ausdruck eines nicht einmal mehr nur globalen, sondern astronautischen Zeitalters. Europäische Musik wird nicht mehr geschrieben – aber zum Glück noch gespielt.

Mailand, 27. August

Die Olympischen Spiele in München sind eröffnet, eine große Schau, zumal als die Mexikaner ins Stadion trudelten, klatschten

alle begeistert, auch ich wurde wieder kindisch und begann von Völkerverbrüderung zu träumen. Anderseits ertappte ich mich bei echt nationalistischer Freude darüber, daß die junge deutsche Leichtathletin, die den Eid sprach, so reizvoll aussah, daß sie es mit jeder glutäugigen Spanierin, warmblütigen Italienerin, raffiniert naiven Tochter Albions, charmanten Französin und hochgebeinten Blondine aus Stockholm – was natürlich alles Klischees sind – hätte aufnehmen können. Von nun an täglich Nationalhymnen! Man steht vor dem Phänomen eines sozusagen internationalen Nationalismus und Kontinentalismus. Mit Rhodesien und den Staaten des Schwarzen Afrikas hat es schon Ärger gegeben ... Aber die Organisatoren halten fest am Wahn, Stadion und Dorf lägen außerhalb der Politik und wir hätten hier die Vereinigten Staaten der Welt.*
Übrigens werden die Spiele vom Italienischen Fernsehen versuchsweise auch in Farbe übertragen: sowohl nach dem System Pal wie nach dem System Secam. Das europäische Gleichgewicht ist, wenn auch nur vorübergehend, gerettet ...
Wieder einmal möchte ich abbrechen – und neu ansetzen. Als ich dies eben hinschrieb, »das europäische Gleichgewicht«, drängten sich, ohne jede Überblendung, hart und plötzlich, andere Bilder vor das Münchener Stadion, aus derselben Stadt, aber einer anderen, sehr vergangenen Zeit, und die Ironie wurde fadenscheinig. Es ist ja so, daß wir gerade in München an »Europa« geglaubt haben, als wir Studenten waren, in einer durchaus nicht nebelhaften, sondern konkreten Form geglaubt. »Nur eine gesunde föderalistische Staatenordnung vermag heute noch das geschwächte Europa mit neuem Leben zu erfüllen ... Freiheit der Rede, Freiheit des Bekenntnisses, Schutz des einzelnen Bürgers vor der Willkür verbrecherischer Gewaltstaaten, das sind die Grundlagen des neuen Europa.« So stand es, mitten im Krieg, auf einem Flugblatt der Weißen Rose. Die es geschrieben, vervielfältigt und verteilt haben, sind dafür hingerichtet worden. Unter ihnen, in ihrer geistigen Mitte, gab es einen unscheinbaren und wesentlichen Mann, Professor Kurt Huber. Ich sehe ihn

* Keine zwei Wochen später, nach Beendigung dieses Tagebuchs, kam es zur Ermordung der israelischen Sportler

über die Ludwigstraße hinken, zum kleinen Seminarraum, in dem wir über das »Europäische Volkslied« arbeiteten, höre, wie er auf ein barockes Element im Ritardando meiner Triestiner Canzone hinwies. Er gab immer nur zu bedenken, drängte seine Meinung nicht auf – in dem Sprachfehler, mit dem er ein wenig zu kämpfen hatte, kam dieses Zögern, dieses Vorsichtige, Abwägende zum Ausdruck – und am Ende doch auch das allen Schwierigkeiten zum Trotz Unbeirrbare.

Als das letzte Flugblatt hundertfach in die große Eingangshalle der Universität (mit dem Speerträger) herunterschneite, als die dafür verantwortlichen Studenten verhaftet und getötet wurden, als Kurt Huber leise sein unerschütterliches »Schlußwort des Angeklagten« sprach, war ich wieder in Berlin – weitab vom Richtblock. Als hätte ich, ahnungslos und ahnungsvoll, in der eigenen Stadt untertauchen wollen, die bald zum Ruinenchaos verfiel. In München also war ich der Idee Europa greifbar nahe gekommen, paradoxerweise gerade zur Zeit von Europas Zerstörung – und dann wieder wenige Jahre später, 1947, als diese Stadt, wie jetzt, »die Jugend der Welt rief«, nicht zu sportlichen allerdings, sondern zu geistigen Wettkämpfen, zum imaginären Brückenbau über verbrannten Fronten. Athleten waren das nicht, sondern ausgehungerte, verwundete, zum Teil verkrüppelte Gestalten, die in der Großen Aula der Universität zur »Internationalen Jugendtagung« zusammenkamen, um sich zu überlegen, wie der Frieden zu gewinnen sei, nachdem der Krieg für alle verloren war. Über dem großen Raum hing ein Satz André Gides: »Ich glaube an den Wert der kleinen Zahl.« Und er selbst stand am Pult und sprach, ruhig, mit volltönender Stimme, sehr aufrecht, steif, uralt und urjung; und nach ihm, leidenschaftlich alle Zuhörer schüttelnd, der holländische Dichter Jef Last, ein französischer Widerstandskämpfer, ein deutscher Heimkehrer, Unteroffizier Beckmann, wie er im Buche stand, oder, wenn auch noch nicht im Buch, so doch noch im Winter desselben Jahres auf der Bühne. In jenen Jahren, bis zur Jahrhundertmitte etwa, war Europa nicht nur ein Gespenst. Es gehört zu den besten, wenn auch vergeblichen Taten unserer Generation, daß sie buchstäblich, nicht im übertragenen Sinn, Grenzpfähle und

Schlagbäume umgestürzt hat. Kurz darauf setzte die Kakophonie der Nationalhymnen wieder ein ...

Mailand, 28. August

Ich kann das Bild nicht vergessen, wie die Iren und die Italiener ins Stadion einzogen, nah beieinander. Wieviel Gemeinsamkeit zwischen diesen beiden Völkern: tiefe Musikalität, oder doch zumindest Musikbegeisterung, der Drang, seiner Fröhlichkeit wie seiner Schwermut durch Gesang Luft zu verschaffen; eine hemmungslose Phantasie, die begabte Lügner, begabte Dichter und Schauspieler hervorbringt; Offenheit dem Fremden gegenüber, doch auch plötzliche Feindseligkeit, sowie bestimmte Empfindlichkeiten berührt werden, die aus jahrhundertelanger politischer Unselbständigkeit stammen; eine gewisse Wurstigkeit gegenüber Ordnung und Pünktlichkeit; die erstaunlich weitgreifende Herrschaft, die dem Glauben und der Person des Priesters eingeräumt wird. Natürlich gibt es auch Gegensätzlichkeiten ...

Mancher Neapolitaner wird sich mit einem Dubliner besser verstehen als mit einem Turiner, wie ja auch ein »typischer Hamburger« (falls es das gibt) möglicherweise besser mit einem Londoner Geschäftsmann zurechtkommt als mit seinem oberbayrischen Landsmann im Hofbräuhaus. Wenn ich weiter daran denke, daß es zwar allein in Jugoslawien sieben Sprachen gibt, heutzutage aber in den meisten europäischen Schulen wenigstens die Voraussetzung, Englisch oder Französisch zu lernen – dann rückt mir die Idee Europa doch wieder etwas näher und die Vaterländerei ferner.

Das mag subjektiv, allzu subjektiv sein, doch hier geht es ja um »Europa persönlich«. Und so will ich zum Schluß das unbestimmte Lustgefühl oder Glück, das dieses Wort »Europa« aller Resignation und Ironie zum Trotz in mir auslöst, noch etwas beleuchten, durch ein paar schwache Scheinwerfer, gerichtet auf die eigene Vergangenheit und Herkunft, die ersten Erfahrungen.

Was ich erfuhr, mir selbst mit dem Finger auf den Karten im

großen Atlas erfuhr, noch ehe ich die Worte lesen konnte, die auf den bunten Bildern standen, war Europa. Ich begeisterte mich für den springenden Löwen, den täppisch tanzenden Teddybär und den schlanken hohen Stiefel, der mit einem leider etwas eckig geratenen Ball spielt. Auch der Kopf mit der schnüffelnden spitzen Nase fiel mir natürlich auf, und wenn ich von ihm ausging, konnte ich aus dem Ganzen einen Menschen entwickeln; da er einen weiten, langen, noch die Füße verbergenden Rock trug, mußte es eine alte Dame sein, mindestens Großmutter. Diese Dame, sagte man mir dann, hieß Europa, der Löwe Skandinavien, der Bär Irland, der Stiefel Italien, der Kopf Spanien und Portugal, die Nase Gibraltar, und das, woran sie schnüffelte, Marokko. Neben diesem verhältnismäßig kleinen, zierlich gegliederten Frauenbild standen die anderen »Kontinente« eher plump da, große Trichter, zu breit geratene Mohrrüben namens Amerika oder Afrika ... Schon die Tatsache, daß sie alle mit A anfingen, gab unserem Europa, in dem, wie ich nun hörte, auch ich wohnte, eine Sonderstellung. Das Wort allein klang und leuchtete aus allen fünf Vokalen: ich brauchte es nur sowohl deutsch wie italienisch auszusprechen, dann hatte ich ein Oi wie ein E und U – während die anderen vier Namen flach blieben, vor allem das arme Afrika mit seinem A-I-A-Eselsgeschrei.

Ich sprach damals ebenso gut oder schlecht Deutsch wie Italienisch. Meine hamburgische Mutter hatte, als wir nach Mailand zogen, darauf bestanden, daß wir zu Hause beim Deutschen blieben, und mein Vater war herzlich einverstanden, schon weil er aus dem k. und k. Triest stammte und dort eine österreichische Schule besucht hatte, obwohl seine italienische Familie sich im Freiheitskampf gegen Kaiser Franz Joseph verzehrte. Wenn man mich damit aufzog, ich sei ein Germane und was ich in Mailand wolle, dann sagte ich böse: »Ich bin Italiener, weil ich in Berlin geboren bin.« Aber selbst dieser historisch verbürgte Satz enthält nur einen Teil der Wirrnis, in der sich meine Herkunft verliert: getauft wurde ich in Saargemünd, das zu der Zeit gerade französisch war, und französisch ist auch mein Nachname, doch auch wieder nicht, denn eigentlich ist er irisch. Es gibt an der Grenze nach Nordirland einen Fluß, Doppelsee, eine Grafschaft und sogar einen Count meines Namens, nur fehlt ihm unser Accent aigu. Den erhielten irgendwelche Vorfahren auf dem Weg durch Frankreich, dazu noch ein stummes e, so daß sie hießen wie die Stadt, die ohne jeden Zweifel sie gegründet haben. Dann verloren sie das zweite e wieder, als sie über die Schweiz nach Triest zogen. Unter den Ahnen meiner Mutter finden sich ein Schlesier, der die ersten Gasanstalten in seinem und anderen Ländern baute, ein jüdischer Kürschner aus Ballenstedt im Harz und ein adliger friesischer Seeräuber, der eine Taube im Wappen trug: sie tauchte immer wieder neu vom Grund meines Tellers empor, wenn ich Grießbrei oder Suppe ordentlich aufaß. Ein paar Jahrzehnte später heiratete ich ein Mädchen aus Kiew in der Ukraine. Ich kenne achtzehn europäische Hauptstädte, aber Moskau fehlt darunter, das wird nachgeholt. Ich möchte fremde Erdteile besuchen, aber nicht längere Zeit dort leben . . ., sondern in London und auf der Insel Ponza vor der latinischen Küste, in Aix-en-Provence und Triest. Und in Berlin: dort soll man mich eines Tages auch begraben, wenn sich das nicht mehr länger hinausschieben läßt. Für einen Weltbürgerpaß, wie er kurz nach unserem letzten Krieg angeboten wurde, habe ich nicht den rechten Sinn. Es muß schon ein europäischer Paß sein.

Christian Ferber
Traum und Kalkül

Jeder Mensch braucht Mythen (und nach Möglichkeit einen Mythos, der ihm gemäß erscheint). Mein liebster Mythos ist der vom König Agenor und seinen Kindern. Er liegt nur in einigen Bruchstücken vor.

Agenor, Sohn des Poseidon, entstieg den Weltmeeren. Sein Reich muß irgendwo in der Nähe von Wegkreuzungen gelegen haben, die einander am Saum des östlichen Mittelmeers schneiden: nach Westen zeigt der Arm des Weisers ins Wasser, nach Süden verliert sich die Straße in Afrika, im Osten läuft die Trasse auf Asien zu, und die Linie Nord–Nord–Ost berührt die Ostgrenze des zweitkleinsten Erdteils.

Agenor hatte viele Kinder. Drei von ihnen fesseln besonders. Da ist die Tochter, die spurlos verschwand und viel später unter anderem Namen wieder auftauchte, Hellotis hieß sie dann, auf der Insel, wo sie göttliche Ehren genoß. Da sind die Söhne Phönix und Kadmos, die der Vater ausschickte, ihre Schwester zu suchen und heimzubringen.

Aber sie fanden sie nicht. Phönix gab schließlich auf und ließ sich nicht weit von dem Ort nieder, in dem der Vater geherrscht hatte, zwischen Afrika und Asien; er wurde der Ahnherr eines Volkes, das sich nach ihm die Phönizier nannte. Kadmos wählte einen anderen Weg, aber auch ihm war es bestimmt, Gründer zu sein und Stammvater. Er suchte die Schwester in Trakien und gelangte in Gegenden, die später Hellas hießen. Dort gab es noch nicht viel, nur das Orakel zu Delphi hatte schon begonnen wahrzusagen.

Kadmos erhielt vom Orakel die Weisung, sämtliche Nachforschungen einzustellen. Es würde ihm aber eine Kuh begegnen. Der habe er zu folgen und eine Stadt zu gründen, wo die Kuh sich niederlegte. Das Tier ging nach Böotien, und an seinem Ruheplatz wollten Kadmos und seine Gesellen die Burg Kadmea bauen, das ist Theben.

Bevor aber die Steine gesetzt wurden, sollte die Kuh geopfert werden. Kadmos schickte seine Gesellen nach Wasser. An der Quelle lag ein Drache, der tötete die Gesellen. Darum kam Kadmos dann selbst und tötete den Drachen. Auf Rat der Göttin Athene säte er die Drachenzähne aus. Es wuchsen daraus gepanzerte Männer, die sogleich begannen, einander zu erschlagen. Fünf blieben übrig, bauten mit Kadmos die Burg, wurden Stammväter des thebanischen Adels. Kadmos selbst zeugte mit seiner Gemahlin Harmonia oder Hermione nur Töchter. Harmonia war eine Tochter des Ares und der Aphrodite.

Dies mag genügen, obwohl die Geschichte von Kadmos noch weitergeht. Die nie gefundene Schwester war Europa. Zeus liebte sie, und später machte sie und ihre Söhne der kretische König Asterion ehelich.

Ich weiß nicht, wieviel in diesem Mythos phönizisch ist, wieviel hellenisch. Der Name der verschwundenen Agenor-Tochter jedenfalls ist phönizisch, wurde von den Griechen erst später übernommen und kennzeichnete für sie zunächst nur einiges Festland westlich von Kleinasien, Trakien insbesondere. Später galt er immer für soviel Land, wie die Hellenen kennenlernten; um das Jahr 1000 reichte Europa bereits vom Don bis zum Hellespont. Nur einige Seefahrer wußten mehr, und das waren wieder Phönizier, die die Ägeis beherrschten und vorstießen durch die Säulen des Melkart, das ist die Meerenge von Gibraltar – um sich Zinn zu holen von den britischen Inseln und Bernstein von den Stränden der Ostsee. Doch diese Schiffer behielten ihre Kenntnisse weithin für sich. Sie waren die ersten, die den Erdteil umrundeten, und sie wären gewiß auch von Nordost nach Südost zurückgekehrt, hätte es diese Passage noch gegeben wie ein paar geologische Jahrtausende zuvor – über die Ströme und Flüßchen am Ural entlang und dann über verschütteten Ozean, von dem heute noch die Salzsteppen zeugen, nahe den Wolgahöhen und den pontokaspischen Niederungen zwischen Kaspischem und Schwarzem Meer.

Freilich, dies ist nur eine ganz gut begründete Theorie, die darauf hinausläuft, daß Europa tatsächlich einmal abgetrennt war von Asien, kein Wurmfortsatz der gewaltigen Landmasse, selbständig von Anbeginn. Es mag Schizophrenie der alten Welt sein, daß mir zum einen dieser Gedanke sympathisch ist, zum anderen aber der, daß es mit dem Lande der Phönizier einen Punkt gab, an dem außerhalb von Europa alles für Europa vorgegeben wurde, einschließlich der Kunde von der Frucht der Drachensaat, einschließlich der Heirat eines Stammvaters mit einer Tochter des ewig wiederkehrenden, ewig schockierenden Elternpaares Ares und Aphrodite. Phönizische Beziehungen zu dreitausend Jahren Europa: das mag nicht mehr als ein Farbtupfer sein – mir aber entscheidend genug, zumal nahe den Phöniziern das Brudervolk aus dem Stammvater Abraham heranwuchs – der zweite europäische Fixpunkt außerhalb des Erdteils.

Den Erdteil Europa habe ich einige Jahre später kennengelernt als den Mythos, oder genauer: seine Umrisse und Wülste. Als ich acht Jahre alt war, hing mir meine Mutter über das Bett eine richtige große Schulkarte. Ich schlief unter Europa, den Kopf neben Marokko, gelegentlich aber auch neben Ägypten und dem Zweistromland. Und es gab Windpocken oder Grippe, halbe oder ganze Stunden, in denen ich den Erdteil erkannte – das heißt die Frau namens Großbritannien, den skandinavischen Hund, den spitznasigen iberischen Kopf, den vorgebeugten Jüngling der Ostsee, vom italienischen Stiefel ganz zu schweigen. Und es kam ein fiebriger Augenblick, da die Karte kippte, und ich sah, was alte Geographen längst gesehen hatten: Europa, die sitzende Jungfrau. Iberien das gekrönte Haupt mit den Pyrenäen als Halsband; Frankreich die Brust und Deutschland der Leib; Italien der Arm, der den sizilianischen Fächer hält, Großbritannien der andere Arm mit Irland als Frucht; die Türkei eine Ecke des Stuhls, Skandinavien die Stuhllehne – und Rußland das ausgebreitete Gewand.

Ich weiß nicht, warum dieses königliche Weib (dessen Umriß

man auch als Drachen sehen und erkennen kann) den Geographen eine Jungfrau war. Mag sein, daß der Wunsch nach einem idealischen Muster sie behinderte. Gebärerin, strenge Mutter oder auch geschändete Parze: das scheint mir angemessener. Der Erdteil ist weiblich wie kein anderer – in jeder Hinsicht. Dem widerspricht auch nicht, daß er nach meinem klugen phönizischen Mythos letzten Endes von einem männlichen Gott abstammt: Agenors Vater war Poseidon, das Wasser ist Europas Element, da genügt ein Blick auf die Karte, aus dem Wasser stieg seine Frühreife auf, und daß es seinen Glauben am Ende im Zeichen der Fische wählte, das scheint kein Zufall. Die Lage zwischen allenthalben nicht allzu weit entfernten Gewässern hat jede Entwicklung des Erdteils diktiert. Nur wer Küste besaß, wirkte über seine Landgrenzen hinaus, und das gilt bis zur Stunde.

Erdteil-Bewußtsein stellt sich bei mir denn auch besonders plastisch ein auf den Planken der Fährschiffe rund um Europa: an Gotland vorüber, auf dem Weg von Travemünde nach Helsinki; die Lichter der holländischen Inseln, gesehen auf der Reise Bremerhaven–Harwich; serbische Felsen, während die Fähre ihren Weg vom Piräus nach Venedig sucht und hoffentlich auch ankommt; spanischer Strand auf der Strecke zwischen Southampton und Lissabon; der Ausblick auf leider fast verbotenes Land, ehe die Kulisse von Reval auftaucht; die großartige Wäldereinfahrt in den Hafen von Turku, oder auch nur die kleinen Wasserstrecken zwischen Deutschland und Schweden, oder die ganz kleine hinüber auf die Ile d'Oléron, ehe man sie überbrückte: Europa persönlich, in der Tat, Küstensäume als Verheißungen, wer wohnt da und warum, was liegt dahinter – und die Leute auf dem Schiff als Probemixtur.

Hier wird nun allerdings peinlich klar, daß Europa für Leute wie mich noch weitgehend Gefühlssache ist: ein Traumbegriff, einherschwimmend auf einer Flut von Bildungsgut, Assoziationen und einer sentimentalen Rührung, daß unsereiner glücklich genug war, einer antieuropäischen Ära zu entkommen und nun teilzuhaben an sämtlichen Annehmlichkeiten einer prosperierenden Epoche, in der europäische Möglichkeiten als wirtschaftliche

Expansion und kommerzieller Austausch definiert werden, vom äußersten Westen bis nach Helmstedt, was ja immerhin weit mehr ist, als unsereiner zu hoffen wagte. Man sagt Karl der Große und meint frei konvertierte Währungen. Dies ist gewiß nichts Schlechtes, zumal die Vorarbeiten dafür ganz offenbar der einzige Weg gewesen sind, wenigstens in der einen Hälfte des Erdteils die bisher ewig frische Drachensaat verdorren zu lassen. Eine der Deutungen des Kadmos-Mythos besagte, es handle sich bei Kadmos um eine Vorform von Hermes, Erfinder der Leier, Gott der Kaufleute, Träume und freilich auch Diebe. Die Deutung sagte mir zu. Hermes, nun wieder im Amt, würde nach all seinen Erfahrungen kaum zu verlocken sein, nochmals Drachenzähne zu säen, auch wenn zehn Orakel ihm das fordernd zuraunen.

Aber obwohl wir ein Detail vernünftigen Europas entstehen sehen aus kühlem kaufmännischem Kalkül: es überwiegt bei älteren Deutschen wie mir das Gefühl, und das hat natürlich nationalbiographische Gründe, da unsereiner nicht nur noch einmal davongekommen ist, sondern wesentlich besser weggekommen, als er es möglicherweise verdiente. Der deutsche Knabe der späten zwanziger und frühen dreißiger Jahre: selbst wenn er durchaus Europa-sehnsüchtige Eltern hatte wie ich, er war zunächst einmal umstellt von Daseinsmustern, in denen kein Platz war für einen europäischen Zustand. Die meisten seiner Lehrer verachteten die Republik, in der sie lebten, harften Hymnen auf den sogenannten Schützengrabengeist, obwohl sie zumeist einen Schützengraben nie von innen gesehen hatten, und servierten noch in der Mathematikstunde den Nachbarn als Erbfeind. Der Durchschnitt des deutschen Erziehungswesens in Weimarer Tagen war – Ausnahmen zugestanden – dermaßen chauvinistisch provinziell, daß eine braune Umstrukturierung sich weitgehend erübrigte. Allerdings, wesentlich besser war er in anderen Ländern damals auch nicht. Der erste Weltkrieg in Europa scheint sich vom zweiten auch dadurch zu unterscheiden, daß er den Geisteszustand aller beteiligten Völker auf besonders lange Zeit schädigte – möglicherweise eine Folge des statischen Stellungskriegs.

Es lohnt nicht, ausführlich zu beschreiben, wie die ersten sechs Jahre der Gewaltherrschaft nicht günstig waren für die europäische Stimmung von Heranwachsenden. Angeblich ging ja unsereinem die Sonne nicht unter, und wir befanden uns ohne Unterlaß im Aufbruch zu neuen Zeiten – und kamen dabei überhaupt nicht vom Fleck. Der Erdteil fand für uns nicht statt. Das hatte immerhin den Vorzug, daß die Abkapselung neugierig machte auf alles, was jenseits der fast verschlossenen Grenzen lag. Ich selbst bekam nur einmal zwei Tage lang Österreich zu sehen und einmal vier Stunden lang die Schweiz – und ich entsinne mich in beiden Fällen eines Hoch- und Abenteuergefühls, das seither in meinem Leben seinesgleichen sucht. Allenfalls Augenblicke großer Liebeserfüllung bescheren Ähnliches. Lieben und nicht haben ist bekanntlich härter als Steine graben – wo aber eine nicht bewußte Sehnsucht befriedigt wird, karg und vorübergehend zwar, aber doch befriedigt, da prägen sich Spuren ein, die am Ende dauerhafter sind als jene eines üppigen und leicht zu erwerbenden Angebots. Der Erdteil fand eben für unsereinen doch statt: wir wußten nur noch nicht, daß er es war.

Wir wußten das auch noch nicht, als der zweite Weltkrieg begann, und damit nicht nur Gewalt, Furcht, Elend, Mord, Zwangsherrschaft, sondern auch ein gigantisches Reiseunternehmen. Wohl wurde bei uns und mit uns zunächst mal da und dort gesiegt, aber das war für die Gesamtwirkung wesentlich weniger wichtig als die permanente Ortsveränderung für große Teile der europäischen Jugend. Was geschah und warum es geschah: wir alle kennen die Serie der Verhängnisse und Katastrophen. Aber der Nebeneffekt, auf den zum mindesten die deutschen Veranstalter keineswegs aus gewesen sind, er war fortan nicht auszurotten: zwar unter ungünstigen Bedingungen, doch in größerer Zahl denn je zuvor begegneten einander die gewöhnlichen Leute des Erdteils; sie hatten Gelegenheit, sich wenigstens vorübergehend zu beschnuppern, und es roch auch unter Uniformen weitgehend und überraschend nach Mensch. Wo nicht Verbrechen geschahen, prägten sich Erinnerungen nicht allzu ungünstig ein. Und selbst dort, wo unvorstellbarer Frevel begangen wurde, denn es fuhren in diesem Reiseunternehmen ja auch die Züge nach Auschwitz und Belsen: es gab gerade hier Überlebende, die später nicht begreiflicherweise Rache predigten, sondern fast unbegreiflicherweise Europa – ein Wunder, daß ich demütig und dankbar nicht vergessen kann.

Sicher ist, daß die antieuropäische Gewaltpolitik ohne Absicht und wider Willen auch einiges aussäte, das sich nicht als Drachenzahn erwies. Es gibt unbestimmte, doch greifbare Beweise für diese These – freilich von solcher Art, daß sie ein deutscher Europäer nur zögernd und beschämt vorlegen kann: als die Staubwolke der Katastrophe sich setzte und die Völker weitaus nachdrücklicher ins Gespräch kamen als nach dem ersten Weltkrieg, da war das Gespräch von Deutschen mit anderen Europäern wesentlich einfacher, wo man die meisten Schwierigkeiten hätte vermuten müssen – in den Ländern nämlich, in denen deutsche Soldaten (und dort waren ja nicht nur sie, dort war auch deutsche Gestapo) einmarschiert und schwere Jahre lang geblieben waren. Das kam nun gewiß nicht daher, daß sie unsereinen in Uniform so reizend gefunden hätten, und auch nicht daher, daß etwa für Kriegsgefangene der Aufenthalt in Deutschland angenehm gewesen wäre. Aber noch nie ist an so monströsem Objekt nachgewiesen worden, was Begegnung ausmacht – und es bleibt eine kleine Hoffnung, daß sich das in Zukunft auch dort auswirken möge, wo die Begegnung für die Besuchten besonders böse ausfiel, im Osten des Erdteils. Dies freilich setzt Hoffnung auf die Dauer einer noch jungen, vernünftigen Politik voraus.

Da ich am Sentimentalen und Unwesentlichen hänge, gedenke ich hier der Frau mit den Eiern und des Oberkellners vom Hotel Britannia in Vlissingen. Bei der Frau, der Bäuerin, war der Einfall in Frankreich erst ein paar Monate alt. Ich stand im Vogesenwald allein und hielt zwei Pferde fest, die irgendwelchen Offizieren gehörten, und vor denen ich mich ebenso fürchtete wie vor ihren Herren. Da kam durch die welken Blätter die Frau, sagte »Pour vous, Monsieur«, schob mir zwei Eier in die Tasche und verschwand wieder. Warum? Ich werde so ausgesehen haben, daß es sie jammerte. Europa persönlich? Für mich ganz gewiß. Daß ich allergisch auf Hühner-Eiweiß reagiere, spielt dabei keine Rolle. Ich gedenke des Erbarmens.

Als ich den Oberkellner kennenlernte, flüchtig nur, ein gelegentlicher Genever, noch seltener eine Flasche Sonnenblumenöl schwarz, da war der Krieg schon schön krank, und ich hatte es nicht viel weitergebracht als im Vogesenwald. Dann kam der Novembermorgen, als uns tüchtige Kanadier gefangen über Vlissingens Promenade trieben. Die Ruinen des Hotels Britannia schwelten noch, und nicht weit davon stand der Oberkellner vor einer Gruppe der Seinen, ein Chef, am Arm die Oranje-Binde, im anderen Arm locker das Gewehr. Er sah mich, ich sah ihn, und er blinzelte mir zu: Mach dir nichts draus, das geht vorüber.

Es ging vorüber. Es kamen die Jahre, als aus der Asche unserer Städte und unserer Toten, eigener und noch mehr jener in unserem Namen, Phönix aufstieg in Gestalt eines Traums – des Traums vom großen Mutterland Europa, das wir allesamt als gleiche Bürger unser gemeinsames Land nennen würden, in slawischen, romanischen und germanischen Zungen. Noch einmal, ein einziges Mal, wollten wir Feuer sehen: eines, in dem alle Grenzpfähle Europas verbrannten. An einigen Stellen hat meine Generation, gut zehn Jahre jünger als ihr Alter, solche Feuer tatsächlich entfacht. Die Asche ist nun schon seit Jahrzehnten verweht.

War die Vision so schön, wie sie klingt? O ja – und es spielt dabei zunächst keine Rolle, ob die Visionäre in Ehren entronnen waren oder mehr oder minder in Unehren; ob sie aus den Konzentrations- und Vernichtungslagern kamen, diesen Stätten der ersten wirklichen europäischen Allianz, wo die Zukunftsträume schon Jahre alt geworden waren und oft den Rang einer realen Konstruktion hatten – oder ob sie einfach als Geschlagene nach Hause fanden in ein Land, in dem auch die alten Nationalbegriffe zertrümmert waren und wo sich als Halt nur noch eines anbot, das eine für Bewohner des Kontinents, Europa.

Es ist kein Blatt der Unehre, aber auch kein Ruhmesblatt, daß nach dem zweiten Weltkrieg der Ruf nach einer vollständigen europäischen Vereinigung am lautesten von Bürgern in

Deutschland kam. Der Traum Europa, das war der erste realpolitische Reflex der Deutschen überhaupt – und die Kleinigkeiten, die von diesem Traum verwirklicht worden sind, gehören auch dann zu den kargen Zeugnissen politischer Vernunft, wenn sie aus ganz anderen Gründen entstanden – und möglicherweise gegen eine Konzeption, die andere Kleinigkeiten des gleichen Traums hätte Wirklichkeiten werden lassen.

Sicher freilich ist auf jeden Fall, daß die einzige umfassende politische Idealvorstellung meiner davongekommenen Generation – in vielen europäischen Landen – schon dahin war, bevor auch nur im Ansatz versucht worden wäre, sie zu verwirklichen. Der Bruder namens Phönix gab die Suche nach seiner Schwester auf, ließ sich in der Nähe des Orts nieder, an dem sein Vater geherrscht hatte, und wurde Stammvater eines Volks, das sich nach ihm benannte. Phönix betrieb Politik als die Kunst des Erreichbaren, und dies ehrt ihn.

Kohle, Stahl und Energie, Getreide und Milch, Elektronik, Apfelsinen und Bilanzen. Im Hintergrund ein Bündnis-System zur Abwehr möglicher Gefahren. Ganz weit im hinteren Hintergrund immer noch der Traum: die vage Hoffnung, auf diesem pragmatischen Umweg eines Tages doch noch zu seiner Verwirklichung zu gelangen – eines fernen Tages. Die Institutionalisierung eines Teils des Erdteils, ein wirtschaftliches Parlament mit einigen Vollmachten, ein politisches ohne. Und zweifellos Erfolge – und zwar dank des Drucks, den die eine Hälfte Europas von der anderen spürte oder zu spüren meinte. In jenem anderen Teil eine Kopie des Systems, allerdings mit den Abänderungen, die der dortige Zweck des Unternehmens sind: Dienst an den Bestrebungen einer herrschenden Macht unter dem Prätext, daß allein diese Bestrebungen allen beteiligten Teilchen nützlich sein können. Auch die Kopie funktioniert, wenngleich mit allen möglichen Einschränkungen, die sich aus den allein gültigen politischen und wirtschaftlichen Vorstellungen der Vormacht ergeben.

Man kann wirklich nicht behaupten, daß dies auch nur entfernt der Vorstellung ähnlich sieht, die sich die jüngeren Europäer von 1945 von ihrem kommenden Europa gemacht haben. Leicht

ist es auch zu sagen, das sei besser als gar nichts – zumal dann, wenn man in jener Hälfte Europas lebt, in der persönliche Freiheit nicht als gemeinschaftsgefährdend, sondern als Gemeinschaftsgrundlage angesehen wird, und in der das System Prosperität für beinahe jedermann ermöglicht. In diesem Teil läßt sich sogar ohne Beweis, ohne persönliche Gefahr und gelegentlich gewinnbringend behaupten, das Verfahren im anderen Teil sei weit besser, ja, das einzig gute. Bei empfindlichen Naturen läßt sich aus solcher Behauptung gar gutes Gewissen keltern, während man gleichzeitig alle Vorzüge des Wohnsitzes genießt.
Die letzten Sätze sollte ich wieder wegstreichen. Sie flossen ein, sie gehören eigentlich nicht hierher, ihre Polemik hat nicht die rechte Proportion zum Gegenstand – aber gerade ihr Einfließen kennzeichnet eine europäische Eigenschaft, die wie keine andere dem Traum im Wege steht, der Einigung des Erdteils. Diese zakkige Landmasse, vom Weltmeer bespült und von zahllosen Wasserläufen durchzogen, von Klimastürzen heimgesucht bei allen subtropischen Annehmlichkeiten, Erdteil der Grübler und Spintisierer: dieses Europa, seit überhaupt menschliche Geschichte in ihm geschrieben wird, ist der klassische Erdteil leidenschaftlicher und gnadenloser Glaubenskämpfe – handele es sich dabei nun um das Heil in jener Welt oder auf dieser Erde. Und wenn es in den letzten fünfhundert Jahren einen klassischen europäischen Exportartikel gegeben hat, dann war es diese Leidenschaft. Sie kennt den Kompromiß nicht und nicht den Modus vivendi: jedenfalls nicht, bevor Katastrophen Zwang ausüben. Die letzte Katastrophe hat sich da bisher als besonders fruchtbar erwiesen, und hoffentlich reicht ihr Nachhall noch einige Zeit – aber es ist auf jeden Fall günstig, daß dank der Folge-Entwicklungen des zweiten Weltkriegs niemand mehr ganz so kann, wie er möglicherweise täte, und das gilt auch für beide Teile Europas.
Das Drachen- und das Menschenblut, das in den Mörtel für die Burg Kadmea gemischt wurde, ist niemals Mangelware in Europa gewesen. Man hätte auch Wasser nehmen können für Häuser und Dome, Wasserleitungen und Burgen. Aber an Europas Quellen liegen die Drachen und gehen freiwillig nicht weg. Daraus entstand für griechische Krieger, römische Legionen und

germanische Heerscharen, für Karls Soldaten und Widukinds Mannen, für Gustaf Adolfs und Tillys Heere, für die Toten des Sonnenkönigs, des großen Peter, Napoleons und für all die anderen armen Kerle bis zu dem, den heute abend in Belfast eine Bombe zerreißen wird – entstand, sage ich, die Lehre, sie seien nicht umsonst gestorben, sondern für: jeder setze hier ein, für was. Dieses Selbstbetrugsmanöver, dieser einzige allgemein und immer verbindliche Konsensus der schönen Lüge ist Motor der europäischen Geschichte und eines der Hauptgeschenke Europas an die übrige Welt. Der Erdteil, der neben gnadenloser Mystik auch das logische Denken entwickelte, mußte für die Praxis Methoden zeugen, die die Folgen logischen Denkens entschärften. Er hat es getan. Man geht heute auf der ganzen Welt kaum noch sinnlos vor die Hunde, man stirbt für – und am besten wohl noch für die Freiheit, wie unsereiner sie versteht, oder aber für eines jener Leitbilder, das aus einer in der Bibliothek des britischen Museums zusammengestellten Visionstheorie entstanden ist und ohne Ansehen des Aussehens unweigerlich den Namen des Europäers Karl Marx trägt.

Am allerbesten freilich stirbt man nicht, sondern lebt – ein Gedanke, der sich im Europa meiner Zeit zögernd durchzusetzen beginnt.

Ich weiß, mein Erdteil wäre nicht schöpferisch geworden ohne die Affinität seiner Bevölkerungen zu Todes- und Jenseits-Mythen. Hier wäre nun stark in die Saiten zu greifen und zu besingen dreitausend Jahre Erfindung und Erkenntnis, Bauten aus Gedanken und aus Stein, sodann Medizin und Musik, Goldmacherkunst und Malerei, Dichtung und Kernspaltung, Vision vom Staat und Salzstraße, Träume, Taten und Aufbrüche, Glaubensseligkeit und Trunkenheit an kühlen Fakten. Es wäre aufzumachen die erhabene Bilanz des Geistes und die jämmerliche der Politik, es wären Denkmalsalleen zu errichten für die großen Kerle und die großen Geister, und es wären die unbekannten Millionen und Abermillionen zu schildern, die dahinlebten, arbeiteten und vergingen, hungerten und stritten oder auch satt waren und am Feuer saßen. Die Zucht iberischer Sitten, der Reichtum gallischer Lebensäußerungen, die Strenge, Anmut und Kargheit preußischer Muster, die Früchte Italiens und skandinavischer Stil, die Ausprägungen Britanniens, slawische Welt- und Daseinsformen, die jüdischen Farbsträhnen im europäischen Teppich – kurzum, der ganze Reichtum Europens, der ausstrahlte und sich ausmünzte über die halbe Welt nicht anders als seine Gewalttaten: all dies wäre abzumalen und noch viel mehr, und nicht ohne Begeisterung und nicht ohne Überzeugung oder gar Glauben. Fürwahr, hier ist geschehen und wurde ausgeformt, hier wurde gelebt und nicht immer gestorben, und irdischer Himmel war da nicht weniger als irdische Hölle.

Dies ist mein Land, das ich liebe. Dies ist anderer Leute Land, die ich auch liebe – und nicht minder wieder anderer Leute Land, die ich gar nicht liebe. Aber es ließe sich zusammenleben, rundherum.

Darum steht unsereiner wohl vor den Trümmern eines Traums, der für seine Generation entscheidend ist – doch er greift sogleich nach den verbliebenen Teilstücken und überlegt, ob damit nicht etwas anzufangen wäre. Die Fähigkeit zu hoffen, selbst wider alle Vernunft, scheint mir eine wesentliche europäische Eigenschaft. Das Vater- oder Mutterland Europa, allumfassend, ist im Augenblick noch nicht zu haben, und vielleicht nie. Das junge Weib Europa wurde von Zeus verlassen und saß mit drei Söhnen da – und mögen die drei auch Giganten gewesen sein oder Halbgötter: die Lage war nicht zufriedenstellend. König Asterions Heiratsantrag war immerhin besser als gar nichts, obwohl doch eine Verbindung unter Europas Stand, nach alledem, was sie erlebt hatte. Sie nahm den Antrag an. Wenn man auf dem Olymp nicht herrschen kann, dann ist es besser, auf Kreta zu regieren als gar nicht. Seither ist mancherlei geschehen, und Pragmatismus war dann bald nicht mehr eine wesentliche europäische Eigenschaft.

Wenn wir also weiter von Europa träumen: die Grenze des Ural und der kaspischen Salzsteppen ist nun einmal gesetzt. Gegen Geographie läßt sich nicht anleben. Europa hört erst dort auf, nicht schon weiter im Westen. Europa, dessen Teile sich ganz zusammentun, könnte nicht enden am Saum des bis vor kurzem Eisernen Vorhanges. Wohl aber kann es und wird es diesseits eine Art von Zusammenschluß erreichen, der bis an den Saum seiner Träume reicht und keinen Millimeter weiter. Dazu müssen zwar noch ein paar Millionen Briten überzeugt werden, daß ihnen ihre Königin trotzdem erhalten bleibt, ein Unternehmen, das auf dem Kontinent weit unterschätzt wird, und einige ähnliche Kleinigkeiten stehen auch noch zur Erledigung an. Aber das ist zu machen. Und das läuft dann in der Praxis auf ein Europa der Vaterländer hinaus – nach Möglichkeit mit noch wesentlich dünneren inneren Grenzlinien, als Charles de Gaulle, der tätige Traumzertrümmerer, sie sich vorgestellt hat. Es wären damit selbst bayerische Nationalisten am Ende zufriedenzustellen. Es liegt im Bereich des Möglichen.

Ich bin also für ein Europa der Vaterländer, weil ich nicht anders kann. Ich trete ein für die Erhaltung einiger nationaler Souveränitäts-Fiktionen, weil ich sicher bin, daß diese Spielzeuge vorerst intakt bleiben müssen, um die jetzt erreichbaren Völker überhaupt in Vereinigungsbewegung zu erhalten, die Deutschen eingeschlossen. Ich werde an diese Methode der kleinen politischen Schritte so lange glauben, wie die noch junge Verständigungs- und Auflockerungspolitik gegenüber den andersgläubigen Europäern, also Russen, Polen, Bulgaren, Rumänen, Tschechen und allerdings auch Deutschen, die geringste Aussicht auf Erfolg hat. Kadmos und Harmonia, um das nachzutragen, nachdem sie nur Töchter gezeugt hatten und die Erbfolge in Theben von Anfang an männlich bestimmt war, verließen die Stadt und beschlossen ihr Leben als Herrscher in Illyrien. Zeus verwandelte sie dann in Schlangen und versetzte sie dann an den Himmel – mit einem Wort, es ist weise, auch undenkbare Möglichkeiten auszuschöpfen, man weiß nie.

Ich möchte gern ein Bürger ganz Europas sein, aber mit einem festen Platz darin. Heinrich Böll hat einmal festgestellt, daß meine Generation keine Heimaten mehr kennt. Ich zweifle, daß unsereiner schon reif genug ist, um die Gesamtheimat Europa auszufüllen, daher die Suche nach festem Platz, der ja auf jeden

Fall unerläßlich ist: auch wenn unsereiner am Ende bisweilen statt seiner nur die Sehnsucht danach erreicht.

Nun wird den Europa-Träumern immer wieder nicht nur die Erhaltung der britischen Königin vorgehalten, sondern auch scheinbar begründete Befürchtungen, bei stärkerem Zusammenschluß werde Europa amerikanisch werden, das heißt, seine edelste Wesensart werde verlorengehen, nämlich die köstliche, selbst in kleinen Bereichen tausendfach abgeschattete Eigenart der ungezählten Einzelteile; nivelliert würde jene ungemeine Verschiedenheit der europäischen Lebens-, Denkungs- und Ausdrucksarten, die doch gerade die Voraussetzung seien für europäische Schöpferkraft auf allen Gebieten. Warnendes Signum: jenes Café am Marcusplatz, das reisenden Germanen Gulasch mit Knödel offeriert.

Wer dergleichen für Europäer fürchtet, der denkt gering von ihnen. Kühltruhe, Klima-Anlage, Würstchen am Piräus und ganz schauderhafte Selbstbedienungsrestaurants in den Hochburgen der französischen Küche, Marcuse-Lektüre in Maria Laach und Musikautomaten neben der Sauna: all das ist für ein wirtschaftliches und politisches Zusammenrücken der europäischen Völker nicht notwendig. Solche Kleinigkeiten sind nicht aufzuhalten, seit die Fuggers den Zimt nach Augsburg holten oder Antonius gewisse Eigenarten des Isis-Kults nach Rom importierte. Wer zwei- bis dreitausend Jahre lang er selbst gewesen ist und unbeirrt die Braut mit Rosen zur Kirche gehen ließ, während es im Nachbardorf ausschließlich mit Nelken möglich war, der läßt sich so leicht das Seine nicht abspenstig machen, der bleibt Europäer genau seiner Prägung, so wie der Nachbar Europäer anderen Schlages ist.

Was aber ein Europäer nun eigentlich ist, das scheint viel schwerer zu kennzeichnen, einmal abgesehen vom Wohnplatz. Asiaten, noch in unseren Tagen, sind gelb, geheimnisvoll und gelassen. Nordamerikaner sind Briten, Iren, Deutsche oder Griechen, außerdem laut und in einer Krisis. Südamerikaner haben schmale Schnurrbärte, sind ungeheuer reich oder ungeheuer arm und sprechen wahrscheinlich spanisch, möglicherweise aber auch portugiesisch. Australier sind groß, auch laut und trinken viel

Bier. Afrikaner sind schwarz, schwierig und in Stämme zerfallen, außerdem gibt es noch Araber. Was aber sind Europäer? Sie ermangeln nicht ganz einer handlichen Pauschale, eine immerhin besitzen sie und leben nach Kräften dagegen an: Europäer sind so typisch europäisch.

Dies erfüllt sie mit unbestimmtem Stolz nicht minder als mit unbestimmter Scham.

Was aber »typisch europäisch« sei, das wissen sie nicht. Ich denke mir etwas dazu, mit dem niemand wesentlich weiter geholfen ist: nahezu jede Art von Verhalten, auch die natürlichste, nahezu jeder Gedanke auf dieser Welt, selbst der einfachste, kann »typisch europäisch« sein. Daran erkenne ich mein Europa, daß hier auf doch bescheidener Quadratkilometer-Fläche alle Möglichkeiten von Lebensäußerungen vorgegeben sind, die Menschen auszeichnen können oder aber in Schande bringen. Freilich, eine Einschränkung gibt es. Kadmos, nicht wahr, suchte seine Schwester, und dies dringend und mit allen Kräften. Er bemühte dafür sogar Institutionen, die mit dem Übersinnlichen zu tun haben. Trotzdem brach er seine Versuche prompt ab, als ihm aus wolkigen Dämpfen eine Stimme mitteilte, fortan werde nicht mehr gesucht, sondern eine Stadt gegründet. Europäer leiden durchweg an einer starken Neigung zum Mystizismus. Das hilft ihnen und schadet ihnen. Von diesem Punkt aus brechen sie auf zu Höchstleistungen, und an diesem Punkt halten sie ein und bescheiden sich oft zu früh. Ich hoffe, daß mich jetzt niemand auf den romanischen Rationalismus hinweist. Die Gegenbeweise gerade in dieser europäischen Gegend wären erdrückend. Die letzten Rationalisten, die etwas mit Europa zu tun hatten, waren Phönizier. Allenfalls ließe sich hier noch über Basken reden.

Der zweitkleinste Erdteil – das australische Festland ist kleiner. Der zweitälteste Erdteil – sofern man nach dem Bestand noch lebender Völker rechnet. Ohne Zweifel der am meisten benutzte, vergötterte und geschändete Erdteil, Unruheherd der Menschheit und ein Mekka, zu dem die übrige Welt wallt, ohne ihm jemals ganz zu vertrauen, aber auch, ohne es entbehrlich zu finden. Das schafft Verpflichtungen, denen Europas Söhne und Töchter immer und noch nie gewachsen gewesen sind. Unsereiner lebt in der Mitte und ist sich selten klar darüber, daß diese Mitte nach wie vor und vermutlich für alle Zeit das von anderen am wenigsten geliebte Gebiet Europas ist – der Teil und das Volk, die entschiedenes Urteil herausfordern, und ein gelassenes Verhältnis beinahe nicht zulassen. Dieser Zustand hat sich gebessert, doch weniger, als im allgemeinen angenommen wird. Sind wir für andere, was wir doch so besonders gern sein möchten – Europäer? Kaum bisher, doch heißt man uns hoffen.

Aber es mag sein, daß dies schon wieder überalterte Überlegungen sind, gehemmt und verbogen durch jüngste Geschichte, während neue Generationen sich den europäischen Teufel darum scheren, für was einer sie hält, und längst durcheinanderparlieren von Land zu Land, und da weiß niemand mehr, wer eigentlich was ist oder woher. Vor mehr als einem Jahrzehnt schrieb ich in irgendeinem Zusammenhang, die Nachwachsenden seien so glücklich daran, daß sie die Takte der TV-Eurovisionsmelodie besser beherrschten als ihre Nationalhymne – und darauf setzte sich prompt jemand hin, der war noch wesentlich älter als ich, und schrieb nach jenen Takten ein feierliches Lied der Europäer. Es hat es aber dann niemand gesungen.

König Agenor starb, bevor er erfahren konnte, was aus seinen verstreuten Kindern geworden war. Die Kinder drangen ein in einen unbekannten Erdteil, der seither von seinen Geheimnissen nur Unbedeutendes eingebüßt hat, und in dem man immer noch auf alles gefaßt sein muß. Er ist klein und überschaubar, doch nirgendwo auf der Erde kann man sich so leicht und rasch verlieren wie in ihm – herabsteigend von seinen Gebirgen, seine Flüsse hinabfahrend, in seinen Kirchen betend, in seinen Schenken trinkend, in seinen Kammern zeugend – und am Ende bleiben dann vorübergehend Fußspuren im feuchten Sand seiner endlosen Strände, bleiben, bis die nächste Flut sie fortwischt, sie und ein paar Striche auf dem bereitwilligen Untergrund, Europa persönlich, eine Skizze von vielen, vielen Millionen, kein bleibendes Bild bis auf den heutigen Tag.

Martin Gregor-Dellin
Seelenankerplatz Europa
Erkundungen eines seßhaften Autors

Ein vielfach zerfurchter, gespaltener und verwüsteter Erdteil, und dennoch offenbar unzerstörbar als Realität wie als Hoffnung; an seinen Rändern zerfließend und in einer permanenten Einheitsneurose um seine Selbstherstellung bemüht; seiner politischen Hegemonie beraubt, und dennoch geschüttelt, als hätten alle Mächte der Welt ihre Zähne in ihn geschlagen; im Fieber von Krisen und Ängsten immer noch neugierig auf sich selbst; von Symbolen und Traditionen überfrachtet ohne das ihm zukommende natürliche Selbstbewußtsein; voller Erinnerungen und Möglichkeiten und dennoch verschwimmend in lauter Provinzialismen und Ungereimtheiten, wohin man blickt – ein solcher Erdteil ist auch für den einzelnen nicht eindeutig erfahrbar. Man ist nicht auf gleiche Weise Europäer, wie man Asiate, Afrikaner oder Südamerikaner ist.
Ich muß sofort nachdenken, was auch daran wieder falsch ist: denn auch Verneinungen können das Verhältnis des einzelnen zu Europa, speziell mein eigenes, unzulässig versimpeln. Jeder Versuch, dieses Verhältnis auf einen einzigen Nenner zu bringen, muß scheitern, da auch das Gegenteil richtig ist. Dieses Europa hat die Dialektik hervorgebracht, die enharmonische Verwechslung, den musikalischen Vorhalt und die Aufhebung einer Wahrheit durch eine andere, vornehmlich im 19. Jahrhundert. Wir alle, auch die nach 1926 geborenen, sind noch zu einem Teil Kinder des nicht überwundenen 19. Jahrhunderts, das noch einmal ein europäisches war – auch wenn uns seine fernsten Konturen nun zerfallen und der Boden unter unseren Füßen brüchig wird.

Mit ihm Europa, das eine Hoffnung zu sein schien – oder ist es das noch?
Es wäre einfacher, das Problem wegzudenken wie die Luft, die man atmet. Persönlich genommen wäre auch dies ein Verschweigen, denn wir haben uns an Grenzen wundgescheuert und sind bis in unsere Biographie Opfer jener Exzesse, die den Erdteil jahrzehntelang heimgesucht haben.
Gerade meine frühesten und letzten Erfahrungen mit Europa sind eine makabre und höhnische Untermalung des Themas. Woher wir kommen, wohin wir reisen – das Maß an Vertrautheit untereinander scheint ja der vordergründigste Gradmesser von Zusammengehörigkeit zu sein. Man ist sich nah und geläufig, mit wechselnden Vorzeichen und Kennzeichen. Mich beschäftigen zwei Erlebnisse mit polizeilichen Kennzeichen: Als ich das erste Mal eine europäische Grenze überquerte, war ich elf Jahre alt. Ich fuhr 1937 mit meinem Vater für drei Tage mit dem Wagen in die Schweiz, kam über Basel bis zum Vierwaldstätter See, und hier, irgendwo zwischen Altdorf und Schwyz, zwischen Luzern und Zürich – eine Gegend, die mir später aus hundert europäischen Gründen tief vertraut wurde –, geschah etwas, das sich mir als Kind einprägte. Drei Jungen standen in einer Kurve am Straßenrand und hatten offenbar das Bedürfnis, dem ausländischen Wagen, damals wohl von höherem Seltenheitswert als heute, einen Gruß mitzugeben. Unglücklicherweise orientierten sie sich am deutschen Kennzeichen und hoben stramm den Arm zum sogenannten Hitler-Gruß. Unglücklicherweise, sage ich, denn als ich mich nach ihnen umdrehte, lief ein Mann herbei, allem Anschein nach der Großvater, ein bärtiger Schweizer mit Hut, eine Gestalt wie aus der Tell-Sage, und gab den Jungen schön der Reihe nach saftige Ohrfeigen. Ich behielt die Sache für mich, weil ich dachte, es könne meinen Vater ärgern. Aber es knüpften sich daran einige für einen Elfjährigen eher penetrante Überlegungen. Wer waren wir denn, daß wir den drei Knaben eine so drastische Bestrafung eintrugen?
Die Frage läßt sich wiederholen: Wer sind wir denn? Jetzt, als wir im September 1972 wenige Tage nach der Zerstörung der Olympischen Spiele durch den Geiselmord wieder einmal nach

dem Süden fuhren, diesmal über Österreich nach Mittelitalien, erregten wir erneut eine rätselhafte Aufmerksamkeit durch unser polizeiliches Kennzeichen. Mußten wir an einer Kreuzung halten, oder ordneten wir uns langsam auf einem Parkplatz ein, jedesmal blieben ein paar Leute stehen, deuteten auf unser Nummernschild: FFB. Das heißt Fürstenfeldbruck. (Die meisten Münchner kommen aus Fürstenfeldbruck.) Dachten sie nun abfällig: Auch einer von denen? Oder taten wir ihnen leid? Oder überlegten sie nur: Dort ist es passiert, der war vielleicht auch dabei? Ein neues Gemeinschaftsgefühl. Es ist wahr, der Hubschrauber mit den zum Tode verurteilten israelischen Geiseln und den Terroristen flog direkt über unser Haus an der Münchner Stadtgrenze, an unserm Fenster vorbei, wir sahen die roten Lichter, während wir, wie die meisten Europäer an diesem Abend, von Schrecken gelähmt vor dem Fernsehschirm ausharrten. Wir hatten die Reise wegen der »Spiele« verschoben, die eines der schönsten europäischen Feste zu werden versprachen – unter südlichem Himmel, mit nördlicher Präzision, westlichem Charme, östlichen Triumphen, bayerischer Lebensfreude – und die es auch waren bis zu jenem Abend, an dem ein einsames, unbefangenes sechzehnjähriges Mädchen, die letzte Amateurin, im vollen Oval des Stadions über sich selbst hinaussprang und die Idee des Sports sich in einer letzten Schluß-Apotheose vermutlich für immer verabschiedete (aber sprechen wir nicht weiter von Sport, auch Sport ist eine europäische Erfindung). Sind Bayern nicht gute Europäer, von einigen hier nicht weiter erwähnten abgesehen?

Keine Flucht also, kein wirkliches Vergessen, Fürstenfeldbruck ist allgegenwärtig, bis in die Toscana. Aber auch München und Fürstenfeldbruck waren ja eigentlich keine europäische Angelegenheit, wie denn neuerdings alles in Europa ausgetragen, aber nicht mehr dort ausschließlich verursacht wird. Überhaupt wird an der Küste der Toscana, wo ich dies notiere – mit der Erinnerung an Rom, mit der Erinnerung an die Etrusker, gegenüber Elba, mit der Erinnerung an einen napoleonischen Aufbruch, an einem verregneten und vorwiegend traurigen Nachsommertag –, der Begriff Europa zu einer fast überflüssigen Vokabel; er versteht sich von selbst, und zugleich entweicht er ins Ungreifbare. Was soll das noch? Brauchen wir die Vokabel Europa? Ist der pragmatischere Begriff EWG nicht einstweilen ausreichend für das, was möglich ist? Da ja ein europäisches Sicherheitssystem bestenfalls zwei Teile aneinanderkoppeln, aber das alte Europa doch nicht wiederherstellen kann. Was von diesem alten Europa noch übrig ist, sind Spuren oder Schatten von Spuren, vielleicht in den Straßen von Triest, wo einem plötzlich Österreich-Ungarn begegnet, oder die schwache Vorstellung davon, was es einmal war: eine typisch europäische Unmöglichkeit, nämlich eine Idee, der die Wirklichkeit spottet, etwas hochherzig Verkommenes, eine Parallelaktion zur Realität.

Reden wir uns Europa nicht nur ein, während es um Kapitalinteressen geht, um Märkte oder Autobahnen? Ist globales Denken, Fühlen und Handeln nicht vorrangiger, angesichts der aufstrebenden Völker und Kontinente, die übrigens auch nur alle europäische Fehler wiederholen? Also Weltbürgerlichkeit, statt Europäertum? Können wir den Begriff, da er in der politischen Geographie und im Sinn eines abendländischen Zentrismus, wie ihn die katholische Kirche noch krampfhaft aufrechtzuerhalten versucht, ohnehin überholt ist, nicht überhaupt zu den Akten legen? Was ist von den Kontinenten der klassischen Geographie übriggeblieben? Zerfällt nicht auch Amerika in zwei heterogene Subkontinente, die politisch immer weiter auseinandertreiben? Was bleibt denn vom alten Begriff Asien übrig, da die eine der beiden kommunistischen Weltmächte europäisch kopflastig ist? Müssen wir mit unseren sich verschiebenden, unscharfen Weltvorstellungen, mit unseren sich verändernden Erfahrungs- und Erlebnisbereichen nicht auch den alten Begriff Europa endgültig streichen oder ihn dem Erdkundeunterricht überantworten – oder taucht unter aufgetragenen, sich überlagernden und wieder abblätternden Schichten so etwas wie eine geistige und utopische Konstante auf, mit der uns noch etwas verbindet? Ist Europa ein Palimpsest?

Wir Fünfundvierziger, das heißt meine Generation, die keine feste Vorstellung vom alten Europa mehr mitbekam, 1933 im Erstlesealter, nach 1945 mit großem, bald gebremstem Schwung antretend – wir Fünfundvierziger sind die eigentlichen europäischen Desperados. Davon nun doch etwas mehr.

Was bis 1933 an europäischen Realitäten und Wahrträumen lebendig blieb, wurde uns nicht nur durch die Absperrung vom Ausland, den kindischen und gefährlichen Wahn der Autarkie, weiße Schokolade und Kanonen statt Butter, durch nationalen Verfolgungswahn und eine in Trotzhaltung erstarrte Umwelt, sondern bereits im Schulunterricht ausgetrieben. Zwischen Cäsar und Vercingetorix spuckte der Geschichtslehrer auf Christen, Juden und Humanisten gleichermaßen. Ein die griechisch-römische Antike noch umgreifender Kult des Nordischen gipfelte in der Idee eines germanischen Großreichs, das bei genauerem Hinsehen aber doch arg zusammenschrumpfte, da die Kernzelle Neu-Germaniens, Preußen und Umgebung, praktisch von Botokuden umstanden war, Wasserpolaken, Kamerad Schnürschuh und den völlig entarteten Franzmännern. Und selbst im Allerheiligsten konnte man offenbar vor asiatischer Unterwanderung nicht sicher sein, da sogar der Historiker der Bewegung, der Verfasser einer zwölfbändigen Geschichte des Nationalsozialismus, Dr. Karl Siegmar Baron von Galéra, wie man hörte, eine jüdische Großmutter verschwiegen hatte und nach 1938 wieder aus dem Verkehr gezogen werden mußte.

Wäre man also der Konzeption eines nationalsozialistischen Europas im Geschichtsunterricht konsequent gefolgt, so blieben außer den durch Streicher, Rosenberg, Goebbels und die SS aufgenordeten Deutschen nur ein paar artverwandte, aber dünnblütige Herrenvölker an der Nordsee, die gänzlich unmilitärischen Italiener, die vom Geschlechtsverkehr entnervten Franzosen und vielleicht noch die Bulgaren, die Preußen des Balkans, übrig – ein Material, auf das sich Rosenbergs Zeitschrift zur Wiedergeburt des Abendlandes, deren Titel mir entfallen ist, nur bedingt stützen konnte. Ein Rumpf-Europa also mit einigen kolonialisierten Sklavenvölkern am Rande, dem der Mythos des zwanzigsten Jahrhunderts das Rückgrat einer von Luther bis Nietzsche umgewerteten Kulturgeschichte einzog.

Ich bedaure manchmal den heiligen Reinigungseifer, mit dem wir nach 1945 unsere Schulbücher und alle einschlägige Literatur vernichteten, sonst wäre über unsre erste Begegnung mit Geschichte und Gegenwart Europas noch manche interessante Einzelheit zu erfahren. Fest steht ja doch, daß ich hier nicht phantasiere, sondern daß die Pseudo-Ideologie des Völkischen tatsächlich nicht nur Runen am Weihnachtsbaum, Julklapp und Mutterkreuze hervorbrachte, sondern eine europäische Geopolitik, die über mancherlei Kanäle und in verschiedenen Varianten sogar über die Grenzen ins Ausland gelangte und den Quislingen teils verblendete, teils hochgemut-idiotische Anhänger zutrieb. Und wahr ist auch, daß der deutsche Soldat für das Phantom eines pangermanischen Europas – ob er es nun kannte oder nicht – in den Krieg zog und darin umkam. Das Entsetzen, das sein Wüten unter den besiegten Völkern verbreitete, ist zum Teil auch darauf zurückzuführen, daß die anderen uns möglicherweise noch für verwandte Europäer hielten, wir sie aber nicht.

Was ist nun in uns, in meinem Jahrgang, der beim Angriff auf Scapa Flow gerade konfirmiert wurde und mit siebzehn, zur Zeit Stalingrads, zu den Luftwaffenhelfern einrückte, wenn wir nicht, wie ich, mit Gelbsucht noch eine Weile den Krieg schwänzten – was ist eigentlich von all dem damals in uns hineingefallen und hängengeblieben? Viel vermutlich nicht, obwohl es sich einprägte. Wer wie ich als Achtzehnjähriger das Kriegsende mitten auf dem Atlantik erlebte, zwischen Europa und Amerika Richtung Neue Welt, der nahm an sich und anderen mit Staunen wahr, wie schnell das alles von einem abfiel, wenn es nicht durch zufällig aufgefundene Bücher, durch den Anblick von KZ-Häftlingen in den Hangars der Rekrutierungsstelle Augsburg-Pfersee schon vorher längst durchlöchert war. Nein, das war eigentlich nie etwas Rechtes gewesen. Die Lachswassertal-Saga konnte es mit den griechischen Klassikern nicht aufnehmen, der Rembrandtdeutsche verblaßte, wenn einer zufällig an Spinoza oder Schopenhauer geriet, die empfohlene Belletristik war langweilig und dumm, weil die wirkliche Gegenwartsliteratur – und nur sie zündet in jungen Gemütern – europäisch und daher hinausgeworfen, vorwiegend nach Amerika emigriert war. Dort lernte man sie dann kennen. Und auch bei den gefeierten Geistesheroen

der Vergangenheit fand sich immer mal wieder eine Stelle, die nicht so recht ins Bild paßte: Goethes Unverständnis gegenüber den Freiheitskriegen, Nietzsches Europäertum und erbitterter Bismarck-Haß, Wagners Enttäuschung am »deutschen Geist« nach 1871, die von seinen so fortschrittlichen Kritikern noch heute gern unterschlagen wird. 1878 schrieb er an Ludwig II. von Bayern: »Und so ekelt mich dieses neue Deutschland an! Das soll ein Kaiserreich sein? Ein ›Berlin‹ als Reichshauptstadt! Es ist ein reiner Spott von oben herab, der nun von unten herauf erwidert wird.« Schon 1872 äußerte er einen Gedanken, der von Thomas Mann im Umkreis des »Doktor Faustus« unter anderen Prämissen mehrmals aufgegriffen wurde: Das »Deutschsein« – schrieb Wagner an Nietzsche, der das vermutlich gern hörte – erscheine ihm nur noch als »reines Metaphysicum«, als solches aber »grenzenlos interessant, und jedenfalls ganz einzig in der Weltgeschichte«, »vielleicht mit dem einzigen Pendant des Judentums zur Seite, wenn etwa der Hellenismus doch nicht recht passen sollte«. Dergleichen wäre Gift gewesen für ein großgermanisch träumendes Gemüt, das sich ja im »Ring« auch nicht gerade den Sieg, sondern den von Anfang an unausweichlichen Untergang verheißen und vorspielen lassen mußte: »Ihrem Ende eilen sie zu, die so stark im Bestehen sich wähnen.«
Es gab Episoden, die einem Kind, einem Jugendlichen, das Herz europäisch weiteten, wie etwa jener dreitägige Ausflug in die Schweiz; die genehmigte Devisensumme betrug hundert Franken. Man zitterte, nicht nur, ob man mit diesen hundert Franken wieder heil die Grenze erreichte. Man macht sich ja kaum mehr eine Vorstellung, was damals ein legaler Grenzübertritt bedeutete, der heute zur Gewohnheit geworden ist, wie er es in versunkenen und mir unbekannten Zeiten vielleicht einmal gewesen war. Das Staunen über fremde Landschaften, die man nicht täglich am Fernsehschirm wahrnimmt. Realitäten, die nicht gegenüber dem bloßen Abbild von Realitäten verblassen, so daß man davorsteht und sagt: Ganz wie während der Live-Übertragung neulich! Der Papst von seinem Fenster herab – und dann kommt man hin, und es ist eine so traurige Fassade. Die vor-televisionäre Zeit, ohne die tägliche Umschaltung zu unserem Korrespon-

denten nach London, Moskau und Prag, wird uns, je weiter wir davon Abstand gewinnen, immer mehr als eine optisch asketische Zeit erscheinen, in der das Bild noch nicht den Anblick verdrängte, weil es ein unlebendiges Bild war, und in der das Fremde seine Fremdheit behielt bis zu seiner eigentlichen Entdeckung. Nichts wurde gesehen, bevor es wahrgenommen wurde. Wenn ich heute eine Rentnerin aus der DDR am Olympiagelände in München entlangfahre, schaut sie kaum noch hin, denn sie hat es natürlich schon viel besser gesehen. Ich bin, um jedes Mißverständnis auszuschalten, ein leidenschaftlicher Fernseher, das Gegenteil eines konservativen Kulturkritikers und kein Medienpessimist, dem der eingetauschte Gewinn nicht einleuchtete. Aber ich mache mir bewußt, daß die Medien, und vor allem das Fernsehen, die Kontinente ihrer Ausdehnung und Europa seiner Fremdheit, seiner Geheimnisse beraubt haben. Im gleichen Maße, wie uns das Einbeziehen fernster Orte in unser Dasein selbstverständlich und jede Abkapselung unerträglich geworden ist, im gleichen Maße werden die Ausdehnungen beliebig. Wir schalten um nach Kairo.

Eines der erregendsten Erlebnisse der vor-televisionären Zeit war für mich Straßburg. Ein paarmal verbrachte ich im Krieg meine Schulferien in Offenburg, schräg gegenüber. Es herrschte eine bleierne Ruhe am Rhein, aber man konnte hinüberfahren über die Rheinbrücke bei Kehl. Ich weiß nicht, wie oft ich mit dem Fahrrad von Offenburg bis zum Straßburger Münster gefahren bin. Jedesmal bestieg ich die oberste Turmspitze, hielt mich stundenlang auf der Plattform auf, erkundete jeden Winkel des Gebäudes innen und außen, dehnte dann die Inspektionen auf die benachbarten Straßen und Viertel aus und erschloß mir diese Stadt wie danach keine wieder. Wahrscheinlich machte ich mir nicht klar, wem diese Stadt denn eigentlich gehörte. Sie gehörte mir, und sie gehörte niemandem. Ich bin froh, daß ich es dahingestellt sein ließ. So wurde mir Straßburg mit all seinen Geheimnissen zur ersten europäischen Stadt. Ich assoziierte Goethe, und nicht die Kriege von 1871, 1914 oder 1939. Westwall und Maginotlinie blickten sich in blöder Sinnlosigkeit an, wenn ich zurückfuhr.

Später war die Turmspitze weniger hoch, das Münster weniger gewaltig. Es geht wie mit den Höfen, Straßen und Plätzen unsrer Kindheit. Alles wird kleiner, wenn man älter wird. Ich glaube, auch Europa wird nur kleiner, weil wir altern.
Als mich der Krieg dann doch noch einholte, führte der Rückzug von der Marne in die Eifel, Tag- und Nachtmärsche durch Unland, an Orten vorbei, ich würde sie heute nicht wiedererkennen. Was von der Vokabel Europa und ihrem Inhalt bis dahin im Bewußtsein vielleicht doch noch unbeschädigt haften geblieben war, ging im Maulwurfsdasein der Kämpfe im Hürtgenwald und bei der Überquerung des Atlantiks Richtung Amerika, das seine Gefangenen mit Wiener Schnitzel empfing, unter. Europa, was war das? Nach der Materialüberlegenheit der Amerikaner zu urteilen bestenfalls noch eine Kolonie, jedenfalls in seinen mittleren Gegenden zwischen Ostsee und Alpen. Wir kehrten Europa den Rücken und ließen, wenn wir ehrlich sein wollen, allen Glauben daran fahren, es könne aus diesem verwüsteten Gelände noch jemals etwas werden, und vielleicht war das sogar besser so, nach allem, was wir erlebt hatten. Als wir dann nach Europa zurückkehrten, gesättigt mit europäischer Literatur, die wir in amerikanischen Gefangenenbibliotheken kennengelernt hatten, brachten wir einen Freiheitsbegriff mit, an dem Europa genesen sollte, hochgemutes Pathos und viel guten Willen. Ich gestehe gern, daß der Begriff der untrennbaren und unteilbaren Freiheiten für mich, um viele soziale und politische Erfahrungen reicher, auch heute noch gilt: nämlich Freiheit des Glaubens und der Meinung ebenso wie Freiheit von Elend und Furcht. Aber Europa war geteilt, die Sowjets standen in Berlin. Das machte die Sache etwas kompliziert. Woran sollten wir nun anknüpfen, wir Fünfundvierziger?
Ich fand erst später heraus, daß dies nicht nur unser spezielles Problem war, nicht nur das Vorrecht unserer Generation, sondern daß schon einmal, in den zwanziger Jahren, eine Generation mit einem ähnlichen Erneuerungs-Radikalismus, mit einer entflammten Vernunft und ebensoviel gutem Willen angetreten war wie wir. Es ist nicht ganz einfach zu verstehen, was das mit Europa zu tun hat, und ich muß den Sprecher dieser Generation

zitieren, Klaus Mann, der Europa in seinem ersten Aufsatz, dem »Fragment von der Jugend«, 1925, den neugierigsten und möglichkeitenreichsten Erdteil genannt hat: diese Jugend war leidenschaftlich europäisch, sie verschwisterte sich enthusiastisch mit der Jugend Frankreichs, und sie erhob alle ihre Forderungen im Namen Europas. Als Klaus Mann zu seinem ersten programmatischen Essay ansetzte, gab er ihm 1927 ganz selbstverständlich den Untertitel: »Zur Situation des jungen geistigen Europas«, und der Name des neuentdeckten Philosophen Ernst Bloch stand unmittelbar neben dem von Coudenhove-Kalergi. Europa müsse kommen, hieß es da – aber mit einem Krieg werde jede Chance für Paneuropa verspielt. Denn, warnt Klaus Mann, »überschauen wir unsere Situation: Das ist Europa, kleiner, durch Krieg geschwächter Erdteil, gelegen zwischen dem ungeheuer reichen kapitalistischen Amerika und dem ungeheuer weiten, kommunistischen Rußland, hinter dem, über kurz oder lang, ein kommunistisches Asien stehen wird. Zu Ende Europas Weltherrschaft, zertrümmert sein Imperialismus, über sein Haupt weg fällt die Entscheidung. Der welthistorische Kampf hat begonnen: es ist der Kampf zwischen den angelsächsischen Mächten und dem östlichen Kommunismus. Wo gehören wir hin? Wohin geht unsere Sendung?« Wir sprachen nicht mehr von Sendung wie dieser junge Mann, der so weit vorausdachte. Wir setzten wenig auf ein Gemeinschaftsgefühl, eingedenk der Erfahrungen, die schon Klaus Mann mit der schnell zerstiebenden Leidenschaftlichkeit des großen Wir gesammelt hatte, denn auch er beklagte alsbald die große Verworrenheit: »Der eine war Nationalist, der andere Kommunist, der dritte melancholischer Ästhetizist, der vierte nichts als Erotomane. Warum entschlossen sich so wenige, *Europäer* zu sein, und im verpflichtendsten Sinn?! Dieser hohe Name begreift vieles in sich, nur die Dummheit hat keinen Platz.« Aber die Dummheit kam auf, wie wir wissen, und das sah auch Klaus Mann und zürnte 1930: »Wer der Gewalt das Vorrecht über den Geist gibt, hat aufgehört, Europäer zu sein.« Eine schöne, eine wahre, eine rührende Formel, die auch heute noch gilt.

Als Klaus Mann nach dem zweiten Weltkrieg, mit der amerikanischen Armee zurückkehrend, eine Reise quer durch Europa unternahm, deren Eindrücke er in dem Essay »Die Heimsuchung des europäischen Geistes« zusammenfaßte, hörte er nun aus dem Munde der Jungen, der nächstfolgenden Generation, dieselben Klagen, die er einst vorausgreifend formuliert hatte: »Der Kampf zwischen den beiden anti-geistigen Riesenmächten – dem amerikanischen Geld und dem russischen Fanatismus – läßt keinen Raum mehr für intellektuelle Unabhängigkeit und Integrität. Wir sind gezwungen, Stellung zu nehmen und gerade dadurch alles zu verraten, was wir verteidigen und hochhalten sollten!« So fand er die europäischen Intellektuellen gequält und beunruhigt, denn über ihr Verhältnis zu Staat und Diktatur in West und Ost schob sich das Dilemma, das sich aus der Unmöglichkeit und Unzulässigkeit einfacher Frontstellungen und militärischer Auseinandersetzungen ergab. (Eine Situation, in die wir selber nun, wir Fünfundvierziger, mit all unsrer Freiheitsbegeisterung hineingerieten, und aus der viele nicht mehr ungeschoren und unbeschädigt hervorgingen.) Klaus Mann sah denn auch keinen Ansatzpunkt für europäische Hoffnungen, denn die kontinentale Solidarität der Intellektuellen, die er anzutreffen glaubte und die wohl auch hier und da ideologische Grenzen übersprang, hatte keine intentionale Kraft mehr. Sie führte in Wahrheit keinen Dialog herbei: »Ein schwacher, dissonanter Chor, begleiten die Stimmen der europäischen Intellektuellen das ungeheure Drama. Ich höre viele Stimmen, manche sind frech und aggressiv; andere sanft oder spöttisch, leidenschaftlich oder sentimental; aber ich höre nicht den Wohllaut koordinierter Klänge, das Konzert harmonisierender oder friedlich wetteifernder Kräfte.« Die Erklärung war einfach: es fehlte an führenden Köpfen mit integrierender Kraft. Die mächtige Generation der Anatole France und Freud, der Bergson und Wells, der Gorki und Valéry war bereits ausgestorben; von den Überlebenden erwähnt Klaus Mann Benedetto Croce und André Gide, Shaw und Maugham, deren Stimmen alsbald auch verstummen sollten. Einstein, Schönberg, Heinrich und Thomas Mann und einige andere prominente europäische Emigranten lebten in Amerika. Der einzige, der für Deutschland in seiner

Person noch einmal eine Geschichtssekunde lang 1955 etwas wie eine geistige Einheit herzustellen vermochte, Thomas Mann, hatte nicht mehr viel Zeit zu leben, und er kam erst einige Jahre nach dem vernichtenden Resümee, das sein Sohn für sich und den europäischen Geist gezogen hatte, nach Europa zurück.

Ich will mit all dem sagen: Das war es, was wir selbst nun vorfanden. Keine gute Zeit für europäische Gefühle, als es ums nackte Überleben ging. Wir hatten mittlerweile eine große europäische Literatur kennengelernt, die deutsch geschrieben war, aber auch sie kam wie ein Abgesang zu uns, Thomas Mann selbst nannte sie »ein Abschiednehmen, ein rasches Erinnern, Nocheinmal-Heraufrufen und Rekapitulieren des abendländischen Mythos«, und so nahmen wir sie respektvoll wahr: Bruno Franks »Politische Novelle« und Thomas Manns »Pariser Rechenschaft«, die deutsch-französische Verständigung beschworen, und all die europäischen Mythen von Joseph bis zum Faust, und die ungezählten Huldigungen an Europa, zuletzt Heinrich Manns »Henri IV«, ein wahrhaft europäisches Epos, von Europa bis heute noch immer kaum wahrgenommen, diese Geschichte des »großen Plans«, der, wenn er auch nicht dem guten König Heinrich authentisch zugeschrieben werden durfte, doch eine gute Erfindung des Autors war, denn er konnte nur als Einigungsaufruf verstanden werden. Aber dem Plan stand leider die Realität entgegen, und so kehren wir zur europäischen Demarkationslinie zurück, zum Stacheldrahtzaun, den ich zunächst einmal von der anderen Seite aus sah.

Nie ist die Hoffnung auf Europa gründlicher zerstört und mit Stumpf und Stil ausgerottet worden als nach 1949 in jener Jugend, die in Mitteldeutschland aus dem Regen in die Traufe geriet und, nachdem sie ihre eigenen Lehrer glücklich los war, nun selbst lehren sollte oder jedenfalls sprechen – und die meisten meiner Schulkameraden sind Lehrer geworden. Ich rede hier nicht von Ideologie, sondern von der zweifachen Zerstörung einer Sehnsucht: einmal durch die Entwicklung, die, ob nun zwangsläufig oder nicht, der andere, westliche Teil Deutschlands nahm, und zweitens durch den Zynismus der Machthaber im eigenen Lande, die sich freuten, daß, wer nun noch für den We-

sten plädierte, jetzt auch innerlich auf der falschen Seite stand. Ich glaube nicht, daß sich die Eingliederung der Bundesrepublik ins westliche Bündnis hätte vermeiden lassen, aber es gab Augenblicke, in denen versäumt wurde, die Zwangsläufigkeit zu erweisen. Wir waren Pazifisten, wir jungen Europäer von 1945, wir haben die Wiederbewaffnung abgelehnt, aber es gab auch nicht wenige unter uns, die – vom Osten aus gesehen – froh waren, daß ihre Partei, diejenige, die ihren pazifistischen Standpunkt vertrat, im Bundestag zum Glück die schwächere war. Doch bevor all dies jede Illusion begrub, gab es zwischen 1952 und 1953 jenen Schimmer von Hoffnung, den man uns vielleicht heute als Selbstbetrug verargen mag, aber hier ist er:
Die Einsicht der einen Großmacht, daß ein kommunistisches Europa ohne die Zustimmung der Mehrheit des deutschen Volkes nicht zu verwirklichen war. Das Angebot der Neutralität. Die Chance einer Wiedervereinigung, aus der die Keimzelle eines sozialdemokratischen Europas entstehen könnte – von Skandinavien bis an die Alpen, von Prag bis an die Nordsee. Wir saßen noch im Juni 1953 mit heißen Köpfen zusammen und besprachen Parteigründungen; wir haben ernsthaft für einen Augenblick an Europa geglaubt, und wir befanden uns in einem Rausch, der wohl nur durch das Gefühl der Öffnung einer unerträglich gewordenen Enge zu erklären ist. Die Enttäuschung war bitter, denn der Westen nützte seine Chance nicht, und der 17. Juni, von Ulbricht provoziert, gab ihm endlich den Vorwand, die europäischen Konstruktionen des Kreml einschließlich der innerdeutschen Variante zu zerschlagen.

Ich habe ein ähnliches europäisches Hochgefühl wie zwischen 1952 und 1953 nur noch einmal erlebt, als ich im Sommer 1968 von Bayreuth nach München fuhr, entlang der tschechischen Grenze, und im Autoradio war aus einem sozialistischen Land die Stimme eines freien europäischen Senders zu hören. Auch damals stellte sich das Gefühl einer ungeheuren Erweiterung unsres Horizonts ein, das enge Terrain Klein-Europas öffnete sich, und etwas davon ist vielleicht in uns allen zurückgeblieben, denn so endgültig kann keine Erfahrung zerschlagen werden.

Seitdem ist es in kleinen Schritten weitergegangen, wir haben gelernt, Geduld zu üben, mit anderen und mit uns selbst. Aus den Fünfundvierzigern sind Pragmatiker geworden. Sie wissen, was es bedeutet, wenn in Europa die Gefahrenherde weniger werden, wenn Sicherheit gewonnen wird aus einem System von Verträgen und Unterschriften. Bedeutet es nichts, wenn ich wieder nach Berlin fahren kann, ohne das Flugzeug zu benutzen? Gemessen an europäischen Utopien vielleicht eine Bagatelle. Sollte ich es gering schätzen, wenn ich wieder an die Stätten eines Bach, Schütz, Novalis zurückkehren darf – jenes Friedrich von Hardenberg, der mit seiner Schrift »Die Christenheit oder Europa« eine wahrhaft aufregende Vision entwarf, die sogar seinen Romantikerfreunden zutiefst peinlich war? (Denn er schrieb: »Fortschreitende, immer mehr sich vergrößernde Evolutionen sind der Stoff der Geschichte.«) Ist nicht ein kleiner Teil Europas wieder zugänglicher geworden? Nein, ich werde das nicht gering schätzen, denn ich habe in fünfundzwanzig Jahren dazugelernt, was es bedeutet, wenn solche Chancen vertan werden.

Wir waren vielleicht nie weiter entfernt von dem, was Coudenhove-Kalergi einst vorschwebte. Wir waren aber auch nie näher daran, mit unsren Erfahrungen ernst zu machen und, anstatt Illusionen nachzuhängen, uns in diesem Stück Europas besser und menschlicher einzurichten und ein bißchen würdiger unsrer Vergangenheit, auch wenn Zäune und Grenzen und Schüsse weiter ein Skandal bleiben und für den einen Europa anderswo endet als für den anderen. Denn für den einen, und auch der könnte ich sein, endet es nach wie vor an der Wartburg. Und für den anderen, der ich bin?

Über die eine Grenze war schwerer zu kommen als über alle anderen zusammen. Ich habe wieder reisen gelernt, wie andere gehen. Verglichen mit den meisten meiner Kollegen bin ich dennoch seßhaft. Langsame Schritte, zuerst in ein angrenzendes Land, dann in ein nächstes, alles nur zögernd. In einer Reihe von Richtungen gibt es ja praktisch keine Grenzen mehr, ebenso in der Luft. Aber ich fliege selten. Ist es nun das Vorurteil eines an der Erde haftenden Menschen, der, bei der bloßen Vorstellung von Unendlichkeit von Schwindelgefühl gepackt, sich an den kleinen, dahintaumelnden Planeten klammert und am liebsten immer festen Boden unter den Füßen hat? – Jedenfalls werde ich niemals für den Jet-Set taugen, weder finanziell noch hinsichtlich meiner Beweglichkeit, denn ich müßte befürchten, aus einem Beziehungssystem von Orten und Entfernungen herauszufallen, dem zu mißtrauen ich keinen Grund habe und das mir die Vorstellung davon vermittelt, was im Leben erreichbar ist und was nicht. Es gilt andere Dimensionen auszumessen als die äußeren, und der allgemeine Selbstbetrug besteht in dem mangelnden Bewußtsein, daß der Mensch hinter seinen Möglichkeiten zurückbleibt.

So werde ich die am Erdboden haftende, gleitende und gemächliche Fortbewegung eines Welt-stutzigen und Weltraum-ängstlichen Menschen beibehalten. Ich fliege nicht von Küste zu Küste und wechsle die Metropolen nicht binnen Stunden und Minuten, sondern liebe es, mich noch auf langen Strecken kriechend zu bewegen, um die Entfernungen zu erfahren, die Abfahrt und die Ankunft und das, was dazwischen liegt. Denn auf das, was dazwischen ist, kommt es häufig an: den allmählichen Wechsel der Landschaften und des Klimas, die Veränderungen im Gang, in den Gesichtern und in der Sprache der Menschen; in welche Himmelsrichtung sie orientiert sind, an welche Berge, Flüsse, Verbindungslinien sie sich anlehnen, wo ihre psychotopischen Anhaltspunkte liegen, ihre Seelenankerplätze, ob sie geborgen sind oder unbehaust – und vielleicht ist daraus etwas zu erfahren, das mir Europa etwas vertrauter macht und alle Tragödien auf dieser Erde begreiflicher, mehr als aus den restaurierten Trümmern der Vergangenheit, die meist beziehungslos zum Dasein und zum Geschmack der Lebenden überall in Europa herumstehen.

Ich gebe zu, daß mir europäische Sehenswürdigkeiten so gut wie nichts bedeuten und daß mir jeder historische Respekt vor Gebäuden, Kunstwerken, berühmten Tempeln oder Gemälden abgeht – nicht nur, weil ich akustischen Eindrücken womöglich zugänglicher bin, sondern weil mich überhaupt nur anfaßt und ergreift, was ich schön finde oder aufregend ohne Patina und Pietät: ein Meer, das bei Sonnenaufgang plötzlich in Stille versinkt, das Schneegestöber vor einem Theaterfoyer. Vor Berühmt-

heiten gehe ich nicht in die Knie, und Museen veranlassen mich meist zu einem Geschwindschritt. Ich liebe es, Städte zweimal diagonal zu durchqueren. Dann kenne ich sie. Herford, Wien oder Venedig. Ich bilde mir ein, daß meine Orientierungsfähigkeit durch die traditionelle Art meiner Fortbewegung enorm gewachsen ist. Also behalte ich sie bei, errechne die langen Etappen einer Fahrt nach Rom, schiebe meine Ziele wie Fähnchen auf einer imaginären Landkarte langsam nach Frankreich und Spanien vor und warte mit England vermutlich, bis der Tunnel gebaut ist, falls sich nicht eine glückliche Gelegenheit für die Überfahrt ergibt. Ich kann von vielen Orten noch immer nicht sagen, ich sei dagewesen, aber ich weiß auch nicht, was es ausmachen würde. Ich habe den Soldaten vor dem Buckingham-Palast noch nicht angefaßt und werde wahrscheinlich auch Rhodos im nächsten Jahr nicht zu sehen bekommen.
Ich überblicke mein Klein-Europa von den Pässen der Alpen, die ich auf meine althergebrachte Weise überquere; ich ziehe seine Umrisse an den Küsten und Stränden nach, im Angesicht des bewegten Meeres und mit der Erinnerung an einen Es-Dur-Akkord, denn nur Wasser und Wälder geben mir das Gefühl für Gezeiten und halten mir das Problem Zeit vor Augen, ein altes europäisches Thema in Philosophie, Literatur und Musik; ich folge seinen Linien an Hand der Biographien, die mich beschäftigen, und wenn Leben im Mythos bedeutet: in Spuren gehen, so ist dies eine zugleich mythische und lebendige Erfahrung Europas. Glücklich am Ende, wer von sich behaupten darf, er sei in einigen Städten und Landschaften dieses Kontinents wirklich zu Hause: wie ich in Friaul und in Oberfranken, im Saalebogen, in München oder am Zürichsee.

Peter Härtling
Mein Europa

Es hat Zeitalter gegeben, in denen Kontinente entdeckt wurden, es wird Zeitalter geben, in denen Kontinente vergessen werden. Vielleicht wird dies mit meinem Europa passieren. Es steht zwar in Büchern, es ist auf Bildern festgehalten und in Musik, und es ist so präsent wie eine Fata Morgana vor den Augen eines Verdurstenden. Es gibt Augenblicke, in denen die Geschichte sich zusammenzieht, überdeutlich wird, und in wenigen Sätzen ausspricht, wozu es Jahrhunderte brauchte. Diese Ballungen von verflossener Realität bezeichnen ein Ende oder eine Wendung, so, wie das Habsburgische Reich sich zusammenfaßt in den Romanen Joseph Roths, in Musils »Mann ohne Eigenschaften«, in den beziehungsreichen Entwürfen Hugo von Hofmannsthals, in Schnitzlers Geschichten und Spielen und in dem symphonischen Werk Gustav Mahlers. Die Monarchie wurde beschrieben und ging verloren. Sie gehört, trotz einer veränderten Landkarte, zum europäischen Gedächtnis und spricht selbst dort mit, wo die Erinnerungslosen eine Zukunft proklamieren, die diesen Kontinent, Europa, ganz und gar neu fassen will.

Die Dialektik ist eine Erfindung Europas, der fatale Zwang, zu einer Synthese zu kommen, die das Widersprüchliche versöhnt. Andere Kulturen kennen solche Hybris nicht. Sie setzen entweder die Versöhnung voraus oder nehmen den Widerspruch hin. Das genügte uns nicht. Gewalttätige Gedanken und Taten wurden und werden zusammengefaßt und mit Hochmut Dogmen als Ergebnis vorgeführt. Die europäischen Revolutionen sind deshalb unvergleichbar mit Aufständen in anderen Teilen der Welt, weil sie, zumindest seit 1789, stets die Wirklichkeit ins Unverwirklichte reißen. Die Versuchung, Realität und Zeit zu überspringen –: das macht sie für die Zeitgenossen oft sinnlos, für die Nachkommen sinnvoll.

Ich habe keinen geistesgeschichtlichen Exkurs vor, obwohl Zorn und Trauer mich überkommen, wäge ich Verluste und Gewinne dieser Anläufe, dieser Revisionen, dieser Abkehrungen ab. Sie sind längst Bestandteil unseres Denkens und unseres Lebens. Sie haben dazu geführt, daß die Revolte zu einer permanenten Einrichtung wurde, werden mußte, weil die Revisionisten, in einer Art von Haßliebe, die Revolutionäre brauchten. Mein Europa, das Europa meiner Generation, der heute 40jährigen, kennt den Krieg, Verwüstungen und Verluste, vergangene Sprachen und ausgelöschte Landschaften, es hat ideologischen Terror erfahren und jene viel apostrophierte »Stunde Null«, die, rückblickend, nicht mehr bedeutet als eine Pause der Bewußtlosigkeit, die von Bewußten ausgenützt wurde. Ich bin nicht imstande, für ein Europa von morgen zu schreiben, das Politiker projizieren – mein Europa steckt in einem politischen Prozeß, der im besten Falle dorthin führt, wo Ernst Bloch eine Lösung der Weltangst vermutet: In der Erkenntnis, daß die europäische Kultur für den Erdkreis durchaus von Bedeutung war, doch jetzt nur noch ein Bestandteil von einem allgemeiner gewordenen Wissen ist, das sich durch Kulturen nicht mehr abgrenzt. Jene Welterfahrung, die, es könnte sein, Glück und Gerechtigkeit produziert, die Systeme vergessend oder ergänzend. In Europa, wo die politischen Systeme auf engstem Raum miteinander wetteifern, wird es sich erweisen, erweisen müssen, daß Demokratie und Sozialismus sich verschmelzen lassen. Auch dies wieder eine Synthese, eine hybride Hoffnung, und möglicherweise in ihren Folgerungen so eng wie der Kontinent selbst.

Mein Europa konzentriert sich in einigen Zitaten aus der Erinnerung, es sind einige Geschichten, ich kann sie erzählen, ich erzähle sie immer wieder anders, sie fallen mir ein, wenn ich erläutern will, was ich erfahren habe, was ich kenne, was verschollen wäre, wüßte ich es nicht.

Peter Härtling

Landschaften, Sprachen und Kriegsbeginn

Meine ersten Kinderjahre verbrachte ich in Sachsen, in der Nähe von Chemnitz, in einem weißen Haus an der Straße; am Rande des Gartens stand ein Schuppen mit Geräten, in den ich mich oft zurückzog, dort roch es nach Moder, nach faulendem Gras. Auf Stoppelfeldern ließen wir Drachen fliegen. In der Nähe gab es ein Gut, dessen weitläufigen Hof wir nicht betreten durften, wir wurden vom Gutsherrn oder von seinen Knechten fortgejagt, aber am Rande des Teichs spielten wir, fütterten Enten, Gänse, Schwäne. Mit einem Schwachsinnigen habe ich Kühe gehütet.
Vom Beginn meiner Erinnerung an gibt es Uniformen, gibt es die Namen Hitler, Göring, Goebbels. Ich höre sie aus dem Radio, aus dem Mund meiner Eltern. Es ist eine Angst da, die ich nicht erklären kann. Mein Vater erzählt von Brünn, seiner Jugend, seinem Studium in Prag, flicht tschechische, jiddische Sätze ein, redet kuchelböhmisch, Mutter lacht, sie erzählt von Dresden, Italien und Ungarn, und wenn sie Lust hat, foppt sie uns mit einem raschen Französisch. In Dresden sind wir oft zu Besuch, gehen auf der Prager Straße einkaufen, spielen im Zwinger, auf der Brühlschen Terrasse, fahren auf Dampfern in die Sächsische Schweiz, besuchen Großvater auf dem Weißen Hirsch; er ist krank, liegt in einem Sanatorium. Wir werden von Mutter durch Galerien geführt, hören Namen, Raffael oder Runge, sie sind uns gleichgültig, aber einige Bilder prägen sich uns ein, und werden, in der Erinnerung, immer deutlicher.
Ein paarmal reisen wir nach Brünn, zu den Eltern des Vaters, wandern durch die Kasematten des Spielbergs, in denen der italienische Revolutionär Silvio Pellico seine Gefängnis-Tagebücher schrieb; es gibt auch noch Gregor Mendels Garten. Im Nachbarhaus wohnt ein jüdischer Kaufmann, der den Kindern süßes Gebäck anbietet, Krebelachs, die am Gaumen kleben bleiben; er wird nach Theresienstadt gebracht werden und in Auschwitz umkommen. Tante Mana wird einige Bündel mit Wertsachen von ihm verstecken, bis heute. Oder sind sie mittlerweile abgeholt worden? Ich lerne ein paar Sätze Tschechisch, übe jiddische Wörter. Vater ist hier zu Haus, hier ist er anders als im »Reich«.

Doch es wird fortwährend von Hitler geredet, und Großvater hofft, daß Henlein recht behalten werde. Was Vater empört, Mutter zum Schweigen bringt. Onkel Pepo verläßt das Zimmer. Diese Spannungen sind für das Kind nicht zu verstehen, sie sickern in es ein, treiben es in Abwehr gegen die Welt der Erwachsenen. Hitler ist offenbar eine Zumutung, die Menschen verändert.

Ich frage mich, weshalb die Stätten meiner Kindheit alle sehr groß, sehr heiter, sehr menschenfreundlich erscheinen, unter einem lichten Himmel, offen für Spiele, reich an Verstecken. Viele Häuser haben ihre Geschichte, die von Babitschka, Vater, Mutter, von den Tanten erzählt wird: der ausgestopfte Drachen im Durchgang des Brünner Rathauses, der italienische Wirt jener Kellerweinstube, die sie oft besuchten, die Kunstuhr am Rathaus von Olmütz, der Stadt, in der wir zwischen 1942 und 1945 lebten, das Bischofspalais, in dem der kleine Mozart mit Pocken lag; ich habe die Geschichten auswendig lernen müssen, denn ich bin oft abgefragt worden.

Mutter und ich saßen vor dem »Volksempfänger«, als Hitler mit einer wüsten Rede den Krieg begann. Sie weinte. Ich verstand nicht, weshalb sie weinte, denn in der Schule hatte ich gehört, der Krieg sei unabdingbar, Deutschland müsse um neuen Raum kämpfen, Europa brauche Deutschland, und ein paar Lehrer zogen auch sofort ins Feld. Der Lehrer Kutzschebauch fiel in den ersten Tagen. Er wurde als Held gefeiert; Vater sagte, er sei ein armer Kerl. Die Landschaften zogen sich merkwürdigerweise nicht zusammen unter der Drohung; sie blieben hell, sie machten im Spiel mit. Wir fuhren nach Limbach, nach Leipzig, im offenen Wagen, sangen, und vor der Leipziger Universitätskirche spielte Vater sich selbst als 19jährigen, hüpfte herum, kam uns lächerlich vor, merkte es nicht, selbstvergessen, verstrickt in seine Vergangenheit, die sich uns nicht erschloß: Er habe auf einem Ball mit Lilian Harvey getanzt, ihre Taille sei so eng gewesen, daß er sie mit einer Hand habe umfassen können. So dünn, so zart.

Was hat das mit Europa zu tun? Es sind Stücke des Kontinents, die untergegangen sind. Noch wird in Wien, in ein paar alten

Wohnungen in Olmütz, Brünn und Prag kuchelböhmisch geredet, doch wer wird auf die Frage antworten, wo denn seine Frau sich befinde, sie ist »na Gangu Teppicho klopfu«, sie sei auf dem Gang Teppich klopfen oder »na Balkongt«, auf dem Balkon. Fritz Mauthner hat in der Schilderung seiner »Prager Jugend« die verschiedenen Formen des Deutschen, die Mixturen des Tschechischen, Deutschen, Jiddischen, festzuhalten versucht, eines der letzten Zeugnisse einer europäischen Sprachvermengung, die ein Anfang hätte sein können, aber durch Hitlers Wahn, durch Konzentrationslager und Protektorat zu einem Ende wurde. Niemand mehr wird in der nächsten Generation das vielgerühmte, doch gar nicht so gute Prager Deutsch reden, das Kafka und Werfel in den Ohren klang, als sie schrieben. Niemand wird mehr die Dialektformen wissen, die es zwischen Leitmeritz und Znaim gab. Da helfen keine reaktionären Verbände, keine Funktionärsparolen, kein chauvinistisches Geschwätz. Mein Europa freilich erinnert dies alles noch, wenn auch in kindlicher Perspektive, und vielfach erschüttert durch die Destruktionen, die dem folgten; es ist im Gedächtnis geblieben.

Allmählich entdecken wir den europäischen Osten von neuem. Seine Reichtümer sind erdrückend. Was dort konserviert wird, mag häufig und besserwisserisch mit der Kennmarke »deutsch« versehen werden, es war so deutsch nie: es war europäisch. Die Deutschen in Polen, in der Tschechoslowakei, im Banat und in Siebenbürgen waren oft Vertriebene gewesen, wie sie es Jahrhunderte später wieder waren. Sie waren eingewandert, sie hatten viel mitgebracht. Sie hatten sich entweder ihrer Umgebung angenähert, wenn nicht assimiliert, oder sie hatten nationalistische Inseln gebildet, die bestritten blieben. Ihre Umgebung war tschechisch, ungarisch, slowakisch, polnisch, jüdisch. Ihr Gehabe nahm diese Einflüsse an, ihre täglichen Gewohnheiten wurden von ihnen gefärbt, ihr Essen, ihre Sprache, ihre Ansichten. Als 1945 und 1946 die Vertriebenen aus dem Sudetenland, der Tschechoslowakei, aus Polen und Ungarn in das »Altreich« kamen, schienen sie den Eingesessenen Polen zu sein, Ungarn oder Tschechen. Sie waren Fremde. Die Frauen aus dem Banat mit den vielen Röcken tauchten aus einer märchenhaften Vergangenheit auf, und ihr »Schwäbisch« war für Schwaben kaum verständlich. Es war ein Wunder, wie rasch sie sich zurückfanden.

Die Berufskonservatoren konnten diesen Prozeß nicht aufhalten. Sie verkannten auch hier wieder, wie die Volkstümler der 30er Jahre, daß der Mensch nicht für eine Heimat lebt, sondern sich Heimaten schafft. Die Melancholien haben mit politischen Phrasen nichts zu tun. Das Danzig von Günter Grass, die masurische Landschaft von Siegfried Lenz, das Pommern Uwe Johnsons – dies alles sind keine Landschaften für Heimatblätter. Sie waren so, sie haben sich geändert. Daß sie so waren, ist nicht nur Bestandteil der Literatur, sondern zählt zu jenen Erinnerungsschichten Europas, von denen die Phantasie zehrt, die nach vorn will, die nicht genug hat an Wirklichkeiten und Träumen. In meinem Europa, in dem Kontinent meiner Kindheit, herrschen noch die Babitschkas, wird geböhmakelt, gibt es die schwarzgekleideten, frommen Juden, fährt man rasch einmal von Olmütz nach Prag oder Preßburg und, um sich Freude zu machen, nach Wien, »in die Oper«. Da gibt es Karfiol, Powidl, Kolatschen und Ribisldatsch, Batá-Schuhe und bemalte, ausgeblasene Eier für den Osterbaum. Das kann ich schreiben, das sind Sätze, das ist die Vergangenheit meiner Generation. Soll ich von Sätzen im Perfekt leben? Aber es wird so sein, daß, wenn ich mit den Kindern Ostergeschenke im Garten suche, ich an Schmeck-Ostern denke, an Mädchen in farbigen Trachten, und an den Bauern aus der Hana-Ebene, der die ungerupfte Gans bringt.

Leo Bauer oder eine Existenz für die Zukunft

Ich bin Leo Bauer nur einige Male begegnet. Ich habe ihn nie näher kennengelernt, habe mit anderen um ihn herum gesessen, habe ihm zugehört. Sein großes, zerklüftetes, wie unter einer zweiten, faltenlosen Haut verschlossenes Gesicht zog mich an, es war in seinen Kerben, Schatten brüderlich. Und blieb unnahbar. Er hat in seinen letzten Jahren Willy Brandt beraten, die theoretische Zeitschrift der Sozialdemokraten redigiert. Seine Gegner, und er hatte viele – und es waren verleumdende Gegner –, verschrien ihn als graue Eminenz. Er war es nicht. Für die Vereinfacher war er ein Kommunist geblieben, ein Doppelzüngiger. Er war ihnen weit überlegen. Er hatte die Lager der Nazis hinter sich und die der Kommunisten. Er war Kommunist gewesen. Er ist Sozialist geblieben. Ein Mann, der sich unaufhörlich rieb an den Verzweiflungen und Zweifeln seiner Vergangenheit, der sie mit sich schleppte, litt, und alle Leiden verschwieg. Einer, der mehr wußte als die andern, doch nicht damit auftrumpfte, im Gegenteil sich zurückhielt, gelassen korrigierte und die schreckliche Dialektik seiner Existenz Stunde für Stunde, Tag für Tag mit sich selbst ausfocht.

Für mich ist Leo Bauer, der 1972 mühsam starb, eine jener wenigen Erscheinungen, die mir den Europäer von morgen erklären. Er hat verfolgt, er wurde verfolgt. Er hat die Diktatur des Proletariats verfochten und war zu einem demokratischen Sozialismus gelangt. Für ihn gab es keinen Unterschied mehr zwischen oben und unten, zwischen Mächtigen und Beherrschten. In seinen Vorstellungen hat sich die soziale Kontradiktion ausgeglichen, er war über diese Widersprüche hinaus, er lebte, in seinen letzten Jahren, Utopie. Ein neuer Mensch, noch bedrückt von den Erfahrungen aufgelaufener Revolutionen und bürokratisierter Hoffnungen. Geschlagen von der Gewalttätigkeit, die im Namen der Brüderlichkeit ausgeübt wird. Nicht durchtrieben geworden oder schlau, sondern fast demütig, wissend und kühl. Einer, der nicht mehr am Tag hängt, der behutsam projiziert, der den alten Adam unter den Foltern der Systeme abgeschrieben hat und klug war, einen neuen Adam zu proklamieren. Er befand sich im Übergang, er war uns voraus; wohin, das weiß ich nicht genau, doch ich hoffe, daß er über die verwaltete Welt hinaus, dieser Zivilisation der Beamten, eine Welt ahnte, die den politischen Begriff Gerechtigkeit vergessen hat, weil sie ihn nicht mehr benötigt. Er wußte, daß jegliche Utopie, löst sie Kämpfe aus, erst einmal in der Realität der Niederlage oder des Siegs verlorengeht. Er wußte, daß die, die von Ideologen als Revisionisten gescholten werden, den Ideen treuer sind.

Veere – Geschichte wird angeschaut

Auf dem Ortsschild der holländischen Stadt Veere steht unter dem Namen »Europeese Gemeente«. Veere liegt in der Provinz Zeeland auf der Insel Walcheren, am Ufer eines Binnenmeeres, dem Veerse Meer, das erst seit einem Jahrzehnt durch einen gewaltigen Deich vom Meer getrennt ist. Ich liebe diese alte, völlig erhaltene Stadt, deren graziöse Renaissance-Häuser am Hafen, am Markt Geschichten erzählen, die ich nicht kenne, die lokal bleiben, bis auf die eine: Albrecht Dürer sei, während seiner Reise in die Niederlande im Jahre 1520, von Antwerpen nach Veere gekommen, um dort einen von der See angeschwemmten riesigen Wal zu betrachten; freilich war der Kadaver, als Dürer anlangte, von den Fluten schon wieder weggerissen gewesen. Mit seinem Schiff geriet Dürer in einen argen Sturm.

Das Stadtbild hat sich seither kaum verändert. Dürer hat gesehen, was ich jetzt sehe, die Befestigungen, den Campveerse Toren, einen über mächtige Bastionen aufragenden Stadtturm, in dem sich heute eines der besten Restaurants Hollands befindet, eine fabulöse Schlemmerstätte, in der Meeresfrüchte mit Sachverstand zubereitet werden.

Die Stadt schwimmt, sieht man vom gegenüberliegenden Ufer auf sie, wie auf einer großen Arche, vom Filigran des Rathausturmes überragt, vom wuchtigen Schiff der Marienkirche. Richten wir solche Museen ein, um uns unserer Geschichte zu verpflichten? Haben sie denn etwas mit den turbulenten, hochhäusersammelnden Siedlungen der Gegenwart zu tun? Sind sie nicht einfach nur Ansichten aus einer vergangenen Zeit, die uns rühren, deren Behaglichkeit uns für ein oder zwei Touristenstunden erfreut? Die Touristen sind da, Amerikaner, Engländer, Belgier, Deutsche. Sie fotografieren emsig, hören sich zerstreut an, was der Führer im Rathaus erzählt. Sie bringen die Geschichten nicht zur Geschichte zusammen, es ist ihnen gleichgültig, ob es einen Zusammenhang über die Jahrhunderte gibt, »Parallel-Aktionen«, die verblüffen in ihrer gleichen Argumentation, in ihrer Entschiedenheit.

Der Stadtbrunnen, eine von einem steinernen Baldachin geschützte Zisterne, hat die Lizenz des Herzogs von Burgund, und hier, mit einem Schritt vorgeblicher fürstlicher Güte, beginnt die Geschichte einer fortdauernden Renitenz. Zeeland ist die Provinz der Geuzen, kühner Seefahrer, die gegen Franzosen, Spanier, Deutsche zu Partisanen wurden. Die Herren, Philipp der Kühne, Philipp der Gute, Karl der Kühne, Philipp der Zweite, waren Herrscher und Unterdrücker, Fremde, deren Macht und Kultur einsickerte in die Résistance, und mit der Zeit verformte, was eigenständige Form schien. In allem, in den Bauwerken, in den Bildern, in den Liedern, wird die fatale Korrespondenz – und in ihren Produkten ist sie nicht mehr fatal – zwischen Unterdrückern und Unterdrückten deutlich. Die üppige Noblesse Burgunds, die Strenge der spanischen Habsburger und, als Antwort, der rustikale Bürgersinn der zeeländischen Gotik und Renaissance. Sie haben sich gewehrt, die Vielfalt der Landschaft half ihnen, sie beherrschten die fließenden Übergänge von Land und Wasser, sie kannten die rauhe Natur der Poldern, des allmählich aus der See gewachsenen Lands, sie waren tückisch und grausam und müssen den Besatzungssoldaten aus dem Süden, den intellektuellen Häschern der Inquisition, wie Moorteufel erschienen sein, minderbemittelt, kulturlos. Sie waren es nicht, sie schufen sich eine Bürgerkultur, deren Libertät und Weltläufigkeit aus jeder Fassade spricht, sie haben, in fortwährendem Aufbegehren, eine Architektur, eine Malerei zustande gebracht, die merkwürdigerweise nicht verschlossen ist, sondern von großer, stürmischer Offenheit. Mir scheint, der weite Horizont dieser Landschaft ließ die Verkapselung nicht zu. Vielleicht ist Europa doch die Summe von Konfrontationen; immer wieder hat Großmacht-Politik die Kleinen in den Maguis gezwungen, hat erreicht, daß, im Widerstand, eine Gegend unter Qualen ihre eigene Sprache fand. Hier war es so. Und es wiederholte sich, als die Truppen Hitlers das Land besetzten, die Geuzen erneut Partisanen wurden und es gestatteten, daß englische Truppen bei Westkapelle einen Deich sprengten und Walcheren überflutet wurde. Die Spuren des Verzweiflungsaktes sind überall zu finden.

Veere ist kein Museum, im Gegenteil, es zeigt, daß sich solche

Städte nie der Geschichte unterworfen haben, sondern mit erstaunlicher Selbstsicherheit Geschichte trieben. Noch vor Jahren fuhren hier vom Kai Kutter in die offene See, auf Fischfang, das ist, seit dem Deichbau, vorbei, jetzt haben hier viele Jachten festgemacht, schöne, nutzlose Ferienboote. Die Bürger bedienen sich des Stroms der Touristen, eigensinnig wie eh und je, lassen Künstler und Handwerker in die alten Häuser, Bildhauer, Töpfer und Weber, reden, neben ihrer Sprache, englisch und deutsch, keine Partisanen mehr, doch Leute, die erfahren haben, daß die gemeinsame Geschichte dieses Kontinents im Gegensatz ausgetragen wurde, in der Gegnerschaft, bis vor fast 30 Jahren die Verwüstung so groß war, daß man sich zu einem Frieden entschloß, der vielleicht ein europäischer Frieden sein könnte, in dem sich die jahrhundertealten Feindschaften zusammenfügen ließen in friedfertigen Bildern, wie Veere eins ist.

Die Versuchungen der Lektüre

Manchmal rufe ich in einer waghalsigen Szene Gestalten aus Büchern zusammen, die sich, von unterschiedlichen Geistern erfunden, nicht treffen dürften, aber sich nun begegnen in einer kleinen, phantastischen Abendgesellschaft, die nicht verwundert ist über der Zeit widersprechende Kostümierung, über widersprüchliche Gedanken, über den Zusammenfall zahlreicher Epochen, der es mühelos gelingt, über die Zeiten in die Zukunft zu springen, die auf der Folie einer irisierenden Musik, die an Mozart wie an Mahler erinnert, schwebende Gespräche führt, an die ich mich erinnere, die ich hin und wieder zitiere. Die Zusammenkunft aller dieser Wesen verschafft mir ein kurzes, intellektuelles Glück, versetzt mich in den Zustand einer konstanten Zustimmung. Ich bin nicht sicher, daß ich mit ihnen spreche; sie sprechen mit mir. Sie sprechen auch nicht mit mir, sie beziehen mich in ihre Unterhaltung ein. Sie stellen sich nicht vor, sie setzen voraus, daß ich sie kenne. Und ich kenne sie alle.
Es ist, ich bin sicher, ein bequem eingerichtetes großes Zimmer, in dem sie sich versammeln, einige sind schon anwesend, sie unter-

halten sich, noch ein wenig befangen, mit einer schönen zerstreuten Dame, die auf einer Chaiselongue sitzt, blaß, distanziert, doch nicht hochmütig; nicht alle scheinen sie zu kennen, und für mich, den glücklichen Zuhörer, ist sie einmal Anna, einmal Effi, einmal die Frau des Landarztes Delamare, Madame Bovary, in ihr Leben verstrickte Geschöpfe, und während Ulrich, der Mann ohne Eigenschaften, ihr, ihnen, den anderen Gästen die etwas makabre Geschichte des Mörders Moosbrugger erzählt, denkt Anna Karenina an den Brief, mit dem sie Wronskij, ihren Geliebten, zu sich gerufen hatte: Er war gekommen, nach einer längeren Zeit der Trennung, sie hatte sein Gesicht geprüft, ob es sich wohl in der Zeit, da sie ihn nicht gesehen, verändert hätte. Wie bei jedem Wiedersehen, so verglich sie auch jetzt wieder das Bild, das sie von ihm in ihrer Seele trug – und das unvergleichlich schöner war als die Wirklichkeit –, mit seiner wirklichen Erscheinung.[1] Sie hört den Herren nicht recht zu. Erst als ein alter Mann seinen Stuhl in ihre Nähe zieht, eine in seiner Knochigkeit, ja Bäurischkeit auffallende Erscheinung, doch Respekt gebietend und voller teilnehmender Wärme, wacht sie aus ihren Gedanken auf, hört zu; er erzählt von seinem Landsitz in der Mark Brandenburg, dem Gut Stechlin, auch von dem See, nach dem der Landsitz seinen Namen hat, ein Gewässer, das von Zeit zu Zeit lebendig werde. Das ist, wenn es weit draußen in der Welt, sei es auf Island, sei es auf Java, zu rollen und zu grollen beginnt oder gar der Aschenregen der hawaiischen Vulkane bis weit auf die Südsee hinausgetrieben wird. Dann regt sich's auch *hier*, und ein Wasserstrahl springt auf und sinkt wieder in die Tiefe.[2] Die Vorstellung amüsiert sie, sie lacht auf, putzt sich mit einem seidenen Tuch die Nase, ob denn der Herr von Stechlin nicht noch ähnliche lustige Geschichten auf Lager habe, der erwidert, gewiß, auch von bemerkenswerten Menschen könne er berichten, doch sie solle, wenn's ihr die Zeit, ihre Verpflichtungen erlaubten, wenn sie die weite Reise nicht scheue, ihn doch besuchen, er würde sich freuen, im übrigen bringe sein Sohn Leben aufs

[1] Aus »Anna Karenina« von Leo N. Tolstoi
[2] Aus »Der Stechlin« von Theodor Fontane

Schloß, sie werde sich nicht langweilen. Das ließe sich überlegen, sagt sie, doch das muß nicht Effi sagen, eher noch die Frau des normannischen Landarztes, die sich jedoch weggestohlen hat, in einer Ecke des Zimmers mit einem vierschrötigen, sehr großen Mann flirtet, der ungewöhnlich lässig gekleidet ist, ganz offenkundig einer, der die Welt kennengelernt hat; es hatte sich auch herausgestellt, daß er Seefahrer gewesen ist, und als er das erste Mal an einer dieser Gesellschaften teilnahm, bat er die Gäste, ihn einfach Ismael zu nennen, so werde er in seinen Kreisen gerufen, und er hatte, einmal, spät in der Nacht, von einem Kapitän geflunkert, Ahab, der einen weißen Wal gejagt habe und daran zugrunde gegangen sei. Er, Ismael, hab's überlebt. Der Baron de Charlus findet, in einer Unterhaltung mit dem Fürsten Myschkin, die »Neigung« dieser kleinen Provinzlerin zu Ismael bemerkenswert, doch hat er sich, soviel ich weiß, noch nie mit den beiden unterhalten, ihn interessiert die zarte Effi, eine »Preußin«, die, wie Anna, häufig selbstverloren scheint, freilich, wenn es um die Nachrichten aus der großen Welt geht, neugierig ist und den Baron durch ihr mädchenhaftes Gelächter erfreut. Sie wiederum vergnügt sich an seiner Putzsucht, an dem ausgespielten Gehabe eines Dandy, der viel mehr weiß, als er in höflichem Geplauder zugibt und, wenn er Lust dazu hat, und dazu hat er oft Lust, beschäftigt er sie mit seiner Genealogie, die unbezweifelbar verwirrend ist: Er finde, es werde jetzt ein solcher Mißbrauch mit italienischen Herzogs- und spanischen Grandentiteln getrieben, daß er, obwohl er die Wahl zwischen vier oder fünf prinzlichen Namen gehabt hätte, den eines Baron de Charlus beibehalten habe, aus Protest gleichsam, heute, sagt er zu Effi, wo jeder sich Prinz oder Fürst nennt, braucht man ja geradezu ein Unterscheidungsmerkmal; ich werde den Prinzentitel nur führen, wenn ich inkognito reisen will.[3] Wieder bricht Effi in Gelächter aus, Baron de Charlus verbeugt sich, als stünde er, ein erfolgreicher Komödiant, vor applaudierendem Publikum, und führt sie, ein wenig geziert, zu dem Kreis der anderen Gäste, die an-

3 Aus »Auf der Suche nach der verlorenen Zeit – Im Schatten junger Mädchenblüte« von Marcel Proust

geregt über eine These debattieren, die der junge Hans Castorp, ein blasser, sich ein wenig beengt bewegender Mann, zum Erstaunen aller zum besten gegeben hatte, indem er, sonst recht schweigsam, über sein Dasein in einem Lungensanatorium berichtet und unversehens konstatiert hatte: Der Mensch soll um der Liebe und Güte willen dem Tode keine Herrschaft einräumen über seine Gedanken.[4] Dies sei ihr, widersprach Effi Briest, zu ausdrücklich gesagt, es könnte doch auch sein, daß der Gedanke an den Tod einen zu einem entschiedeneren Leben führe, und Ismael hielt dieses Gespräch ohnedies für blanke Theorie, denn dem Tod stehe man gegenüber, er sei ein Gegner, mit dem man täglich kämpfe, so wie die Hölle auch Bestandteil des Himmels sei. Nur der Sinologe Kien, eine in diesem Kreis absonderliche Figur, nicht häufig zu Gast, wenn, dann viele Teilnehmer der Runde durch gelehrte Exkurse ermüdend,[5] pflichtet Castorp bei, den Tod müsse man nicht nur fürchten, sondern hassen, bekämpfen.
Mitunter verflüchtigen sich die Gespräche, Satzfetzen bleiben übrig, haken sich in mein Gedächtnis ein, die Gestalten verblassen, kehren wieder, ich sehe Oblomov gar nicht träge, sondern angespannt, voller Wißbegier einer Unterhaltung zwischen dem Freiherrn von Riesach[6] und der Marschallin von Werdenberg lauschen. Bisweilen tauchen, die Gesellschaft verstörend oder sprengend, Verwegene auf, Mahlke, das Ritterkreuz um den Hals, oder Hans Schnier, als Clown aufgeschminkt, ich breche ab, mein Traum endet –

– vieles, was ich von Europa weiß, vieles, was für mich Europa ist, habe ich gelesen, es ist mir gegenwärtig als Zitat, als Bild, als Geschichte.

4 Aus »Der Zauberberg« von Thomas Mann
5 Hauptfigur in Elias Canettis Roman »Die Blendung«
6 Gestalt aus Stifters »Nachsommer«

Der Einbruch des Südens und des Ostens

Europa ändert sich von neuem. Arbeiter aus dem Süden, aus dem Osten strömen in die mitteleuropäische Zivilisation. Sie erst haben uns wieder die Kälte klargemacht, in der wir leben: Diese zivilisatorische Krankheit der Auskühlung. Das Effektivitätsdenken der Technologen hat uns nicht nur aus der Geschichte getrieben, sondern uns auch vom Nachbarn entfernt. Zwar wird häufig gesagt, die neuen Medien fügten die Welt zusammen, der ständige Informationsfluß helfe dem gegenseitigen Verständnis. Ich habe meine Zweifel. Alles scheint plötzlich machbar, fast alles scheint uns zur Verfügung zu stehen. Hinter dem Anspruch der Allmacht steht ein Gefühl verschwiegener Ohnmacht. Die Technologen messen die Zukunft aus, und die Gegenwart wirkt wie ein atemloser Übergang.

Was zwischen 1945 und 1949 geschah, als die Flüchtlinge aus dem Osten ins alte Reich getrieben wurden und andere Kulturen, anderes Denken, andere Geschichten einschleppten, wiederholt sich nun. Die Cities der Groß-, Mittel- und Kleinstädte werden von Spaniern, Italienern, Jugoslawen, Türken, Griechen erobert. Sie nisten sich ein, und mit ihrem Widerstand kehrt ein Anflug von Wärme in die ausgekühlten Städte Mitteleuropas zurück. Denn diese Leute funktionieren nicht so reibungslos wie wir Eingeübten. Sie haben Lebensgewohnheiten, die dem glatten Ablauf unseres Alltags widersprechen. Sie parlieren auf Plätzen und Bahnhöfen, sie sind listenreiche und hilfreiche Nachbarn, sie mißtrauen der berechenbaren Effektivität. Sie sind zornig und fromm, und ihre Tücke ist die von Partisanen, die in ein anderes Zeitalter verschlagen wurden. Sie machen uns die Kälte unserer zivilisierten Existenz bewußt.

Vor ein paar Tagen ging ich durch einen Frankfurter Park, sah, von weitem schon, einen älteren Mann, offenkundig ein Südländer, auf einer Bank sitzen, einen Brief in den Händen, den er mühsam, die Lippen bewegend, las. Er weinte bitterlich. Ich ging langsam auf ihn zu, mich fragend, ob und wie ich ihn trösten solle; ich stritt mit mir, ich traute mich nicht, zu ihm zu gehen. Vor mir gingen drei junge Italiener, sie sahen den alten

Mann, gingen an ihm vorüber, blieben stehen, diskutierten, einer von ihnen kam zurück, setzte sich neben den alten Mann, sagte kein Wort zu ihm, sondern zog mit einer unbeschreiblich schönen Geste dessen Kopf an seine Brust. Eine Gebärde des Erbarmens, die ich nicht vergessen werde, die tausendfach wiederholbar ist, vor der wir uns fürchten, weil wir unserer Barmherzigkeit nicht mehr sicher sind. Sie, die Einwanderer aus dem Süden, haben zurückgebracht, was wir verloren haben. Vielleicht gelingt es ihnen, die Mitte Europas europäischer zu machen.

Der Versuch aufzubrechen

Mein Europa kommt von seiner Geschichte nicht los. Ich repetiere, ich verbeiße mich in Vergangenheiten, ich schinde mich an meiner Gegenwart. Bisweilen überkommt mich die Vision eines Kontinents, der die menschliche Existenz in unglaublicher Vielfalt auszudrücken versteht, der imstande ist, diese Vielfalt in eine Zukunft zu tragen, von der wir nur wissen, daß die denkenden Maschinen, der planende Perfektionismus, die projektierte Zukunft uns verarmen lassen, wenn wir nicht die Geschichten unserer Geschichte erzählen, wenn wir uns nicht mitteilen, um voranzukommen.

Immer hat Europa vom Frieden geträumt. Oft hat es so vom Frieden geträumt, als gäbe es die Friedlosigkeit der Menschen nicht, ihre Machtansprüche, ihre Egoismen, ihre Utopien, ihre Ideologien. Immanuel Kants Einsetzung eines »Friedenzustands unter den Menschen« ist eine jener Projektionen, die uns fortwährend, auch wenn wir angefochten sind, beschäftigen sollte; allmählich kann dieser Zustand wachsen, vielleicht von diesem erschütterten Kontinent ausgehend, dann ist der »ewige Friede, der auf die bisher fälschlich so genannten Friedensschlüsse (eigentlich Waffenstillstände) folgt, keine leere Idee, sondern eine Aufgabe, die, nach und nach aufgelöst, ihrem Ziele (weil die Zeiten, in denen gleiche Fortschritte geschehen, hoffentlich immer kürzer werden) beständig näher kommt«. Dieser Frieden

setzt, nach Kant, die Verpflichtung auf ein öffentliches, dem gesamten Erdkreis gültiges Recht voraus.
Mein Europa kennt die Geschichte dieser Gedanken, und diese Geschichte hat, wenn Technologen und Ideologen die Friedlosigkeit nicht als vermeintliche Treibkraft der Geschichte einsetzen, kein Ende, sondern ein Ziel.

Gustav René Hocke
Aus römischer Perspektive

Zu jener Zeit, als ich am 1. März 1908 in Brüssel geboren wurde, dachte gewiß niemand daran, daß diese Stadt einmal zum Verwaltungs-Zentrum eines vorerst wirtschaftlich geeinten Europas werden sollte. Im Gegenteil. Die ersten dunklen Wolken innereuropäischer Konflikte tauchten am Horizont auf. Zweier entsetzlicher Weltkriege bedurfte es, um wenigstens den Ansatz zu einer politischen Einigung Europas zu finden. Doch wuchs ich gleichsam ab ovo in übernationalen europäischen Zusammenhängen auf. Mein Vater, Josef, war ein rheinischer Kaufmann, Untertan Wilhelms II., der sich in Brüssel angesiedelt hatte, dessen Vater aber aus Böhmen stammte. Die Ahnen meines Vaters waren allerdings in Norddeutschland, und zwar in der Nähe der holländischen Grenze, angesiedelt gewesen. Meine Mutter, Anne, war die Tochter des belgischen Hofmalers Gustave De Nève, dessen Vorfahren in Frankreich gelebt hatten. Ihre Mutter hinwiederum, eine schwarzhaarige Deutsche mit lateinischem Profil, Tochter eines Bäckers, hatte genau gegenüber der Porta Nigra in Trier, der einstigen Glanzkolonie Roms, das Licht der Welt erblickt. Der Bruder meiner Mutter, Emile De Nève, kämpfte 1914 auf belgischer Seite und setzte nach dem Zusammenbruch der belgischen Armee nach England über, wo er, als Architekt, Munitionsfabriken für das »perfide Albion« baute. Mein Vater war Soldat für Wilhelm II. in Frankreich und Rußland.

Über derart verwickelte Herkunftsverhältnisse machte ich mir später immer wieder Gedanken, als der Nationalismus zu einem allmählich infernalen Blut-und-Boden-Kult überging. Wo hätte

ich, in Gottes Namen, meine Stammeswurzeln fixieren können? Fixieren, festlegen, annehmen? Mir ging es bald wie einem Schiffbrüchigen, der eine Reihe Inseln vor sich sieht, der sie zwar alle faszinierend, aber alle auch aus vielen Gründen zumindest als fragwürdig ansieht. Mit anderen Worten: ich hatte deutsches und französisches, aber vielleicht auch slawisches, wahrscheinlich sogar lateinisches Blut in den Adern. Für jeden besonnenen Selbstkritiker mußte es sich ergeben, daß es eine Armut bedeuten würde, sich nur für eine Farbe dieses Regenbogens zu entscheiden, daß es also natürlich und geistig angemessener sei, sich um eine organische Einheit dieser Vielfalt zu bemühen.
Ich muß bekennen, daß ich die Einsicht zu einem solchen selbstbestimmenden Verhalten im übernational-europäischen Sinne vor allem großen Figuren der deutschen und französischen Bildungswelt verdanke, und zwar in der Übergangszeit von der Weimarer Republik zur nazistischen Diktatur. In der Universität Bonn hatte ich Ernst Robert Curtius gehört, im Elsaß geboren, deutscher Vater, Schweizer Mutter. Zur Vorbereitung meiner Doktorarbeit bei ihm weilte ich in Paris. Die großen Europäer dort wurden mir maßgebender als Professoren der Sorbonne: also André Gide, Paul Valéry, Jules Romains, so manche andere. In Paris fand ich schließlich den ersten engeren geistigen Kontakt mit Rom, weil mir Ernst Robert Curtius empfohlen hatte, eine Doktorarbeit über einen der größten Dichter Altroms zu schreiben, nämlich über den prophetischen Künder der Atomstruktur der Welt, über Titus Lucretius Carus.
Ich hatte also verschiedenartige Erbmassen und Umwelteinflüsse zu bewältigen, bevor ich mir sagen konnte: Du gehörst dahin oder dorthin. Kein Wunder, daß mich ein *übergeordnetes Bild* stärker ergriff als nur partielle Vorstellungen. Hinzu kam, daß die Vision einer besseren, zukünftigen Menschheit sich in mir früh schon mit der Idee eines geeinten Europas verbunden hatte. Doch in einer spezifischen Weise!
Im Rheinland, innerhalb des Limes also, fing mein Weg als Publizist und Schriftsteller an. Schon 1939 zog ich vom Rhein an den Tiber, als Korrespondent für deutsche Zeitungen. Da ich, außer Philosophie, Romanistik studiert hatte, war es zwangs-

läufig dazu gekommen, daß Rom und Italien stärker in meinen Blickwinkel getreten waren als etwa London oder Moskau, Peking oder Washington.
Doch kommt noch eines hinzu. Ich muß es wohl erwähnen, weil das Porträt einer Wahlheimat lückenhaft bleiben müßte, wenn man sich nicht bemühte, mit gebührender Zurückhaltung, zumindest einen Lebensumriß dessen zu geben, der sich schließlich aus persönlichen Gründen auf eine sozusagen nicht angeborene Heimat »fixierte«. Als ich zum ersten Mal nach Rom kam, war mir durch Lektüre wenigstens das Grundgefüge der Ewigen Stadt fast so vertraut wie Straßen, Plätze, Parks und Hügel der Kurfürstenstadt Bonn, wo ich studiert hatte. Ähnlich geläufig war es mir, in einem konkreten Wissensbild, wie die gotische Klosterstadt Mönchengladbach, wo ich mein Abitur gemacht hatte. Im wesentlichen fast so bekannt schienen mir ihre wichtigsten Bauten wie diejenigen der altrömischen Domstadt Köln, in der ich mich zum ersten Mal ernsthaft darum bemühte, mich schreibend einer bestimmten Umwelt auch aus beruflichen Gründen mitzuteilen. Immer mehr fesselte mich das Bild Europas, das in Rom vielfältige Wurzeln hat: also nicht nur politische, kirchliche und rechtliche, sondern auch moralische und ästhetische Ursprünge. Mehr als Paris, Berlin, London begann die Ideal-Vorstellung Rom mich zu verzaubern. Mir kam es bald vor, als sei Rom bzw. die europäische Rom-Idee tatsächlich der Oberbegriff für alle europäischen Sonderformen, von denen ich ja zu einem Teil in mir hatte. Ich schwanke heute nicht mehr vor dem bunten Panorama der Leistungen und Fehler einzelner Nationalstaaten Europas. Ich versuche sie, alle diese Nationalkulturen Europas, von einem historisch übergeordneten Blickwinkel, von einer nun modernen Rom-Perspektive aus, in einem Zentralpunkt zu vereinen. Doch sollte das für meinen Teil buchstäbliche Vaterland, das deutsche, die feste und bleibende Grundlage für diese Konstruktion bilden. Die Formel war bald gefunden: *Deutsch-europäer in Rom.* Schließlich hatte auch mein Bildungsweg in Deutschland begonnen. Dort war er beendet worden. Deutschen Schulen und Universitäten hatte ich viel zu verdanken. Es gab

die Familie, die Freunde. Die deutsche Ortung gleichsam war also selbstverständlich.
Eine Wahlheimat im Ausland führt oft zu Anpassungen, die Herkunftsmerkmale verwischen. So gibt es England- oder Amerikadeutsche, die den Typ des Gentleman oder des Businessman geradezu strapazieren, um nicht zu sagen karikieren. Ihre Sprache unterliegt meist schon rasch der englischen Sprechweise. Nicht selten geschieht es, daß Deutsche in angelsächsischen Ländern bald gebrochenes Deutsch mit fließendem englischem Akzent sprechen. Das ist in Italien, besonders in Rom, kaum denkbar. Meist behält der Ausländer, wie sehr er sich einer dortigen kosmopolitischen Gesellschaft einfügt, Grundzüge seiner Abstammung bei, wie kompliziert sie auch sein mögen, wie in meinem Falle. Man braucht also ein Gegengewicht, um sich in einem Ideal-Rom bewegen zu können. Gerade in Rom, so kommt es mir jedenfalls vor, wird ein abstrakter Kosmopolitismus blutleer und steril. Er gefährdet die Persönlichkeit. Er schwächt den Charakter ab. Für den Schriftsteller kann er sprachlich verhängnisvoll werden.
Nun, wie steht es aber mit dem sogenannten Ideal-Rom? Im Laufe der Jahre ergaben sich für mich folgende Strukturen, mit Licht- und Schattenseiten. Das Ideal-Rom setzt sich nicht nur aus humanistischen Images der Geschichte zusammen. Die Wahlheimat Rom fügt sich also nicht nur aus übernationalen Wertvorstellungen zusammen, die sich aus der vergangenen universalen Struktur der Urbs und des römischen Imperiums ergeben. Gewiß, die katholische Weltkirche versuchte schon vor dem II. Vatikanischen Konzil national begrenzte Denkweisen zu überwinden. Man sprach wieder von der Universalkirche, die sich von dem zu eng gewordenen lateinischen Rock befreien sollte. Außerdem wurde dann nicht nur ein Dialog mit den anderen christlichen Kirchen, sondern auch mit allen anderen Weltreligionen begonnen. Papst Paul VI. reiste nach Vorderasien, nach Ostasien, nach Nordamerika, nach Südamerika und nach Australien. Zweifellos erneuerte die römische Kirche damit die übernationale Konzeption des altrömischen Imperiums. Doch vollzog sich diese Grenzüberschreitung mehr im kirchlichen Rah-

men. Das gesellschaftliche Verhalten und das politische Denken eines großen Teils der Katholiken blieben davon vorerst noch unberührt, vor allem in Italien, wo der kleine Klerus besonders provinzielle Züge bewahrt und die Theologie ihren konservativen, sozusagen präkonziliaren Charakter längst noch nicht aufgegeben hat.

Maßgebend für die Grundelemente einer Wahlheimat in einem Ideal-Rom wird demzufolge das kosmopolitische Leben, das konkrete Milieu, das sich in der gesellschaftlichen Struktur Roms seit der Renaissance entwickelt hat. Dabei bleiben Gruppenerfahrungen einzelner europäischer Nationalitäten auch im Rahmen dieser spezifisch kosmopolitischen Gesellschaft auf Herkunftsbestimmungen bezogen. Tatsächlich hat es in Rom stets starke Ausländerkolonien gegeben. Die meisten von ihnen, gerade die deutschen, haben nationale Eigenschaften zu erhalten gewußt, doch meist auf der Grundlage eines weltoffenen Humanitätsideals nicht nur der Goethe-Zeit. Ich begriff es bald: Voraussetzung ist der Wille zu einem positiven Doppelleben: zur Beibehaltung eines ganz natürlichen deutschen Habitus, um nur von Deutschen zu reden; zur bewußten Rückverbindung mit deutschen Lebensbezügen aus Geschichte und Gegenwart, bei ständiger Bereitschaft zu kosmopolitischem Denken, zu übernationalen gesellschaftlichen, politischen und kulturellen Begegnungen.

Ich zog, von Anfang an, in Rom transnationale Gruppenbildungen vor. Ich fügte mich bewußt in eine kosmopolitische Umwelt ein, deren Gravitationszentrum das jeweils eigene nationale Empfinden, in besten Fällen freilich ohne jede Art von nationalistischer Ideologie, ist und bleibt. Eine Italianisierung ist demzufolge viel seltener als etwa eine Amerikanisierung.

Trägt Rom bzw. ein kosmopolitisches Ideal-Rom positiver Art zur Überwindung des Nationalismus bei? Dieses Problem habe ich jahrelang studiert. In knappster Form hier die Ergebnisse. Im Rom der Renaissance und des Barocks blieb für die maßgebende aristokratische und großbürgerliche Gesellschaft bis zum Ende des Kirchenstaats eine kosmopolitische Denk- und Lebensweise maßgebend. Der politische Nationalismus ist eine Erfindung des 19. Jahrhunderts. Er stammt aus Frankreich. Man sprach in Rom außer Latein Französisch und Spanisch, Englisch und Deutsch. Der Klassizismus schwächte unfruchtbare nationale Gegensätze in diesen Schichten, von Rom aus, in ganz Europa ab. Geschmack und Kunstformen, Lebensart und Dekorationsbedürfnis wurden von Lissabon bis Petersburg, von London bis München durch kulturelle Leitbilder Roms bestimmt. Das änderte sich schon mit dem Entstehen des italienischen Einheitsstaates. Die erste nationalliberale Monarchie schränkte den Rombegriff im Sinne einer nationalistischen Restauration ein. Ob man es wollte oder nicht: das humbertinische Rom war zwar wieder die Hauptstadt aller italienischen Regionen geworden, doch wurde es wieder provinziell, und zwar in fast allen Bezügen. Echten Kosmopolitismus im Sinne Alt-Roms und im Sinne der klassizistischen Aristokratie und Bourgeoisie fand man in den rund 50 Jahren der nationalliberalen Monarchie fast nur in diesen italienischen kosmopolitischen Kreisen Roms, sowie in den besten Spitzen der Ausländerkolonien.

Schlimmeres noch geschah unter dem Faschismus nach dem I. Weltkrieg. Jetzt wurde der einst universale Rombegriff uniformiert, in den Dienst eines hochtrabenden kleinbürgerlichen Imperialismus gestellt. Der Rom-Kult der Faschisten nahm, wie ich selber beobachten konnte, groteske Formen an. Ausländische Wörter wurden, wie man sagte, ausgemerzt. Dabei taufte man z. B. das lateinisch-französische »Hotel« in die Bezeichnung »Albergo« um, ohne zu ahnen, daß es vom germanischen »Herberge« stammt. Doch kam es unter diesem diktatorialen Nationalismus zu bemerkenswert konstruktiven Reaktionen. Gerade in Rom orientierten sich wachste Kreise der »Resistenza«, des antifaschistischen Widerstands in den bürgerlichen demokratischen wie sozialistischen Parteien, an europäischen Leitbildern. Der Druck der Gewalt erzeugte – noch unter der Herrschaft Mussolinis – die freiheitlichsten Diskussionen, die es seit der Renaissance in Italien gegeben hat. Außerdem war das Regime Mussolinis, bei aller Abgefeimtheit, nicht so brutal wie dasjenige Hitlers. Benedetto Croce, der Apostel des älteren echten kosmopolitischen liberalen Denkens, blieb ungeschoren. Der Sozialist

Nenni wurde durch eine Intervention Mussolinis vor dem Zugriff der Gestapo gerettet. Alcide De Gasperi, der konsequenteste Pionier eines christlich-demokratischen europäischen Denkens, konnte, wenn auch in der Verborgenheit, die Grundlagen für einen neuen Rechtsstaat vorbereiten. Bücher verbotener Autoren wurden in den Buchhandlungen zwar nicht ausgestellt. Man konnte sie aber ohne weiteres kaufen. In der tragisch-gefährlichen Abenddämmerung der Diktatur wurde, 1943 schon, in Rom Alban Bergs »Wozzek« in einer Inszenierung von Aurel von Milloss aufgeführt. In dieser Zeit, d. h. vor der Einnahme Roms durch die Alliierten im Juni 1944, lebten in Rom Tausende Intellektuelle aller Richtungen und aus vielen Ländern versteckt. In dieser Isolierung entwickelte sich die für neues europäisches Verhalten entscheidende Denk- und Lebenshaltung. Ich erlebte es allerdings, wie gerade diese Protagonisten einer neuen Welt fast 30 Jahre sich enttäuscht fühlten. Die EWG scheint ihr zu ökonomisch orientiert. Das Fehlen geistiger Leitbilder deprimiert. Der Gaullismus habe die politische Integration um eine Generation verzögert.

Damit befinde ich mich schon im Umkreis der jüngsten Gegenwart. Sind die Umstände in den Jahren 1960–70 für den spezifischen Charakter einer römischen Wahlheimat dennoch günstig geblieben? Das kann man zunächst ohne weiteres bejahen! Der Nachholbedarf an Weltläufigkeit war auch im nachfaschistischen Italien enorm. Autoren aus aller Welt wurden übersetzt. Angelsächsische und französische Einflüsse überwogen zunächst, dann schloß man sich auch deutschen Werten auf. Der deutsche Expressionismus, Brecht im Theaterwesen, Kirchner, Kokoschka, Grosz, Dix und andere in der Kunst hatten in keinem Lande Europas eine lebhaftere Nachwirkung als in Italien. Das dauert noch heute an. Das sogenannte Menschheits-Denken des deutschen Expressionismus löste gerade in Rom in Kreisen von Schriftstellern, Künstlern und Literaten lebhafte Diskussionen aus. Das gilt auch für eine experimentelle freiheitliche Philosophie und Soziologie. Der Frankfurter Soziologe Adorno steht auch nach seinem Tode in Kreisen der kritisch-gebildeten Linksintellektuellen Roms heute höher im Kurs als Sartre. Husserl wird höher gewertet als Russell. Die sog. moderne Theologie Deutschlands hat den Fortschrittlichen im Konzil mächtigen Auftrieb gegeben. Auch neue deutsche Autoren, die man in Rom zu einseitig als Nachexpressionisten bezeichnet, finden heute mehr Beachtung als neue Wellenreiter in Frankreich, England und Amerika: so Grass, Böll, Walser, Enzensberger. Sie werden nicht gerade aufmerksam gelesen. Aber sie gelten – mit prägnanteren Vorvätern wie Musil und den Brüdern Mann – als Pioniere auf dem Wege zur Entdeckung einer neuen Wirklichkeit.

Dieser Ausdruck, Wirklichkeit um jeden Preis, ist in Roms Intellektuellenkreisen zu einem Schlagwort geworden. Gemeint ist damit meist die Entblößung der auch in Italien oft maskierten, verkleideten sozialen Standortgebundenheit. Man wendet sich gegen eine pseudo-idealistische Verfälschung eher wirtschaftlich als geistig bestimmter gesellschaftlicher Machtpositionen. Tatsächlich haben derartige bloß konservative, machtpolitisch bedingte Tendenzen eines Klassenkampfes von oben zu heuchlerischen Rom-Konzeptionen Anlaß gegeben, zu einer unerträglichen pseudo-humanistischen Rhetorik. Bei aller berechtigten Kritik an diesem neobourgeoisen, in jeder Weise hohlen Rom-Kult begeben sich manche in die Gefahr, auch echte traditionelle und moderne Rom-Ideen zu vereinfachen bzw. ganz und gar zu übersehen.

Ich forschte dazu manche Literatur durch. Tatsächlich wurde das Wort Rom in der idealistischen Geschichtsschreibung nicht selten in einem zu einseitigen Sinne als Modell für Ordnungssysteme vorwiegend wirtschaftlich bedingter Herrschaftsformen benutzt. Daher die spöttische Reaktion, auch in internationalen Kreisen der heutigen Weltstadt, auf Klassik, Klassizismus, Idealismus, auf sog. absolute Werte, auf die Zuordnung von Staat und Kirche, sogar auf die Dialektik Religion und Privathaus, die für Alt-Rom wie für alle großen Kulturvölker der Vergangenheit so bezeichnend war. Doch sollte dies nicht, im Sinne meist typisch kleinbürgerlicher und kleingeistiger Revoluzzereien, dazu veranlassen, wie man gerade in diesem Falle trefflich sagen kann, das Kind mit dem Bade auszuschütten. Rom bedeutet mehr als nur Tradition, viel mehr als nur Vergangenheit. Der junge

Goethe, als er in Rom weilte, also durchaus noch kein vergreister Olympier, hat es besser gewußt. Rom bedeutete für ihn ständige Bewahrung, aber auch ständige Erneuerung. Eine bessere Formel für das historische Schicksal dieser Weltstadt kann man kaum finden.

Damit kann ich erneut zu persönlichen Ausgangspunkten zurückkehren. Meine Wahlheimat Rom erscheint mir aus allen diesen positiven und negativen Gründen heute wie eine mit äußerst energischem Leben gefüllte Experiment-Retorte, in der sich alle gegenwärtigen Menschheitsprobleme mischen, die aber immer wieder durch einen heute seltenen Katalysator zur Reaktion getrieben werden: durch das, bei allen kritischen Einwendungen, noch immer gültige, sagen wir es ruhig, existentielle Denkbild Roms, eine europäische Quintessenz.

Dieses Wort »Roma«, aus dem sich von hinten lesend »Amor« (Liebe) ergibt, war und bleibt ein Symbol für Spannungsverhältnisse, die in eine vor allem menschliche Einheit führen können. Mit Rom bleiben nicht nur Namen wie Cäsar und Augustus, Virgil und Horaz, Thomas von Aquin und Michelangelo verbunden. Herausfordernde Revolutionäre wie Lukrez und Catalina, sensible Humanisten wie Seneca und Ovid, von Angstträumen geplagte nervös-moderne Dichter wie Catull und Tibull entstammen dem Umkreis dieser rätselhaften Sieben-Hügel-Stadt am Tiber. Gerettet wurde sie vor vielleicht endgültigem Einsturz durch zwei der größten Liebesverkünder dieser Welt, durch Franziskus von Assisi und Johannes dem Dreiundzwanzigsten.

Roma – Amor. Es wäre banal, die sogenannten Ordnungsvorstellungen der Rom-Idee nur aus Gesetz, Zwang, Macht, Staat, Rechtsnormen abzuleiten. Die Friedensidee des Augustus, die fundamentalen Begriffe der römischen Rechts- und Tugendlehre gehen vor allem von einer *Rücksicht auf den Nächsten aus*, von der Würde der stets unverwechselbaren *Einzelperson*, von ihrem berechtigten Anspruch auf Freiheit, Sicherheit also von einer Vorstellung des Kosmos, in dem nicht die Erde oder die Sonne, sondern der Mensch Mittelpunkt bleibt. Dazu kann man noch – wie lange noch? – Liebenswürdigkeit und Höflichkeit anführen, die Anmut des wohlwollenden Lächelns; alles Manifestationen einer Lebensform, die, wie in Japan, in einem sehr konkreten Sinne Ausdruck einer wirklich gelebten hohen »civiltà« sind. Doch, es sei die Frage wiederholt: »Wie lange noch?« Die Vulgarität der modernen Konsum-Gesellschaft kennt offenbar keine Grenzen mehr. Die richtig verstandene »Gentilezza« hat einen metaphysischen Hintergrund wie die charmante Höflichkeit der Japaner, wenn sie echt ist. Höfliche »civiltà« kann man nicht unmittelbar ins Deutsche übersetzen. Goethe hätte vielleicht gesittete Weltläufigkeit gesagt. Er schrieb: »Was wäre Rom ohne die Liebe?« Heute kann man fragen: Was würde aus Rom, was aus Europa werden ohne die Grazie seiner alten »civiltà«?

Ich muß, mit vielen anderen in Rom lebenden Ausländern, sagen, daß immerhin eine gewisse *Ordnung der Rücksicht* auch in der heutigen, inzwischen auf eine Vierzehn-Hügel-Stadt angewachsene größte Metropole des Mittelmeeres erhalten geblieben ist; wie auch immer bedenklich die Verrohungen, Verpestungen und Vermassungen durch heutige Verkehrsentwicklungen und durch das neue Termitendasein in den fürwahr entsetzlichen Halbwolkenkratzer-Vorstädten geworden sind: wie auch immer fragwürdig politische Ideologien aller Himmelsrichtungen in ihrer noch immer allzu starken Gebundenheit ans 19. Jahrhundert erscheinen mögen. Neue Kräfte regen sich neben alten. Fleiß und Erfindungsgeist des freien Unternehmens sind enorm. Und selbst das Traumbild einer »programmatischen« Zusammenarbeit von demokratischen Katholiken und demokratischen Sozialisten, zugunsten humanitärer Ziele, könnte sogar für die europäische Integration auf nun nicht mehr pharisäischer klerikaler, sondern auf echter sozialer und einwandfreier demokratischer Grundlage vorbildlich bleiben, falls diese Wunschvorstellung wirklich einmal greifbare, konkrete Wirklichkeit werden sollte. Und allen bekannt sind die neuen Leistungen Italiens auf den Gebieten der Architektur, Kunst, Literatur; der Atomphysik, der Medizin; nicht zu vergessen des Films und der Mode. Diesen Optimismus in bezug auf ein heute noch schöpferisches Wirken eines vielfältigen Rom-Ideals im europäischen Sinne finde ich immer wieder in Gesprächen mit italienischen Persönlichkeiten, mit denen ich aus beruflichen Gründen zu tun habe: mit Schriftstellern, Publizisten, Künstlern. In ihrer eigenen Umwelt kranken sie an Cliquen-Geist, an kultureller Mafia, an der Piraten-Mentalität des heutigen Kulturbetriebs. Innerhalb der kosmopolitischen Gesellschaft Roms finden die meisten Vertreter des heutigen italienischen Geistes allerdings eine auch eigene Freiheit und Großzügigkeit, die sich in den liebenswürdigsten Umgangsformen kundtun kann. Nicht auszuschließen sind auch die vielen Akademien und Kulturinstitute Roms, gerade die deutschen, die heute, von allzu verengten Kirche-, Küche-, Kinder-Kulturvorstellungen befreit, auch den europäischen Antikonformismus in angemessener Weise zur Geltung bringen.

Die Wahlheimat Rom ist also, und das ist das Entscheidende, weder geographisch noch historisch eingeengt. Sie steht in dem sozusagen unendlichen Spiegel-System, das mich in manchen Friseurläden immer wieder beeindruckt hat. Man sitzt zwischen zwei riesigen Spiegeln und sieht von sich und von seiner Umwelt kein Ende, weiß aber doch, daß man auf festem Boden in einem begrenzten Raum steht. Vielleicht weicht man daher allzu orts- und zeitbestimmten Engagements aus. Vielleicht wird man in zu liebenswürdiger Weise, trotz aller Schockreaktionen durch neue, allzu brutale technische Umweltverhältnisse, dazu verführt, Tagesparolen, sich selbst verabsolutierende Politiker-Figuren, allzu eitle Künstler und allzu emsige Literaten in einem nicht immer gerechten Blickwinkel der »Ewigkeit« zu sehen. Wie auch immer: das typisch europäische Doppelleben in diesem unendlichen Spiegel-System Roms macht einem das, was man Innenleben nennt, vielfach leichter. In Rom haben die Psychoanalytiker wenig Glück. Man hat zu viel Vergleichsmöglichkeiten, um jede mehr oder weniger große Ich- oder Menschheitskatastrophe gleich als Weltende anzusehen. Andererseits begibt man sich in die Gefahr, bloße Spiegelungen als Abbildungen des *wirklich* Absoluten anzusehen; auf zu hoher Warte stehend zu verneinen, man sei dem niedrig sich stets Verändernden endgültig entronnen.

Dennoch gleicht die römische Wahlheimat einer fast konkreten

Utopie aller Europäer, die, wie Erasmus von Rotterdam und Goethe, in einem ebenso idealen wie konkreten Reich persönlicher Entwürfe lebten, die also das spezifische Doppelleben führten, zu dem heute noch jeder verurteilt zu sein scheint, der seine wie auch immer geartete Lebensvorstellung mit der Wirklichkeit nicht versöhnen kann. Aus dieser Spannung kann an einem Ort wie Rom Gutes erwachsen, weil dort Spannungen dieser Art eine vitale, dramatische Intensität bewahrt haben, vielfach unter der täuschenden Decke vermeintlicher Indolenz. Geringerem, äußerst Fragwürdigem begegnet man, wenn in dieser wohl noch immer monumentalen Umwelt ausgewichen wird in eine phantasie- und geistlose Dolce Vita, in ein nun nihilistisches Wohlstandsgebaren, das melancholische Hetären-Bindungen an berüchtigten Vergnügungsboulevards nicht nur mit Orgien spätrömischer Imperatoren, sondern nun auch mit dionysischen Rausch-Mysterien verwechselt. Mißverständnisse dieser Art gibt es jetzt überall.

Wer sich Rom als Wahlheimat erkoren hat, muß also darauf achten, daß er ein konstruktives Doppelleben im obigen Sinne führt, dabei aber kein Rom-»Schizophrener« wird. Von dieser Sorte gibt es in der Stadt der Kaiser und Päpste, der Dichter und Künstler mehr als genug. Sie leben nur in Vergangenheiten oder nur in Gegenwärtigkeiten, manche sogar nur in neuen Pop-Art-Zukünftigkeiten. Das Nur-Leben-in-Etwas wird in Rom rasch verhängnisvoll. Jeder kann, darf und sollte sich aus dem riesigen Rom-Kreis ein Segment herausschneiden. Er sollte nur nicht dem Wahn verfallen, er habe damit auch den ganzen Kuchen verdaut. Wenn jemand eine kulturelle Gastronomie schreiben sollte, so müßte er Rom als die anstrengendste Großstadt der heutigen Welt bezeichnen, weil sich dort niemals etwas vor bloßen Hintergründen und in bloßen Vordergründen abspielt. Alles und jedes bleibt diesen Doppel-Spiegelungen verhaftet. Alles, was menschlich echt ist, kann aber, mit auch doppeltem Gewinn, aus diesem stets Un-Verhängten hinausführen.

Diese Wahlheimat unterliegt 1970 Normen der Dynamik, nicht der Statik. Sie ist schön, im Sinne der schrecklichen Engel. Leicht ist sie nicht. Rom lebte bisher vorwiegend in den beiden Zeit-

dimensionen der Vergangenheit und Gegenwart. Heute bereitet sie, als neuer Schmelztiegel ganz und gar verschiedenartiger geistiger Werte, eine Brücke der Zukunft vor. Roms Gesetz in seinen besten Zeiten von gestern wie heute heißt Ausgleich, Befriedigung der Gegensätze. Das bereitet sich auf politischem Gebiet durch eine Art von Realpolitik auch im Innern vor; in geistiger Hinsicht durch die Tendenz, Extreme durch einen kritischeren Persönlichkeitsbegriff zu vereinen; religiös durch das Streben nach Rückgewinnung einer neuen Elementarität des Glaubens. Kaum in einer anderen Metropole der heutigen Welt bereitet sich, meine ich, vielfach so unscheinbar, daß man es im Wohlstandstaumel von heute nicht deutlich sieht, das vor, was Max Scheler einmal »Zeitalter des Ausgleichs« nannte. Gegenwärtig krankt die Stadt selbst an oft unerträglichen Übergangserscheinungen. Sie gleicht einem end- und zeitlosen Schlachtfeld. Sie hat Ruinen genug, aber sie droht sich in ihrem jetzigen Dasein ununterbrochen neu zu ruinieren. Was wird daraus werden? Schöne Wahlheimat, schreckliche Wahlheimat. Wir sagen: »Alles schmerzlicher, notwendiger Übergang.« Das ist richtig. Doch sollten alle Übergänge – gerade in Rom – auf das zentralrömische Ideal eines historischen Bewußtseins *und* eines phantasievollen Futurismus gerichtet bleiben. Noch immer heißt es: maßvolle Humanität, auch wenn so viele sagen, Worte wie Humanismus und Humanität seien bloß ideologische Begriffe der sog. »repressiven Toleranz« von klassenkämpferischen Oberklassen. Das ist purer Unsinn. Die »Humanität« hat es mit *allen* Menschen zu tun. Sie findet kein höheres Symbol als im Worte »Roma«. Wenn Rom dieses Sendungsbewußtsein verlieren sollte, würde Europa ein kulturhistorisches Erdbeben erleben, durch das alle seine Werte zusammenbrechen würden. Die geschichtliche Stunde der anderen Hemisphäre wäre gekommen.
Ich bin mir natürlich bewußt, daß die klassisch-antike Rom-Politik für eine auch politische und kulturelle Integration Europas *allein* nicht mehr vorbildlich werden kann. Das große Einigungswerk der besten Imperatoren Alt-Roms setzte die Vorherrschaft der Urbs voraus. Sein Grundzug war imperialistisch, auch wenn eine föderalistische Liberalisierung später zu einer

Auflockerung des Zentralismus führte. Doch wurde keineswegs das Autoritätsprinzip reduziert. Dieser imperialistische Etatismus ist seit Karl dem Großen viel kopiert worden, auch von den späteren Nationalstaaten, und zwar oft in verhängnisvoller Weise. Nein, diese Rom-Idee bietet uns heute kein Modell mehr, wenn wir von europäischer Integration sprechen, denn diese schließt ja die Hegemonie eines Einzelstaates aus!

Ich persönlich z. B. möchte vom Rom-Kult unter falsch verstandenen preußisch-wilhelminischen Vorzeichen nichts mehr wissen. Für alte und neue imperiale Staatslenker ist Rom, das Bild der größten militärischen Organisation der Antike, oft ein Verführungsbild gewesen. Die allzu vordergründige Auffassung Roms einer bloß scharf strukturierten Macht hat in manchen Kreisen nicht nur Deutschlands mehr Unsegen als Segen gestiftet. Paris, London, Madrid, Portugal, das zweite und dritte deutsche Reich, Länder im Nahen und im Fernen Osten Europas standen und stehen noch unter der Zwangsvorstellung der bloß imperialen Rom-Idee. Das typisch Humane, das tief Menschliche des wahren Rom-Gedankens blieb verdrängt.

Wir wollten von Rom als von einem Maßstab des Menschlichen sprechen. Abgrenzen möchte ich mich also im vorhinein von allzu stramm pseudo-idealistischen Mißverständnissen. Anläßlich früherer Rom-Kulte entfernen wir uns von nur konservativen, imperialistischen, nationalistischen und pseudoliberalen Ideologien. Wir sehen das Doppelgesicht Roms in der Geschichte, den allzu grellen Macht-Glanz und die daraufhin unvermeidliche Dekadenz. Der Zerfall aber offenbart uns unmittelbare menschliche Werte mindestens ebenso wie die im Grunde seltenen Augenblicke einer blendenden Vollendung – im Schutze der Legionen. Gerade durch diese Doppelvision von Zerfall und Erfülltheit kann die viel besprochene Rom-Idee vertieft werden. Modernere, uns geläufigere Symbole gehen daraus hervor.

Mich fasziniert Rom immer wieder, weil ich mich auch angesichts dieses ständigen Werdens und Sterbens vor einem einzigartigen Erneuerungswillen befinde. Glanz, Tod und Wiedergeburt folgen einander seit jetzt mehr als zweieinhalbtausend Jahren. In diesem Sinne kann man von einem spezifischen römischen Daimonion sprechen, von einer unerhörten Erneuerungs-Energie mitten in häufigen Prozessen der Vermorschung und Auflösung, und zwar durch die Kraft und Freiheit des Menschlichen und des Menschen, der nicht nur »Staat«, sondern auch »Ich« sein und bleiben will. Goethe war einer der wenigen, die Rom nicht als Symbol der Macht sahen, sondern als Gleichnis vor allem der potenten Renaissancen. Seine Rom-Idee hatte einen vitalistisch-optimistischen Charakter in bezug auf den Einzelmenschen und auf seine persönliche Selbständigkeit.

Und davon, von diesem positiven spirituellen Energetismus Goethes war auch mein Lehrer Ernst Robert Curtius entscheidend beeinflußt worden, wenn er Rom als ein Gleichnis für die Regenerations-Fähigkeit Europas ansah. Insofern können wir die Rechtsordnung, die das pagane Rom der Welt schenkte, und die Prinzipien von Glaube, Hoffnung und Liebe, die das christliche Rom mit Hilfe der griechischen Philosophie zu einem theologischen System ausweitete, trotz mancher problematischer Verkirchlichung, noch immer als Grundphänomene unserer gesamten europäischen Kultur ansehen. Die Gedanken-Energie des römischen Rechts und der gläubige Titanismus Michelangelos, sie sind und bleiben für den Westen wie für den Osten Europas unvergeßliche Leitbilder für äußere und innere Ordnung im Lebensbereich des Menschen, Leitbilder gegen die dämonischen Selbstzerstörungs-Instinkte im Menschen selber. Gläubige und Ungläubige, Mystiker und Skeptiker, Fanatiker und Rationalisten, Romantiker und Realisten, sie alle bleiben von der spirituellen Potenz Roms fasziniert, trotz aller Untergangs-Thesen und Verfallserscheinungen, von denen wir hören und die uns umgeben. Die echte Archetypik Roms als Spannungsfeld zwischen Vollendung und Untergang, auf dem die Regeneration oder – wenn man will – die Renaissance jederzeit wieder möglich ist, wie könnten wir etwas aufgeben, das uns bereits besitzt! In einem solchen Weltbild ist kein Platz für seichten Optimismus und für flügellahmen Pessimismus. Stoischer Realismus und christliche Zuversicht vereinen sich in einer illusionsfremden Synthese von Größe und Elend des Menschen, zum geistigen Dennoch eines Erzlateiners wie Pascal.

Zwangsläufig führte das Thema »Europa persönlich – aus römischer Perspektive« zur Konstruktion eines Vorstellungs-Geflechts auch überpersönlicher Art. Doch ergab sich dies aus langjähriger eigener Erfahrung. Rom stellt eine welthistorische »Herausforderung« dar. Die »Antwort« darauf kann deswegen nicht nur subjektiv sein. Sie muß naturgemäß auch Teil eines weit ausgebreiteten Weltbildes sachlicher Art werden, wie der einzige Universal-Historiker unserer Epoche, Arnold Toynbee, es uns dargestellt hat. Die welthistorische Dialektik von »challenge« und »response«, die er für das Entstehen, Vergehen und für die Erneuerung aller Weltkulturen verwendet, ist gewiß durch seine tiefe Kenntnis der Metamorphosen Roms – auch in den späteren Nationalkulturen Europas – angeregt worden. Deswegen konnte er in seinen Lebenserinnerungen schreiben: »Ich glaube, daß die ›Eine Welt‹ unmittelbar bevorsteht und daß das Leben der Menschheit im 21. Jahrhundert in allen seinen Aspekten und Tätigkeiten eine neue Einheit bilden wird.« Das ist römisch-europäisch gedacht, jenseits der imbezillen Macht-Kulte im Namen des imperial-politischen Rom von einst, die bis zum II. Weltkrieg der Eroberungs- und Kolonialpolitik der Deutschen, Franzosen, Engländer und Italiener, aber auch der Holländer, Belgier, Dänen und Schweden, ihren ideologischen Anstrich gegeben haben, um nur von diesen zu reden.

Man wird mich jetzt fragen, ob ich den Optimismus von Toynbee bzw. Scheler in bezug auf übernationale Zusammenschlüsse im 21. Jahrhundert teile. Mir scheint es, als ob in den USA, in China, in der Sowjetunion und sogar in Japan, solche Visionen nicht mehr als bloße Phantasmen begutachtet werden. Das föderalistische Einigungswerk der USA und der Sowjetunion ist – historisch-ideologisch gesehen – altrömischen Ursprungs. Ihr »privates« Einigungsziel haben sie längst erreicht. Europa aber? Solange die Politiker der heutigen Gemeinschaft der Neun vorwiegend merkantile Ziele im Auge haben, soziologische Ratgeber nur als Marktforscher ansehen und philosophische und literarische Stimmen als lästige Nebenerscheinungen verdrängen, wird Europa nachhinken, gerade indem es sein ihm eigentlich besonders angemessenes ethisches Rom-Modell zum großen Teil

aus barbarischer Unbildung außer acht läßt. Das gilt vor allem für Frankreich, bis Hitler galt es noch für Deutschland. Hingegen hat England eine größere Erfahrung mit föderalistischen Unionen, auch wenn das Commonwealth vor allem von der Macht-Idee Alt-Roms bestimmt war, und es ging dies so weit, daß die britische Krone ihre Urahnen in römischen Mythen suchte.
So bleibt zum Schluß ein persönliches Fazit nach manchen Begegnungen mit »westeuropäischen« Staatsmännern und Diplomaten in Rom, Paris, London, Brüssel und anderswo: Noch immer überwiegt das nationalstaatliche Denken, am meisten jetzt wohl bei den Franzosen, im Namen eines fürwahr reizlosen pseudo-europäischen Merkantilismus. Mit manchen von ihnen sprach ich über sozusagen geistige Backgrounds zur so lang erwarteten Integration. Ich nannte Dante, Vico, Erasmus, Leibniz, Voltaire, Goethe, Burckhardt, Ranke und so fort bis Coudenhove-Kalergi. Dazu manche buchstäblich verzweifelte Dichter, Schriftsteller. Auch vergaß ich nicht, auf die – was Europa-Einheit angeht – betrogene Jugend einzugehen, die angeblich an nichts mehr glaubt, weil die sogenannten Herren ihrer Geschichte offenbar nur noch nationalwirtschaftliche Macht meinen, wenn sie das Wort Europa in den Mund nehmen. Für viele dieser Lenker unserer Schicksale sagte einer: »Wer hat denn noch heute Zeit zum Lesen. Wir haben es vor allem mit Zahlen zu tun.« Wie soll sich da in falschen Rom-Vorstellungen eine Wandlung ergeben?

Thilo Koch
Am Parnaß und später

Die Wagenkolonne stockte, nachdem wir den Parnaß hinter uns hatten. Ich schaltete den Motor des Hanomag ab. Der Funktruppführer stieg aus, um zu sehen, was los war. Ich versuchte, meine verstaubte Brille zu putzen, mußte niesen, denn es war Mai, und ich hatte Heuschnupfen. Die braune Wolke, die die Räder der Fahrzeuge und die Ketten der Lafetten aufgewirbelt hatten, verflog. Wir hielten in einem breiten Hohlweg, der von Pinien und Zypressen grün gesäumt war. Der Zufall wollte es, daß mein kleiner Kübel gerade an einer Stelle stand, von der aus man die ganze Stadt weit dort unten liegen sehen konnte. Die Stadt, weiß und hellgelb, und dahinter sehr blau, indigoblau das Meer. Mitten in dieser Stadt und ein wenig über ihr wie eine Krone: die Akropolis. Das flimmernde, heiße Sonnenlicht vergoldete, so wollte mir scheinen, diese Krone. Die Kolonne setzte sich wieder in Bewegung. In wenigen Stunden würden wir die griechische Hauptstadt erreicht haben – erobert, es war 1941, ich zählte zwanzig Jahre.

Mein erster Blick auf Athen war zugleich mein erster Blick aufs Mittelmeer gewesen. Dieser Augenblick drang ungewöhnlich tief ins Bewußtsein; er ist, die dreißig Jahre seither, so lebendig in der Erinnerung geblieben, wie wenig anderes sonst. Warum? Es war, als hätte ich auf diesen Augenblick schon lange, schon immer gewartet. Möglich, daß sich hier plötzlich Gymnasiastenträume erfüllten. Ich hatte meine Hölderlin-Jahre gehabt, »Hyperion oder der Eremit in Griechenland« mehrmals gelesen. »Ich verspräche gerne diesem Buche die Liebe der Deutschen«, beginnt es, und der erste Satz des Ersten Buches heißt: »Der liebe

Vaterlandsboden gibt mir wieder Freude und Leid«. Hyperions »elegischen Charakter« hatte ich als meinen eigenen empfunden. Was ich aber 1941 mitbrachte nach Griechenland – gleichviel unter welch seltsamen Umständen –, das war dies aus der Vorrede zum Hyperion: »Von früher Jugend an lebt ich lieber, als sonstwo, auf den Küsten von Jonien und Attika und den schönen Inseln des Archipelagus, und es gehörte unter meine liebsten Träume, einmal wirklich dahin zu wandern, zum heiligen Grabe der jugendlichen Menschheit. Griechenland war meine erste Liebe und ich weiß nicht, ob ich sagen soll, es werde meine letzte sein.«

Einer meiner Englischlehrer war auch ein Griechenland-Schwärmer und brachte uns den Lord Byron näher, der 1824 in Griechenland starb, wo er am Freiheitskampf gegen die Türken teilnehmen wollte. Goethe setzte ihm ein literarisches Denkmal in der Gestalt des Euphorion im Zweiten Teil des Faust. Die Sagen des klassischen Altertums waren mir in der deutschen Nacherzählung von Gustav Schwab zuerst bekannt geworden. Prometheus, die Argonauten, Herakles, Theseus, Ödipus, Agamemnons Geschlecht und all die trojanischen Verwicklungen um Helena und bis zu Odysseus, in dem ich – weit eher noch als im Hyperion oder in Byron – eine Figur sah, mit der ich mich gern identifiziert hätte.

Dies war wohl das eine. Das andere mochte die ewige Sehnsucht des Germanen nach dem Süden, der Zug zum Mittelmeer sein. Wären denn die Völkerwanderungen, die erstaunlichen, wären die Züge der Sachsenkaiser und Staufer ohne diese Sehnsucht erklärbar? Hellas selbst war ja entstanden, indem von Norden kommende indogermanische Stämme sich mit der ansässigen Bevölkerung mischten, die ihrerseits mit West-Kleinasien kulturelle Beziehungen hatte. Hinzu kam bei mir gewiß Sentimentales, Kindliches oder auch Kindisches. Im Schlafzimmer meiner Eltern hatte – wie in vielen bürgerlichen Schlafzimmern dieser Generation – eine Reproduktion der »Toteninsel« von Böcklin gehangen. Diese ernsten dunklen Zypressen ragten früh in meine Träume hinein. Welche Nymphen und Helden mochten wohl in ihrem Schatten ruhen und tändeln, baden und Lethe trinken?

Der Götterhimmel Homers war mir mit Zwanzig vertrauter als der Götzenhimmel der politischen Ideologen, die mich in einen Krieg schickten, der auch Griechenland vereinnahmte.
Athen fiel fast kampflos und unversehrt in unsere Hand. Ich stieg am ersten freien Tag, in meiner unsinnig dicken deutschen Uniform, mit viel zu weiten Knobelbechern, rutschendem Koppel, total verschwitzt zur Akropolis hinauf. Der kleine Nike-Tempel rechts vor den Propyläen gefiel mir gleich am besten, und so blieb es. Später wies mich ein kunsthistorisch gebildeter Studienrat in unserer Batterie darauf hin, daß die griechische Säule in der Vertikale eine leichte, kaum sichtbare Wölbung habe; dadurch bekomme sie einen gespannten, kraftvolleren Umriß. Die Schönheit einiger Spuren des alten Griechenland traf mich so unmittelbar, daß ich manchmal wahrhaft atemlos davorstand. Um so mehr irritierte mich und mißfiel mir alles Neugriechische: die Korruption, das Ewig-Kaputte, der Schmutz, die levantinische Doppelbödigkeit. Nach der klassischen Zeit und der Zeit des Hellenismus waren die Griechen unter römische Herrschaft geraten, im byzantinischen Reich war Griechenland eine unbedeutende Provinz, dann wurde es eine Beute der Venezianer, und schließlich kamen die Türken. Einer der einheimischen Führer, der für ein paar Drachmen gern interessierte Soldaten zu den Tempeln führte, demonstrierte, wie die türkischen Kanonenkugeln die Akropolis in Trümmer gelegt hatten. Fast vierhundert Jahre lebte diese europäische Urregion, lebten die Griechen, unter der Fremdherrschaft nichteuropäischer Mohammedaner. Das prägte, das verdarb viel.
Wir richteten die Funkstelle in einem rosagetünchten Haus ein, das auf einem überhängenden Felsen stand. Unter uns, vor uns der Saronische Golf mit der Insel Ägina im Süden, Salamis im Westen. Der Enthusiasmus, mit dem ich die Sonne begrüßte, wenn sie über dem Hymettos aufging und meine Nachtwache beendete, war grenzenlos. Ich schlief wenig, weil ich nichts verpassen wollte von den Farben am Himmel und über dem Meer, bei Tag und in den Nächten. Vielleicht übertrug sich etwas von dieser Hochstimmung auf das Mädchen, mit dem ich eines Abends vor der Tür unseres Hauses ins Gespräch kam. Ins Ge-

spräch? Wir radebrechten französisch, lachten viel und am beredtesten sprachen ihre Augen. Sie trug Holzsandalen, die auf dem Trottoir lustig klapperten. An den folgenden Abenden hörte ich sie immer schon von weitem. Ihr einfaches schwarzes Kleid mit dem weißen Kragen zeigte an, daß sie noch in die Schule ging.
Miranda mußte vorsichtig sein. Ich war ein Besatzer, ein Feind. Dennoch war sie es, die einen Weg fand. Eine alte Frau steckte mir ein Briefchen von ihr zu, und darin hieß es nur schlicht »Je t'aime«. Wir trafen uns nun an jedem Abend, wenn ich keine Wache hatte, an einer bestimmten Stelle über der felsigen Steilküste. Die Nächte waren warm, der Thymian duftete, Orion stand zuverlässig am Himmel, ich war glücklich. Gern hätte sie mir ihre Stadt Athen gezeigt, in die sie täglich fuhr, ins Lyzeum. Aber in welchen Ruf wäre sie gekommen, an der Seite eines uniformierten deutschen Soldaten? So konnten wir nie gemeinsam zur Akropolis gehen. Wir beschlossen, das nachzuholen, nach dem Kriege. Eines Tages mußte ich ihr sagen, daß wir den Befehl bekommen hatten, uns einzuschiffen – nach Kreta. Am letzten Abend trug sie ihr hellblaues Sonntagskleid. Wir waren ebenso glücklich wie traurig. Alles, was ich in ihren schwarzen Augen zu lesen glaubte, verstand ich so tief wie noch gar nichts bis dahin. Mein Griechenland- und Mittelmeererlebnis war nun auch ein Miranda-Erlebnis. Sie hatte es personifiziert, hatte die Träume und Bildungsbruchstücke mit Leben erfüllt. Ich dachte nun auch über Neugriechenland anders, verstand das »avriomesavrio« (morgen oder übermorgen) ein bißchen besser.
Das folgende Jahr auf Kreta war ein Vertiefen durch Erinnern. Wieder lag die Funkstelle unmittelbar an der Küste. Die war hier flach mit sandigem Strand, gleich östlich von Iraklion. An genau diesen Strand, im Sommer brennend heiß, hatte Zeus als Stier vielleicht Europa getragen, dem türkisblauen Meer entsteigend, um sie hier zu lieben, mit ihr den Minos zu zeugen. Kreta war, ich sollte es genauer erfahren, nicht nur das mythische Beilager des Götterchefs und der Tochter des Phönix gewesen; Kreta kulturhistorisch durfte als Wiege des Erdteils Europa gelten. In Knossos lag ich um die Mittagszeit unter hohen Eukalyp-

tusbäumen, in denen laut die Grillen zirpten. Das mochte vor drei- oder vier- oder fünftausend Jahren genauso gewesen sein, als Ariadne just hier mit einem Wollknäuel den Theseus aus Athen vor dem Minotaurus rettete, der im Labyrinth auf ihn lauerte. André Gides »Theseus« ist die schönste Nacherzählung der Story, die ich kenne. Kreta war Athen damals tributpflichtig, und während von Norden die Griechen nach Iraklion segelten, kamen von Südost die Ägypter zur Insel. Kreta war eine Brücke zwischen Afrika/Asien und Europa in diesen frühen Jahrtausenden, über denen ein düsterer mythischer Glanz liegt, bis sie sich im Dunkel der letzten Kunde verlieren.

Auf meinem Knossos-Hügel empfand ich, wieviel Europäisches aus dem Osten gekommen sein mußte, aus dem Nahen oder Mittleren jedenfalls. Auch das Christentum ja. Und alles gelangte übers Mittelmeer zu uns. Zu uns? Hatten wir Nordländer, wir Mitteleuropäer überhaupt sehr viel zu tun mit den mediterranen Europäern? Waren deren Beziehungen zu den Völkern der afrikanischen und kleinasiatischen Gegenküsten nicht eigentlich enger? Schon durch die Siegeszüge der Mauren und später der Türken, durch die Jahrhunderte des Osmanischen Reiches. Stand nicht auch Miranda dem Orient näher als Deutschland, Europa? Waren ihre Augen nicht orientalische Augen? Immerhin lernte sie französisch. Und sie haßte Istanbul. Die Akropolis war von den Türken zerstört worden; die europäischen Nationen hatten sie restauriert. Die Begeisterung für den griechischen Freiheitskampf kam von Norden, vom Kontinent her, aus England, Deutschland, Frankreich, Italien.

Es war die westliche Welt gewesen – Europa und Amerika –, die mit einer Intensität ohnegleichen die Antike, das Erbe der Griechen und Römer, in sich aufnahm, bis ins Lächerliche kopierfreudig: jede Bank, die auf sich hielt, steckte ihre Hauptverwaltung in eine Tempelnachahmung mit dorischen oder korinthischen Säulen, Giebel und Fries. Als gebildet konnte seit dem Jahrhundert des Humanismus nur gelten, wer die großen griechisch-römischen Schriftsteller im Urtext las. Nein, kulturell hatte man gerade noch hier auf Kreta die Füße auf europäischem Heimatboden. Südwärts blickte man hinüber zum sehr fremden

Afrika, zum sehr fremden Kleinasien. Das Europäisch-Vertraute lag nordwärts, erster überzeugender Ankerplatz, wenn man von Kreta kam, war Athen.

Bei Haifa, auf dem Karmel, sitze ich in einem Wiener Café und esse Kranzkuchen. Sind die Juden Europäer? Die Israelis stammen zum größten Teil aus europäischen Ländern, sofern sie die Pogrome und Hitler überlebten. Aber nach Europa waren sie einmal aus Israel gekommen, auf den seltsamsten Umwegen zwar, aber doch: aus dem Nahen oder Mittleren Osten. Nun bauten sie zwischen Golanhöhen und Sinaihalbinsel diesen westlichen Brückenkopf auf. Mit US-amerikanischem und westeuropäischem Kapital und Knowhow entstand in der äußersten Ecke des östlichen Mittelmeers, mitten im Orient, ein Stück Okzident. Kein Wunder, daß die Araber diese unorientalisch funktionierende Zivilisation Israels als Fremdkörper empfinden. Konrad Hilton hat auch in Istanbul, Teheran und Kairo seine Hotels errichtet. Dort wirken sie fast komisch deplaciert zwischen Moscheen und Basaren oder gänzlich am Rande der Stadt wie in der Metropole Irans. Tel Aviv, Haifa sind Städte, die auf einen ersten Blick von See her oder aus der Luft auch an der Küste Kaliforniens liegen könnten. Das gilt freilich ebenso für Beirut; westlicher Lebenszuschnitt infiltriert mehr und mehr die großen Städte in aller Welt, auch rund ums Mittelmeer. Dennoch, Israel ist, was immer es sonst noch sein mag, doch auch eine sehr ausgesprochen westliche, europäische Exklave im arabischen Einzugsgebiet. Ohne sein westeuropäisch-US-amerikanisches Hinterland stünde Israel auf verlorenem Posten.
Dieser verlorene Posten ist freilich oft in der Geschichte ein europäischer Posten gewesen. 1949 sitze ich im Wartezimmer in einer Klinik in der Lentze-Allee in Berlin-Dahlem. Meine Frau bekommt hier unseren Sohn. Wäre ein Eingriff erforderlich, müßte der Arzt beim Schein eines Propangasstrumpfes operieren, notfalls bei Kerzenlicht. Westberlin hatte Stromsperre, die Russen wollten uns durch eine totale Blockade, die ein Jahr dauerte, in ihre Hand bekommen. Die zwei Millionen Westberliner blickten fast ohne Ausnahme mit Vertrauen auf die Luftbrücke. Wir nah-

men Dunkelheit, Kälte und knappe Kalorien in Kauf. Russisch werden oder sowjetisch, das war so etwas wie »die Türken kommen« während der Türkenkriege im 16., 17. und 18. Jahrhundert. Ein Gefühl des namenlosen Schreckens, eine instinktive Gegenaggression waren damit verknüpft. Dies hatte sicherlich zu tun mit dem deutschen Schuldbewußtsein gegenüber den Russen (und Polen), wegen der Greuel im Zweiten Weltkrieg. Es hatte auch zu tun mit dem Gegenterror, der an uns Deutschen 1945 verübt worden war. Immer wieder versuchten große europäische Völker, einander mit derselben irrationalen Wut auszurotten wie verfeindete Negerstämme in Zentralafrika.

Aber da war noch etwas anderes. Moskau, nun ja, das war eine europäische Stadt und Leningrad schon gar. Aber hinter dem Ural beginnt geographisch Asien. Die Sowjetunion besteht aus vielen Völkern, ist eine eurasische Macht mit einer 7000-km-Grenze zu China, erstreckt sich bis an die östlichsten Küsten des Erdteils Asien. Ich empfand das, als ich 1955, ein Reporter in Begleitung des Bundeskanzlers Adenauer, von einem Moskauer Bahnhof den Transsibirien-Expreß abfahren sah. Ich wurde stärker damit konfrontiert, als ich auf dem Roten Platz vor dem Lenin-Mausoleum in der langen Reihe der Wartenden stand: eine Tatarenfamilie vor mir. Diese Sowjetunion in Eisenach, an der Elbe, im Fichtelgebirge? War das noch ein europäisches Problem? Andererseits: die Amerikaner via NATO am Nordkap und in Piräus, in Schottland und auf Sizilien und in Berlin. Wie war denn das innereuropäisch zu verstehen? Gewiß mindestens genausowenig. Es ist eine knifflige Frage, ob Yankees oder Sowjetmenschen weniger oder mehr europäisch sind. Von der Wurzel her sind sie es beide, aber transatlantisch und transsibirisch haben sie sich von dieser Wurzel weit entfernt, sind etwas Eigenes, wesentlich Uneuropäisches, zum Teil auch Antieuropäisches geworden.

Die mächtigen Pole Washington und Moskau ziehen magnetisch den einen und den anderen Teil Rumpfeuropas an. Geographisch wirkt kompakter, mächtiger, was sich da zwischen Finnland, DDR und Rumänien um die russische Landmasse herum gruppiert. Ökonomisch, demographisch, kulturell ist das Europa der

Westlichen Gemeinschaft reicher, differenzierter und – mit den USA hinter sich – auch mindestens so mächtig. Aber inwieweit ist alles zusammen noch Europa? Diese Frage in Helsinki zu stellen oder in Warschau, Prag, Budapest, Belgrad, das würde dort als westlicher Hochmut verstanden werden. Diese osteuropäischen Hauptstädte und auch Sofia und Bukarest natürlich sind europäische Städte. Der Hauch Osten, das Slawische, sind europäisches Erbe wie das Nordische, Irisch-Schottisch-Englische, Gallische, Iberische. Dann also kann es doch kein Problem sein, die Russen, auch als Sowjets, in die europäische Familie einzubeziehen?

Es war ein psychologisches und politisches Problem für die Westberliner der Blockadejahre 1948/49. Es ist sicherlich kein Problem mehr am Konferenztisch in Helsinki, wo Russen und Amerikaner und alle Europäer über Sicherheit und Zusammenarbeit beraten, oder in Genf, wo annähernd dieselben Mächte über eine ausgeglichene beiderseitige Truppenreduzierung verhandeln. Und doch, wie bezeichnend, daß hier zwei nichteuropäische oder genauer nicht allein europäische Großmächte den Ton angeben, und zwischen ihnen wird über das Schicksal der eigentlichen, der kleineren Europäer verhandelt. Die alle zusammen sind freilich zahlreicher und an kultureller Vergangenheit reicher als Russen dort und Nordamerikaner hier. Hinzu kommt, daß die EWG der Neun der stärkste Handelspartner der Welt ist – ein Kerneuropa als dritter Pol mit zumindest ökonomisch nicht geringerer Anziehungskraft als die beiden anderen Pole.

Die Wogen des Atlantik haben weiße Schaumkämme. Sie rollen in langem Rhythmus zum breiten Strand südlich vom Capo da Rocca und brechen mit großer Gewalt. An Schwimmen ist nicht zu denken. »Dies ist Europas westlichste Nase«, sagt Maria Helena. Trotz der steifen Brise aus Südwest scheint die Sonne von einem fast wolkenlosen Himmel. Unmittelbar am Strand gibt es ein vorzügliches Restaurant; Portugiesen essen gern und lange. Es gibt frische Garnelen, Oliven, duftendes Weißbrot und den leicht moussierenden Mateus Rosé in der Bocksbeutelflasche, seither mein Lieblingswein.

Bitte teilen Sie uns Ihre Anschrift mit, wenn Sie ständig über unsere Neuerscheinungen unterrichtet werden wollen.

Wenn Sie unsere Arbeit unterstützen möchten, bitten wir um Unterstreichung der betreffenden Antwort auf die Frage:

Diese Karte entnahm ich folgendem Buch:

Name und Adresse des Absenders (bitte in Blockschrift):

Wodurch wurden Sie zum Kauf des Buches veranlaßt?

Name des Autors,
Interesse an Titel und Thema,
Empfehlung eines Bekannten,
Buchhandlungs-Empfehlung,
Schaufensterauslage,
Katalog einer Buchhandlung,
Zeitungsbesprechung,
Anzeige des Verlags,
Verlagsprospekt,
Schutzumschlag.
Ich erhielt das Buch geschenkt.

Für unsere Produktion interessiert sich außerdem: (Name und Adresse des Interessenten):

Horst Erdmann Verlag

7400 Tübingen
Hartmeyerstr. 117
Postfach 1380

30 Pf.

Horst Erdmann Verlag

7400 Tübingen

Hartmeyerstraße 117

Postfach 1380

Wir waren am Morgen bei den alten Windmühlen mit den weißen Segelflügeln. Die braunen Tonkrüge an den Spannseilen der Flügel geben einen weithin vernehmbaren klagenden Ton, wenn der Wind auf ihnen bläst. Maria Helena machte mich aufmerksam auf die Ähnlichkeit dieser Windmusik mit dem Fado, dem Schicksalslied, das wir gestern abend in der Alfama, gesungen von Amalia Rodriges gehört hatten. In der Tat, es ist dieselbe Stimmung: Saudade, eine Melancholie, der sich der Portugiese mit schmerzlicher Lust, mit einer Spur süßen Selbstmitleids hingibt. Tonfolge und Ausdruck dieser Musik sind arabisch gefärbt.
Die maurischen Spuren sind tief eingegraben in dieses alte europäische Land. Lissabons skyline (wie wenig das amerikanische Wort hier paßt!) ist noch immer beherrscht vom Castello Sao Jorge. Selbst der manuelinische Kreuzgang im Kloster Dos Jeronimus mit seinen schiffsseilartig gewundenen Säulen ist zwar nach der Vertreibung der Mauren entstanden, hat aber noch einen spürbaren Sérail-Anklang. 1499 stiftete Manuel I., der Glückselige, das Kloster nach der Heimkehr Vasco da Gamas, der als erster Seefahrer Südafrika umschiffte und Indien erreichte. Er kehrte zurück nach Europa, wie vor ihm Columbus und nach ihm andere Entdecker. All die Wege, die hinausführten in die neuen Welten, führten immer zurück zur Alten Welt. Wenn sie Portugals schönstes Bauwerk am Ufer des Tejo auftauchen sahen, den Torre de Belém, die Kapitäne und Mannschaften, dann grüßten sie das Land ihrer Herkunft, den Kontinent, der bestimmt schien, für alle Zukunft die übrigen Kontinente zu beherrschen . . ., obwohl er sich selbst nicht beherrschen konnte – noch heute nicht beherrschen kann.
Maria Helena – ihr Name sollte wohl die idealtypische Kombination von Frömmigkeit und Schönheit ausdrücken – brachte mich zum Duc de Pamello. Er empfing in seinem Landhaus. Das ist ein kleines altes Palais in einem großen alten Park, südlich der Tejomündung, umrauscht von violetter Bougambilia, gebettet in stille Gärten. Darin das Schönste: die Mauern und Brunnen, verblendet mit Azulejos, blauweißen Kacheln, die die Araber ins Land brachten. Auch besonders schöne Fassaden von

Stadthäusern sind damit geschmückt. Der Herzog, ein eleganter Mann in den besten Jahren, lässig in weinrotem Pullover und Wildledermokassins, läßt einen süßen türkischen Kaffee servieren und spricht von den notwendigen Reformen, die Portugal nach Salazar vornehmen müsse. Ihm und seiner Familie gehört ein gutes Stück von Portugal, das sehe ich an einem anderen Tage, als wir mit dem Wagen durch die Provinz Alentejo zur Algarve fahren, der Südküste, die am 9. Längengrad südwärts Marokko gegenüberliegt. Wünschen die Pamellos wirklich eine Landreform oder wollen sie ihr Vermögen nur in die profitablere Industrie umschichten? Und: gibt es, andererseits, noch Portugiesen, die auf dem Lande arbeiten wollen? Oder streben sie, wenn man sie läßt, nicht lieber zum großen gemeinsamen Markt der Gastarbeiter in den Industrien Mitteleuropas?
Das Café Suica am Rossio, einem Mittelpunkt Lisboas, bietet an einem Spätnachmittag ganz und gar das, was ich mag. Boulevardatmosphäre, die neuesten Journale, Müßiggänger, Kaffee und dazu einen Sherry oder Port, die angenehme Erwartung des kühleren Abends. Warum konnte ich nie ganz in den USA heimisch werden? Nicht zuletzt, weil es in den Vereinigten Staaten keine Cafés gibt, ausgenommen Blum's in San Francisco. Der kleine Schuhputzer im Suica ist ein Meister und kann sich über ein paar Escudos noch ehrlich freuen. Auf ein leises »Pst« hin kommt sofort der Kellner, und er hat die Flasche gleich auf dem Tablett; so kann ich sehen, was er einschenkt, und habe das beruhigende Gefühl: da ist noch mehr. Paciencia, dieses portugiesische Lieblingswort – es schwingt uralte Resignation mit, aber auch Trost, Relativierung. Paciencia gibt es nicht in meinem germanischen Deutschland, gibt es nur am Mittelmeer.
Klima, Temperatur – gewiß. Aber doch auch diese vielen Schichten von Kultur, übereinander, durcheinander, nebeneinander. Hier in Portugal: vor den Mauren die Goten, nach den Mauren die Spanier. Eigenes und Angeeignetes, Jahrhunderte und Jahrtausende – Paciencia. In einem Schlößchen aus dem 18. Jahrhundert bei Oeiras am Tejo, zwischen Lissabon und Estoril, steht vielerlei vom Schönsten, was europäische Künstler schufen, in Vitrinen, an den Wänden. Gulbenkian, der armenische Öl-

Milliardär, ließ es sammeln, restaurieren. Welch ein Schicksal, welch ein Lebensweg von Kadi Keui am Bosporus, wo Gulbenkian geboren wurde, über Lisboa nach Cannes, wo Gulbenkian starb. Die Armenier, orientalische Randeuropäer, mit dem Schicksal kleiner Völker, die der Raubgier mächtiger Nachbarn zum Opfer fallen, sind ein vielfältig begabtes Volk. Soweit Armenier die Massaker überlebten, bezeugen sie, was die Armenier noch hätten geben können, wenn man ihnen freie Entfaltung, ja wenn man ihnen das Leben gelassen hätte. Nubar Gulbenkian oder William Saroyan aus Fresno in Armenien, der einer der besten amerikanischen Erzähler wurde, sind zwei von ihnen.
Dieses rosa Schlößchen mit dem weißen Barockportal, zu dem eine übergroße Treppe anhebt, davor ein stiller Innenhof, ist mir ein besonders sympathischer Ort. Maria Helena zeigt mir einen sehr schmalen Garten, der sich an eine der Seiten des Gebäudes schmiegt. Blühende Bäume, aber darunter Schlamm, die Spuren einer Überschwemmung, die auch das Erdgeschoß des Schlosses erreichte und einige Kunstwerke beschädigte. Wir setzen uns auf den sonnenwarmen Stein einer Balustrade, in den ungewissen Schatten einer hohen dunkelgrünen Araukarie. Maria Helena sieht, daß ich traurig bin, über die Zerstörung dieser schönen alten Anpflanzung und überhaupt. Sie lächelt und sagt: paciencia.

In dem kleinen Arkadenhof des Dvor wachsen zierliche Orangenbäume. Einige Früchte leuchten unter dem Laub hervor, sie sind klein und reif und duften. Es ist still; irgendwoher Gitarrenklänge, jemand übt immer wieder von vorn den Anfang eines montenegrinischen Liebesliedes. Als wir den Rektorenpalast wieder verlassen, ist es fast dunkel. Über Dubrovnik ein samtblauer Himmel mit vielen funkelnden Sternen. Es ist schon herbstlich kühl. Die Laternen und Schaufenster der Stradun kolorieren den weißen Stein dieser alten Häuser ins Unwirkliche. Das Pflaster aus großen Quadern desselben Steins ist spiegelglatt, man möchte darauf tanzen. Die breite Querader der Altstadt liegt wie ein Bühnenbild vor uns.
Ist dies links nicht das Palais der Capulets und gegenüber das

der Montagues? Warten wir nicht auf das Duell der Kavaliere, in dem Mercutio, Romeos Freund, zuerst fällt, und Tybalt, der freche Capulet, von Romeos Degen durchbohrt, hinterdrein? Dort, hinter dem schwach erleuchteten Fenster, mag der Alkoven Julias sein, wo sie ihren Romeo für eine Hochzeitsnacht in die Arme schloß, und dann am Morgen war es doch die Lerche und nicht die Nachtigall ... und der Geliebte mußte im Morgengrauen fliehen. Italienisches Szenarium liegt nahe; Dubrovnik hieß Ragusa und stand während der großen Jahrhunderte Venedigs stark unter dem Einfluß der nördlichen Adria-Metropole. Dubrovnik-Ragusa ist der seltene Fall einer fast unversehrt erhaltenen mediterranen alten Küstenstadt. Ein Erdbeben brachte 1667 natürliche Zerstörung; Byzanz, Venedig – die Ungarn und Türken ließen die Hafenstadt tun, was ihr am besten stand: Handel treiben. Da die dalmatinische Küste kein Hinterland hat, war Ragusa, die Perle Süddalmatiens, ohne große strategische Bedeutung.
Dennoch gewaltige Stadtmauern. Wir sind auf ihnen einmal rundherum marschiert; die Bora, der heftige Wind vom Hochland, der unserem Flugzeug beim Landen zu schaffen machte, blies uns fast um. Vom Minčeta-Turm aus überblicken wir die Königin der Adria, Nebenbuhlerin Venedigs, ursprünglich die griechische Flüchtlingssiedlung Epidauros, später römische Kolonie, aber auch einmal byzantinisch bis 1205, 1806 von Napoleon vereinnahmt, dann einhundert Jahre österreichisch und seit 1919 bei Jugoslawien.

Auf der Terrasse des Pitrizza vor dem Abendessen einen »Negrone«-Gin, Campari und etwas roter Wermut. Über den Bergen der Isola de Maddalena geht die Sonne unter. Was sich am Himmel und auf dem Meer vor der Costa Smeralda in diesem Licht an Farbentwicklungen tut, ist unbeschreiblich. Dies ist einer der letzten stillen Winkel Italiens, um diese Stunde liegt vollkommene Ruhe über Land und Wasser. Ab und an zischt die Espresso-Maschine der kleinen Bar hinter uns, ein Lachen der Gäste am anderen Ende der Terrasse klingt herüber. Lautlos huscht manchmal eine Eidechse über die warmen roten Steine.

Am Horizont gleitet weit eine Segeljacht entlang, ein weißer Riesenschwan, verschwindet hinter Caprera, kommt nach einigen Minuten wieder zum Vorschein, dreht ab in Richtung Porto Cervo.

Eduardo stellt die Windlichter auf die Tische, bringt noch einen Negrone. Der Klavierspieler erscheint pünktlich zum Diner, und es ist zuverlässig »A shadow of your smile«, womit er beginnt. Eigentlich hübsch: ein Schatten deines Lächelns ... Ein Lächeln, das offenbar so strahlend sein muß, daß es Schatten wirft. Er sollte es italienisch singen. Der letzte Schwimmer steigt aus dem blauen Pool, Vicenzo klappt die Sonnenschirme herunter, sammelt die Kissen und Handtücher am Strand ein. Der Lavendel um die Terrasse herum duftet in der leichten Abendkühle noch einmal ganz intensiv. Signore Scattini, der Oberkellner, zündet die Kerzen an den Tischen an, rückt die Antipasti auf der Anrichte zurecht.

Das klänge peinlich nach high snobiety oder geschöntem Reiseprospekt oder Schmarotzerdasein? Mag es, es ist genau mein Sardinien, wie ich es möglichst in jedem Jahr einmal erlebe, wenn auch nur für zehn Tage. Und auch das ist mein Sardinien: Capo Testa, Santa Teresa Gallura – schwarzer, roter, grauer Granit in der Brandung, der gleiche Granit inmitten bunter Moose, zwischen Farnenfeldern und riesigen gelbblühenden Disteln. Das sehr alte Gestein ist von den Güssen der Regenzeit, vom Salz des Meerwindes zur Elefantenhaut modelliert. Wie die Rücken einer riesigen Elefantenherde ragen die Höhenzüge Korsikas jenseits der Straße von Bonifacio auf. Artischocken und kleine Palmen wachsen wie Unkraut. Grillen, so lang und dick wie ein Männerdaumen, springen zehn Meter weit in die Macchia. Asphodelen und Meander wurden hier von keiner Hand gezogen, von keiner gebrochen. Die Agave schickt aus dem Schoß ihrer üppigen blaugrünen Blätter einen Blütenbaum meterhoch in den Wind. Opuntien wuchern, es duftet nach Zitronen und im Vordach aus Rohr, über dem Eingang zum Bauernhaus, kochen süße Muskatellertrauben.

In diesem Sardinien scheint das Buch der Geschichte niemals wirklich aufgeschlagen worden zu sein. Zehntausend Sommer wandelten wenig. Viele Menschen leben ähnlich wie vor undenklichen Zeiten. Schafe in weicher Wolle grasen gemächlich zwischen mörtellosen Mauern hangaufwärts. Das sanfte Auge brauner Rinder glänzt blicklos über mahlendem Maul aus dem Schatten. Ein einfaches Leben mit Käse, Wein und Brot. Und doch frühe Spuren von Geschichte: Nuraghen, kleine Türme, Wachttürme wahrscheinlich, kunstvoll aus Felssteinen geschichtet, dauerhaft, in drei-, viertausend Jahren nicht zerfallen, Fluchtburgen vielleicht oder auch Gräber, man weiß es nicht genau. Also doch das Buch der Geschichte? Phönizier, Karthager, Römer, Vandalen, Ostgoten, Sarazenen, Spanier, Genuesen, Pisaner, Habsburger – endlich das Risorgimento, Garibaldi, der die Einigung Italiens brachte; dort drüben auf der Insel Caprera, wo er zwischen seinen Emigrationen als Bauer gearbeitet hat, liegt er begraben.

Warum liebe ich Sardinien? Vielleicht weil es mich an mein Kretajahr erinnert, an meine erste Begegnung mit Südeuropa, mit dem Mittelmeer. Sardinien ist näher als Kreta und in Italien herrscht zur Zeit keine Diktatur. So wurde das Pitrizza mein buen retiro für eine kurze Atempause alljährlich. Ich treffe Michael und Selma schon das zweite Mal hier. »Warum«, frage ich, »kommt ihr aus Südafrika her? Eure Sonnenuntergänge und Strände sind ja viel großartiger noch?« »Dies ist doch Europa«, sagen sie und wundern sich ein bißchen über meine Frage.

Dies ist Europa, ja. Offenbar kann man es lieben, ohne Europäer zu sein. Der *trip to the continent* ist für jeden Amerikaner ein *must* in seiner *education. The continent,* das ist nicht irgendeiner, sondern der, aus dem alles das kam: Amerika heute, Südafrika heute. Aber wenige möchten hierbleiben, möchten dorthin zurück, woher die Vorväter kamen. Europa, das war auch dies: religiöse Intoleranz und Verfolgung, Klassenkämpfe und Bürgerkriege, Fanatismus, Inquisition, Hunger, Enge, Neid, Unterdrückung. Die Alte Welt – in den Augen neuer Welten eine korrupte, dekadente, zynische, abgetakelte Kokotte. Tanz auf dem Vulkan. Fischgrund für die neuen Barbaren aus Übersee oder aus Eurasien, die kapitalistischen oder sozialistischen.

Aber was 1945 wie ein Selbstmord Europas aussah, erwies sich als unheimlich schnell vergessener Scheintod. Die Trümmer waren, wir ahnten es nicht, die Asche des Phönix. Als ich aus der Kriegsgefangenschaft kam, war ich vollkommen darauf vorbereitet, auf Morgenthaus Kartoffelacker dann eben Kartoffeln zu ziehen. Das Nächstliegende zuerst: die Frau wiederfinden, hinter mehreren Zonen- und Sektorengrenzen. Als dies gelungen war, schien nichts mehr wirklich unmöglich zu sein. Aber noch immer hatte ich allen Ernstes vor, mich für die Laufbahn eines Bahnwärters zu entscheiden, weil ich immerhin Morsestreifen lesen konnte; ich hatte keinen Beruf mit sechsundzwanzig. Ein Hintergedanke war dabei romantisch: Sonnenblumen pflanzen, die über den Zaun grüßen, das müßte schön sein; ein anderer Hintergedanke war literarisch: dann kannst du in Ruhe schreiben. Aber – würden denn eines Tages wieder soviele Züge fahren, daß man junge Bahnwärter brauchte ...

Mein Tisch steht vis à vis vom Schwarzwald. In den Tälern der Baar wallen die Nebel. Die Tannen sind mit Rauhreif überzuckert, morgens leuchten sie rosa vor den blauen Wellen der Hügelketten. Der Feldberg hat über Nacht zwei weiße Kapuzen über seine beiden Gipfel gestülpt. Weiter nördlich über den Schwarzwald hinüber, an der Birke vor meinem Fenster vorbei, liegt Straßburg mit dem Münster Erwin von Steinbachs; dicht dabei Sesenheim mit Goethes Friederike.

In Heidelberg studiert mit meinem Sohn meine Schwiegertochter Friederike, und ihre Universität ist manchmal geschlossen, wegen Streik oder wegen des Kultusministers, manchmal auch wird gelesen und nicht demonstriert, und in Wahrheit wird trotz miserabler Hochschulpolitik ganz schön ernst gearbeitet. Diese Studentengeneration meiner Kinder wird das Jahr 2000 schreiben, wenn sie so alt ist wie ich heute. In welchem Europa werden sie dann leben? Neugierig von Natur aus weniger, von Beruf aus aber sehr, möchte ich das wissen. Da gibt es nur eines: achtzig werden. Und in Europa, bitte.

Rudolf Walter Leonhardt
Viermal Europa

Als ich noch ein kleiner Junge war, sagte ich zu Tante Trude, der Schwester meines Vaters in Borna: »Wenn ihr nicht freundlich zu mir seid, fahre ich zu Tante Tine nach Metz.«
Manchmal fuhr ich tatsächlich. Und dann sagte ich wohl auch zu Tante Tine, der Schwester meiner Mutter in Metz: »Wenn ihr nicht freundlich zu mir seid, fahre ich zu Tante Trude nach Borna.«
So jedenfalls will es eine Familien-Legende. Borna, in Sachsen, in Deutschland, und Metz, in Lothringen, in Frankreich, gehörten ganz selbstverständlich in die gleiche Welt eines kleinen Jungen. So eng gehört in Europa vieles zueinander.
Als ich ein nicht mehr ganz so kleiner Junge war, nannten die Landsleute der Tante Tine die Landsleute der Tante Trude »sales boches« oder »cleughs«, und die Landsleute der Tante Trude nannten die Landsleute der Tante Tine »den Erbfeind«. Mein Onkel Waldi, ein Bruder meiner Mutter, und ich, uns wurde von den Autoritäten unseres jeweiligen Landes befohlen, aufeinander zu schießen. So tief sind die Gräben, die Europa zerreißen in Nationalstaaten.
Wenn ich noch ein bis zwei Generationen weiter zurückgehe, dann komme ich zur Großmutter Zeiger, die in England gelebt hat – wohin ich dann selber, siebzig Jahre später, gewissermaßen zurückgekehrt bin; und ich komme zur Urgroßmutter Rheinländer, über der immer ein leichter Hauch vom Stamme Abrahams schwebte, dem nachzuspüren in der Zeit, als ich mich für so etwas interessierte, um 1940 herum, nicht ratsam schien.

Auf der anderen Seite die Familie Leonhardt war aus dem Böhmischen nach Sachsen gekommen. Im Lande des böhmischen Humanismus, der im 17. Jahrhundert blühte, hatte sie, wie landesüblich, einen schwer aussprechbaren oder ungefälligen Namen gegen das damals schicke Pseudolatein meines Familiennamens eingetauscht, so wie es auch einige jüdische Familien getan hatten. Das wirkte 1940 natürlich nicht gut: Leonhardt und Rheinländer!

Damals waren es die nationalsozialistischen Rassenfanatiker, die mitten in Europa, wo doch seit Jahrhunderten Kaufleute und Soldaten von Land zu Land gezogen waren und eben oft auch Kinder gezeugt hatten, so etwas Irres wie »Deutschblütigkeit« Millionen von erwachsenen Menschen allen Ernstes einreden konnten.

Und heute? Betrachte ich die Länder meiner Herkunft: ich, ein gelernter Hamburger, dessen Kinder zu zwei Dritteln geborene Hamburger, zu einem Drittel Sachsen sind und dessen Vorfahren aus vielen Ländern Europas kommen, nur nicht aus der sogenannten Bundesrepublik Deutschland.

Da ist Böhmen, das Land meiner Vorfahren väterlicherseits, heute Teil der Tschechoslowakei. In einem Mittelpunkt Europas stand es, als meine Vorfahren, die Löwenstein geheißen haben mögen oder Prčzka, sich Leonhardt nannten. Die Prager Universität war damals eine der Hochburgen europäischen Geistes, und Johannes Hus ein Vorkämpfer des europäischen Liberalismus. Im übrigen versorgte Böhmen das übrige Europa mit einem seiner Nationalgetränke, das auch von Leuten, die Mühe hätten, wenn sie die geographische Lage des Ursprungsortes bestimmen sollten, »Pilsener« oder kurz »Pils« genannt wird. Politiker jedoch, die heute von »Europa« reden, meinen Pilsen meistens gar nicht mehr mit.

Sie meinen auch Dresden und Leipzig und all die kleineren Orte in Sachsen nur selten mit, wo die Familie meines Vaters zu Hause war und zuweilen auch ich selber – wenn ich nicht gerade einmal wieder für Metz votiert hatte.

Europa sagt sich so leicht. Aber ein Europa, das an der Elbe aufhörte, wäre eine Kunstfigur – so als ob zu den Vereinigten

Staaten von Amerika nur der Westen gehörte, vor allem Los Angeles und San Francisco und vielleicht gerade noch Houston/Texas, aber gewiß nicht New York und Boston.
Europa läßt sich in die machtpolitischen Konstellationen des jeweiligen Tages schlecht einfügen – dafür hat es zu viele ganz andere Tage erlebt, dreitausend Jahre lang.
Scheinbar einfacher wird Europa, wenn wir mit Westeuropa oder gar mit der EWG, der Europäischen Wirtschaftsgemeinschaft, fürliebnehmen. Aber auch ganz abgesehen davon, daß für die Länder des gemeinsamen Marktes »Europa« eine hochstaplerische oder doch zumindest eine recht irreführende Bezeichnung wäre – ein Europa ohne Ost-Rom ist amputiert genug, aber ein Europa ohne Griechenland und ohne Spanien ist eine opportune politische Vokabel und sonst nichts –, auch das Land meiner Vorfahren mütterlicherseits und der Staat, dessen Bürger ich bin, auch Frankreich und die Bundesrepublik Deutschland lassen sich auf einen gemeinsamen Hauptnenner Europa intellektuell allzu leicht, praktisch scheinbar längst nicht mehr oder noch lange nicht bringen.
Längst nicht mehr: seit rund tausend Jahren, seit jenem Lothar nämlich, dem Enkel Karls des Großen, nach dem das Land meiner Mutter Lothringen heißt. Noch lange nicht: denn aus dem Zusammenbruch des »Reiches«, dessen Idee seit den Ottonen-Kaisern in Deutschland so liebevoll gepflegt und so gerne feierlich proklamiert worden ist, haben sich die Nationalstaaten entwickelt und sind stärker, viel stärker geworden als die Idee »Europa« und als alle Ideologien.
Kein Adenauer und kein Schuman konnte die nationalen Gegensätze zwischen Frankreich und Deutschland (West) überbrücken; kein Cohn-Bendit, ob deutsch oder französisch ausgesprochen, konnte auch nur in der begeisterungsfähigen, von Nationalgefühlen wenig voreingenommenen sozialistischen Jugend einen deutsch-französischen Sozialismus oder Kommunismus etablieren. Hier irrte Karl Marx: Nationen sind, auch in diesem zwanzigsten Jahrhundert noch, stärker als Klassen. Die Arbeiter aller europäischen Länder haben sich, so oft sie auch dazu auf-

gefordert worden sind, nie vereinigt. Europa sagt sich so leicht.

Und nun erst England. Ganz von Großmutter Zeiger abgesehen, deren Art in England zu leben offenbar der Familien-Zensur nicht gepaßt hat (eine Zensur, die von ein paar Böhmisch-Deutschen und vor allem von den Französisch-Lothringern ausgeübt wurde): ich selber wäre ja vermutlich Engländer geworden, wenn man Engländer werden könnte. Ich verdanke diesem Land alles, was man so »Erziehung« nennen mag oder »Bildung« oder »Erwachsenwerden«. Sieben entscheidende Jahre lang habe ich dort gelebt und gearbeitet.

Seitdem kann ich, bilde ich mir ein, die Welt ein bißchen mit englischen Augen sehen; vielleicht sind es ja auch nur die Augen der Großmutter Zeiger – der ich es immerhin mitzuverdanken habe, daß es Sprachschwierigkeiten für mich in England nicht gibt.

Europa sieht, mit englischen Augen gesehen, sehr komisch aus. Es erscheint da als jener sonderbare Kontinent, der in seine dauernden Streitigkeiten die Engländer immer wieder hineinzieht und sie damit ablenkt von ihrer eigentlichen Bestimmung, friedlichen, oder manchmal auch nicht so ganz friedlichen, Handel zu treiben zwischen Johannesburg und Reykjavik, zwischen Adelaide und Hongkong.

Dieses kriegerische Europa konnten sich die Engländer nur vom Leibe halten, indem sie dafür sorgten, daß es dort eine Balance gab, ein Gleichgewicht der Kräfte. Als das seither viel gebrauchte Wort geprägt wurde, hießen die Mächte, die im Gleichgewicht gehalten werden sollten, nicht etwa Deutschland und Rußland (wie manche Russen und einige Deutsche anzunehmen scheinen), sondern Frankreich und Spanien.

Dabei ist mir ein Europa ohne England so wenig vorstellbar wie ohne Frankreich und ohne Spanien, und noch weniger als ohne Norwegen und ohne Rumänien. In die Gesamtkonzeption Europa hat England viel Unentbehrliches eingebracht. Wer Zweifel an der Ernsthaftigkeit seiner Argumentation nicht aufkommen lassen möchte, tut wohl gut daran, hier nicht Sport und nicht Whisky, nicht die Erfindung des Hotels und nicht einmal

Shakespeare zu nennen, sondern vor allem und in erster Linie die parlamentarische Demokratie – jenen in England zuerst und am besten gelungenen Versuch, an die Verwaltungsform der griechischen Stadtstaaten anzuknüpfen, durch die sich Europa von Asien und Afrika unterscheidet. Und auch dort, wo Nationalstaaten sich anders konstituierten als die Athener, mußten sie es im immer bewußten Gegensatz zu jenen griechisch-demokratischen Ideen tun – so wie die römischen Kaiser.

Ich versuche eine erste Zusammenfassung. So zufällig, durch ein zufälliges Leben, selbstverständlich zusammengehörige Staaten, wie die Tschechoslowakei, die Deutsche Demokratische Republik, die Bundesrepublik Deutschland, Frankreich und das Vereinigte Königreich von Großbritannien und Nordirland, sind alle Teil Europas, wie wir es erleben, haben alle (wie noch so viele andere) ihren Beitrag geleistet, ohne den »Europa« so, wie wir es heute denken, nicht denkbar wäre: und dennoch erleben wir nicht Europa, dennoch leben und denken und fühlen die Bürger dieser Staaten als Tschechen oder Slowaken, als Deutsche (manche als Ostdeutsche, manche als Westdeutsche), als Franzosen, als Engländer und als Iren (als Iren besonders intensiv) – als »Europäer« denken und fühlen, machen wir uns doch nichts vor, nur ganz wenige. Heine und Nietzsche meinten, diese wenigen seien »die Besten«. Gemessen an den Realitäten der Macht und der Gruppen-Interessen, erscheinen diese wenigen – ob Beste oder nicht – auch heute noch vor allem als Träumer. Der Traum ist so schön und so einleuchtend – weil wir doch dem von allen ersehnten Frieden in der Welt schon so viel näher wären, wenn es wirklich einmal Frieden gäbe zwischen den europäischen Nationen; und weil es doch ganz zweifellos eine europäische Zivilisation gibt, die sich in Dublin so wenig leugnen läßt wie in Wladiwostok, in Oslo so wenig wie in Messina.

Dadurch, daß ich diesen Traum kenne, mich wohl gar zu ihm bekenne, weise ich mich aus als Deutscher. Denn es ist ein typisch deutscher Traum. Nicht weil die Deutschen politische Traumtänzer wären, sondern weil sie auch sehr gute praktische Gründe haben, die Vereinigten Staaten von Europa zu wollen.

Grund Nummer 1: Deutschland ist keine fünfzig Jahre lang so

etwas wie ein Nationalstaat gewesen. Und obwohl der Eiserne Kanzler Bismarck, der diesen Nationalstaat gründete, eine von Historikern und Politikern hochgeschätzte Figur ist, obwohl auch zumindest die ersten dreißig Jahre dieses deutschen Nationalstaates eine Zeit gewaltigen wirtschaftlichen Aufschwungs waren, war es im Ganzen nicht eine besonders glückliche Zeit. Nicht viel ist von ihr geblieben, was zum Selbstverständnis der Deutschen heute noch beitrüge. Wir haben aus dieser Zeit noch viele Bahnhöfe, aber keine National-Epen.
Grund Nummer 2: Deutschland liegt ohne feste Grenzen in der Mitte Europas: zwischen dem skandinavischen Norden und dem mediterranen Süden, zwischen dem kapitalistischen Westen und dem sozialistischen Osten. Es gibt viele Familien, deren Vorfahren aus anderen Ländern kamen. Der König von Sachsen war einmal auch König von Polen. Der Herzog von Hannover war König von England. Berlin ist voller Hugenotten, die aus Frankreich kamen. Adolf Hitler, der sich den Führer der Deutschen nennen ließ, war ein Österreicher. Elsaß-Lothringen gehörte immer einmal wieder zu Deutschland und dann wieder zu Frankreich; so wie Schleswig-Holstein zuweilen dänisch und Pommern zuweilen schwedisch war. In den Ländern des Baltikums, Estland, Lettland und Litauen, saßen die deutschen Barone. Kurz: von jeher mischten und vermischten sich die europäischen Nationen in Deutschland.
Grund Nummer 3: Das große nationale Problem der Deutschen, die Spaltung in zwei Staaten, könnte nur dadurch beseitigt werden, daß es in einer übergreifenden, einer europäischen Lösung aufgehoben würde.
Wieviel Deutsche das wirklich wollen, darüber läßt sich Genaues nicht sagen. Und sicher gibt es diesen dritten Beweggrund auch in anderen Ländern: unlösbare nationale Probleme einzubringen in eine europäische Gemeinschaft. Irischen Protestanten dürften solche Gedanken naheliegen und baskischen Katholiken, slowakischen Minoritäten und serbischen, englischen Steuerzahlern und italienischen Gastarbeitern. Aber addieren sich solche Beweggründe zu einem hinreichenden Grund? Wollen die europäischen Nationen denn wirklich ihre nationalen Identitäten

aufgeben, um sie einbringen zu können in eine größere Gemeinschaft? Europa sagt sich so leicht.
Ich stelle mir vor, ich reiste in die Länder meiner Vorfahren und hörte mich dort um. Bei England und Frankreich brauche ich mein Vorstellungsvermögen nicht zu strapazieren, dort habe ich mich oft genug auch über das Thema »Europa« unterhalten.
In der Tschechoslowakei war ich schon sehr lange nicht mehr. Aber ich habe mit vielen Tschechen und Slowaken gesprochen, die während des sogenannten Tauwetters auch nach Hamburg gekommen waren und von denen viele hiergeblieben sind, als es wieder eisiger wurde.
Die Hiergebliebenen sind als Kronzeugen leider unbrauchbar. Alle Emigranten müssen ja der großen Lösung zuneigen, die auf einmal sie wieder seßhafter machte in einer größeren Heimat.
Aber es gibt viele Emigranten in Europa: Gastarbeiter, Künstler und Schriftsteller, politisch Verfolgte. Wenn die alle ihre überdurchschnittlichen Energien und Intelligenzen richten würden auf das große Ziel, so wie einst der Emigrant Heinrich Heine es getan hat, das gäbe schon einen mächtigen Impuls.
Die tschechoslowakische Reaktion, die ich mir vorstelle – als ob Tschechen einerseits und Slowaken andererseits nicht auch sehr verschieden reagieren könnten –, ist vermutlich mitgeprägt durch intensive Eindrücke, die ich in der ostdeutschen Demokratischen Republik erfahren habe.
Die Mehrheitsmeinungen, denke ich, können in zwei Sätzen ausgedrückt werden.
Die einen sagen: Nie werden die Kommunisten es zulassen, daß die Abschaffung der Nationalstaaten wichtiger genommen wird als die Abschaffung der Klassen. Für sie ist Europa nur denkbar als Vereinigung aller europäischen Arbeiter, unter kommunistischer Führung natürlich.
Die anderen sagen, und das widerspricht dem ja nicht, was die einen gesagt haben: Vereinigte Staaten von Europa, darüber ließe sich reden – warum denn nicht? Das war schon immer ein Ziel des Marxismus-Leninismus. Wir denken natürlich nicht daran, unsere sozialistischen Errungenschaften aufzugeben. Das Vereinigte Europa kann nur ein sozialistisches Europa sein.

In Frankreich klingt das alles ganz anders. In Lothringen vielleicht so: Ach weißt du, die Deutschen sind uns immer sehr sympathisch, wenn Franzosen uns regieren; aber wenn Deutsche uns regieren, dann lieben wir die Franzosen.
Als ich ein kleiner Junge war und, wenn ich der Familien-Legende glauben darf, einmal die Trude-Deutschen vorzog und dann wieder die Tine-Franzosen, da wußte ich noch gar nicht, daß ich nichts anderes tat, als das historische Spiel Elsaß-Lothringens nachzuspielen.
Franzosen, in Elsaß-Lothringen und etwas weiter westlich in Paris, reden gern von Europa. Sie reden sogar begeistert von Europa. So wie ihr großer General de Gaulle, der dann jedoch präzisierte: sein Europa, das sei ein Europa der Vaterländer. Meine französischen Freunde wollen, manche ein ganz klein bißchen, manche wirklich gerne, Europäer sein – solange sie dabei Franzosen bleiben können. Im Grunde ihrer französischen Seele ruht die freundlich-gelassene Überzeugung: wenn Norweger und Italiener, Russen und Deutsche Europäer werden wollen, sei das doch sehr vernünftig; sie müßten sich dann nur ein bißchen bemühen, etwa so zu werden wie die Franzosen: denn Frankreich ist natürlich der Mittelpunkt Europas.
Mitten im letzten Kriege bot Großbritanniens Premierminister Churchill den Franzosen an, England und Frankreich sollten sich vereinigen zu einem Staat. Das wäre in der Tat eine riesige Keimzelle Europas geworden. Wie ernst Churchill seinen Vorschlag gemeint hat, ist noch immer umstritten. Und wenn die Franzosen wirklich mitgemacht hätten (was kaum zu erwarten war) – die Engländer hätten womöglich mitten im Krieg ihren Premierminister zum Teufel gejagt. Denn kein europäischer Staat, nicht einmal die halbasiatische Türkei, ist im zwanzigsten Jahrhundert so fern von Europa wie England.
Der Durchschnitts-Engländer denkt überhaupt nicht daran, sein eigenes Land mitzumeinen, wenn er von »Europe« spricht. »Europe«, das ist das Festland, und es vergeht kaum eine Begegnung zwischen politisch interessierten Engländern und Franzosen oder Deutschen, in der nicht die berühmte Schlechtwetter-Meldung des britischen Rundfunks zitiert würde: »Heftige

Stürme über dem Ärmelkanal – Europa von England abgeschnitten.« Auf solche atmosphärischen Störungen wird es zunächst den geringsten Einfluß haben, wenn die britische Regierung unter dem Druck ökonomischer Verhältnisse sich entschließt, den zerbröckelten Markt des British Empire, der auch dadurch nicht gerettet werden konnte, daß aus dem Empire ein Commonwealth wurde, zu ersetzen durch einen europäischen Markt.

Das sind Marktfragen. Und anders, als Karl Marx sich das vorstellte, der die Engländer doch hätte kennen müssen, ist der Überbau des britischen Nationalbewußtseins viel stärker als die ökonomische Basis.

Von ein paar Londoner Intellektuellen abgesehen, denkt kein Engländer daran, »Europäer« zu werden, wenn er damit aufhören müßte, zuerst und vor allem und im Grunde genommen ausschließlich Brite zu sein. Das hat mir meine Großmutter schon erzählt. Und so sehr viel hat sich bei den Urenkeln, wenn sie erst mal ein paar Jahre weg sind von der Universität, nicht geändert.

Ich möchte hier zum zweitenmal zusammenfassen: Es gibt da einen »Traum Europa«, den nicht nur die Deutschen träumen. Es ist schließlich auch nicht nur ein Traum. Die europäische Kultur gibt es ja wirklich, die mancherlei Zusammengehörigkeit begründet. Aber Tschechen und Slowaken, Franzosen und Engländer, Sozialisten und Kommunisten denken in anderen Bahnen. Wo »Europa« und seine Verwirklichung ihren speziellen Interessen nützen könnten, sind sie dafür; aber nichts ist vorerst zu sehen, was sie bewegen könnte, ihr eigenes Weltverständnis, das »sozialistisch« sein mag oder »britisch«, aufzugeben für ein »europäisches«.

Es gilt das Paradoxon: Europa ist für uns so fragwürdig, weil es uns so selbstverständlich ist. Aber die alltägliche Erscheinungsform seiner selbstverständlichen Existenz ist eben der europäische Nationalstaat. Was das ganze Europa ist oder war, wo es herkommt, was es sein könnte, darüber haben wir in der Schule einiges gelernt: angefangen bei jener geliebten Europa, die der göttliche Bulle nach Kreta trug, um dort den Keim einer neuen Zivilisation zu legen.

Leicht verwundert nahm ich als Fünfzehnjähriger zur Kenntnis: es war offenbar eine wichtige Eigentümlichkeit Europas in seinen kretischen Anfängen, daß die Frauen es mit Stieren trieben. Denn da gab es ja nicht nur die Liebe der Königstochter Europa zu dem Bullen Zeus, die man als eine göttliche Ausnahme hätte durchgehen lassen können, sondern da irrte ja auch jener Ochsenmensch Minotaurus durchs kretische Labyrinth, dessen Zeugung aus Königin Pasiphaës Schoß später Ernst Schnabel in seinem Roman »Ich und die Könige« so anschaulich beschrieben hat.

Vermutlich hatte das Europa-Bild, das mir in der Schule vermittelt wurde, auch andere, weniger skurrile Züge. Aber sehr anschaulich war es nicht. Trotz Familienbanden, die von der Tschechoslowakei bis nach England reichten, trotz europäischer Kunst und Kultur fühlte ich mich natürlich keineswegs als Europäer, sondern als ein nach Sachsen verschlagener Lothringer.

Dann kam der Krieg, in dem die Japaner auf Seiten der Sachsen standen und die Amerikaner auf Seiten der Lothringer. Das war wohl nicht die richtige Zeit, um einem Achtzehnjährigen ein anschauliches Europa-Bild zu vermitteln.

Als dieser Krieg endlich vorbei war, mobilisierten diejenigen von uns, die ihn zufällig überlebt hatten, wieder die alte Sehnsucht nach Europa, für die es in Deutschland immer jene besonders guten Gründe gegeben hatte. Sobald wir konnten, fuhren wir mit wenig Geld und viel gutem Willen in die europäischen Nachbarstaaten, so recht entschlossen, nun aber mit aller Kraft zuzusteuern auf die bessere Welt eines Vereinigten Europa.

Die Enttäuschung war groß, als wir begreifen mußten, daß unser Enthusiasmus keineswegs geteilt wurde von allen anderen, daß Engländer und Franzosen ihm gegenüber eher skeptisch waren. Für viele von ihnen schrieb damals Albert Camus seinen »Brief an einen deutschen Freund«: »Ich muß Ihnen ein Geständnis machen. Während all der Zeit, da wir hartnäckig und schweigend nur unserem Vaterland dienten, haben wir eine Idee und eine Hoffnung, die in uns immer gegenwärtig waren, nie aus den Augen verloren, nämlich die Idee Europa, die Hoffnung auf Europa. Es ist wahr, daß wir seit fünf Jahren nicht mehr davon gesprochen haben. Das liegt jedoch daran, daß Sie zu laut davon sprachen. Und auch da sprechen wir noch nicht die gleiche Sprache, unser Europa ist nicht das Ihre.«

Europa sagt sich so leicht. Aber so einfach sich aus den nationalen Verstrickungen zu lösen durch eine Sehnsucht und ein Bekenntnis, das ging offenbar nicht, das nahm man uns nicht ab.

Und wenn dann seit den römischen Verträgen dennoch ein greifbares Europa sich zu entwickeln anfing, so entsprach es nicht unserer Idee und auch nicht der des Albert Camus. Es war so klein angelegt, und es war da so viel von Heringsfischerei und von Agrarpreisen, von Vorzugszöllen und Außenhandelsbeschränkungen die Rede. Die Wirtschaftszentrale in Brüssel arbeitete hektisch, das Parlament in Straßburg führte eine Schein-Existenz. Und wie konnte »Europa« entstehen, während »Deutschland« auseinanderbrach? Gewiß war es jetzt ganz leicht, nach Paris zu fahren; aber dafür war Dresden so gut wie unerreichbar geworden.

Am Ende wurde die Frage dadurch nicht einfacher: Was das denn wirklich sei, »Europa« – ein geographischer Zufall? eine Idealkonstruktion von Kulturhistorikern? eine historische Tendenz, die im Heiligen Römischen Reich ihren Höhepunkt erreicht hatte und dann wieder rückläufig wurde? ein Traum? und dennoch ein Ziel?

Ich war sehr skeptisch geworden. Natürlich gab es dieses Europa irgendwie. Aber mit »irgendwie« ist eine Existenz doch recht unbefriedigend umschrieben, mit Irgendwie-Existenzen läßt sich praktisch nicht viel anfangen.

Das war für mich der Stand der Dinge, als ich zum erstenmal ein ganz neues Erlebnis hatte: die Möglichkeit nämlich, auf meiner ersten Weltreise, Europa aus weiter Distanz zu sehen. Da sah auf einmal alles ganz anders aus.

Gewiß gibt es auch in Asien, und vor allem natürlich in Amerika, Leute, die haben sehr ins einzelne gehende Kenntnisse von Europa, und es geht ihnen dann genauso wie uns: sie sehen den Wald vor läuter Bäumen, Europa vor lauter Nationalstaaten nicht. Von ihnen kann man über Europa nichts Neues erfahren.

Eine Volksschullehrerin in Osaka – das ist eine geeignetere und gewiß auch typischere Gesprächspartnerin. Im Detail sind ihre Vorstellungen abenteuerlich. Es ist ihr ganz unmöglich, zwischen Schweden und Finnen zu unterscheiden. Verona liegt für sie in Spanien, Barcelona in Italien. Engländer erscheinen ihr als eine Art europäischer Amerikaner (Amerikaner kennt sie sehr gut, einige sogar persönlich). Warum Deutschland getrennt ist in Ost und West, wird sie nie verstehen. War Mozart (sie liebt Mozart) eigentlich Ost- oder Westdeutscher? Wie, Österreicher? Aber die müssen doch auch entweder Ost- oder Westdeutsche sein? Oder sind sie vielleicht Schwaben?

Die Unterhaltung hat so ähnlich stattgefunden, und sie war in Wirklichkeit noch grotesker. Niemand sollte sich darüber lustig machen, ehe er sich klar geworden ist, was wohl herauskäme, wenn man ihn über Asien ausfragte. Toshiko hatte leise Zweifel, ob Rußland zu Europa gehöre; aber sonst war ihr Europa-Bild völlig klar umrissen: als Gegenbild zu ihrer asiatischen Heimat einerseits und andererseits zu Nordamerika.

Von Asien unterschied sich ihr Europa dadurch: daß die Menschen dort weiß sind und sehr groß, sie nannte diese Menschen »Kaukasier«; daß die Frauen die gleichen Rechte haben wie die Männer; daß die christlichen Kirchen dort zu Hause sind; daß die musikalischen Harmonien (sie sprach von Bach, Beethoven und Mozart) so ungeheuer modern und, trotz hörbaren Dissonanzen, so aufregend schön seien, so »leidenschaftlich«, sagte sie; daß die Lyrik so aktuell sei und so lebensnahe (sie sprach von Heine und Baudelaire, die sie aus Übersetzungen kannte).

Von Nordamerika unterschied sich ihr Europa dadurch: daß dort nicht nur die Leute zählen, die Geld haben; daß es dort keine Vorurteile gegen andere Rassen gebe; daß Japaner dort beliebt seien; daß man dort, wenn man die eigene Insel einmal verlassen habe, auch über Land hinkommen könne; daß es dort eine »uralte Kultur« gebe, »so alt wie in Japan, aber stärker, unabhängiger, liberaler«; daß es keinen »Präsidenten von Europa« gebe, die Völker also eine gewisse Selbständigkeit hätten; daß die Kinder dort in der Schule die Sprachen ihrer griechischen und römischen Vorfahren lernten, die außer ihnen kein

Mensch mehr versteht; daß es »romantisch« sei, mit vielen alten Schlössern und Kirchen.

Genug. Toshikos Europa-Bild ist sehr freundlich, und auch darin unterscheidet es sich, meinen beschränkten Erfahrungen nach, nicht von dem der meisten Asiaten. Aber es ist eben auch richtig – ein bißchen Holzschnitt, wenig Nuancen, gewiß: Doch es läßt sich sehr deutlich daran ablesen, daß »Europa« nicht eine Berufskrankheit von Spähistorikern und Altphilologen, nicht ein Traum von nationalstaatsmüden Utopisten ist, sondern für Millionen Menschen, zum Beispiel in Asien, ein konkreter Gegenstand, der sich beschreiben läßt.

Daß es Europa wirklich gibt, in einer anschaulichen, beschreibbaren, konkreten Form gibt, das wurde mir jedoch auch selber unmittelbar bewußt beim Erlebnis Amerikas und Asiens. Dort fand ich vieles so unvertraut, so deutlich un-europäisch. Und wie könnte Nicht-Europa so deutlich werden, wenn es Europa gar nicht gäbe?

Natürlich ist Europa näher in Amerika als in Japan oder gar in Thailand. Schließlich wurden neun Zehntel der nordamerikanischen Zivilisation aus Europa importiert, mitgebracht von Engländern und Holländern vor allem, später auch von Deutschen, Franzosen und Italienern.

Städte wie Boston und New Orleans sind ganz »europäisch«, und sogar in New York oder San Francisco scheinen noch deutlich genug europäische Muster durch.

Aber die kleineren Städte, etwa im mittleren Westen, haben mit dem, was unsereiner sich unter einer »Stadt« vorstellt, doch so gut wie nichts mehr zu tun. Häuser und Straßen, natürlich, ohne die geht es auch dort nicht. Aber diese Häuser sind aus Holz und offenbar nur für flüchtigen Gebrauch bestimmt. Sie erinnerten mich in ihrer bunt zusammengewürfelten Zufälligkeit an nichts Europäisches. Allenfalls noch schienen sie mir vergleichbar einem Jahrmarkt, einem Schützenfest, einer Oktoberwiese. Die Kirche sieht man nicht; oft gibt es sogar mehrere Kirchen, aber sie unterscheiden sich auf den ersten Blick kaum von den Wohnhäusern. Und in allen diesen Häusern scheint irgend jemand irgend etwas verkaufen zu wollen, überall jedenfalls beanspru-

chen grelle Zeichen und Namen so viel Aufmerksamkeit, daß sie einem völlig gleichgültig werden, ausgelöscht von den nächsten und den übernächsten.
Die Stadt scheint nur eine einzige Straße zu haben und keinen Mittelpunkt, von Zentrum oder City nicht zu reden. Sie ist keine Gründung, sondern ein von Zweckmäßigkeit bestimmtes und nur für vorübergehenden Gebrauch gedachtes Lager. Keine Spur mehr von einer römischen Urbs, von europäischer Urbanität, die beherrscht wurde von der weltlichen Autorität des Schlosses oder des Rathauses und der geistlichen Autorität des römischen Tempels oder der griechischen Kirche.
Man begreift auf einmal, warum sich Amerikaner an europäischen Städtchen nicht sattsehen können. Ganz andere zivilisatorische Tendenzen, andere Vorstellungen von der Ordnung eines Gemeinwesens, vom Sinn des Lebens wohl gar, waren da am Werk und haben die Stadt so geschaffen, wie es sie überall in Europa gibt. Sie sieht gewiß in Spanien anders aus als in Schweden; aber überall, wo es Städte gibt, die herumgebaut sind um Rathaus und Dom, auf die die Straßen zuführen, viele Straßen, sind wir in Europa – oder in einer von europäischen Vorstellungen beeinflußten Stadt, wie es sie freilich auch in Australien und Brasilien gibt.
Zum zweiten Male erlebte ich Europa als ein vorstellbares, ein in sich geschlossenes Ganzes, als ich mich auf meinen ersten Besuch in Japan vorzubereiten versuchte. Auf der Universität hatte ich von meinem verehrten Lehrer Ernst Robert Curtius oft genug gehört, die »paar indogermanischen Dialekte« müsse beherrschen, wer heute in Europa mitreden wolle. »Die paar indogermanischen Dialekte« sind die Sprachen Europas. Ich beherrsche sie gewiß nicht so, wie ich es mir manchmal gewünscht hätte; aber es ist mir doch in Europa immer gelungen, als Journalist in kein Land zu fahren, wo ich mich nicht mit den Einheimischen verständigen konnte, oft radebrechend, gewiß, zuweilen auch mit kleinen Spickzetteln, aber irgendwie ging es dann doch.
Ganz ohne Erfolg versuchte ich, mir in einem Blitzkurs Japanisch beizubringen. Gewiß konnte ich mir die paar Sätze einpauken, die nötig sind, um den Bahnhof zu finden oder etwas

zu essen zu bekommen. Aber ich reproduzierte sie wie ein Papagei; und wenn ich Tee verlangte, bekam ich eine grüne, bittere, für mich zunächst ganz untrinkbare Flüssigkeit; und wenn ich Wein verlangte, bekam ich so eine Art Grog von Arrak, heiß. Sofort verständlich wird das Japanische, wo es mit europäischen Institutionen auch die Wörter aus den europäischen Sprachen übernommen hat: für ein Mietauto aus dem Griechischen »takschi«, für ein Gästehaus aus dem Römischen »hoteru« (»r« und »l« sind im Japanischen ja das gleiche, und ein »u« hängen sie halt immer gern an). Aber zur Struktur, zum grundsätzlichen Verständnis dieser Sprache gibt es vom Europäischen her keinen Zugang; man kann asiatische Sprachen nur lernen, indem man alle europäischen Sprachen vergißt.

Das eigentliche Europa-Erlebnis ergibt sich dabei wieder aus der Umkehrung: Im japanischen, im asiatischen Milieu empfindet man auf einmal jeden europäischen Satz, ob er nun italienisch ist oder dänisch, ob man ihn wirklich versteht oder nicht, als heimisch, als vertraut.

Ein drittes rein europäisches Erlebnis wurde mir in Asien jene Auffassung vom Menschen, die ich »Individualismus« nennen möchte. Man könnte sie auch »Subjektivismus« nennen oder »Egozentrik«. Ich versuche zu beschreiben, wie in solchen Ländern, wo das Christentum mit seinen philosophischen Wegbereitern keinen großen Einfluß gehabt hat, Menschen viel mehr der Sippe, der Gemeinde, dem Kollektiv verantwortlich sich fühlen, viel weniger ihrem eigenen Ich; daß die persönliche Existenz viel weniger im Bewußtsein vorherrscht, viel weniger den Mittelpunkt des Daseins bildet.

Der Besucher erlebt das besonders deutlich an der Stellung der Frauen in Ländern wie China oder Indien. Ich habe es in Japan erlebt, obwohl dort, zumindest in den Schichten der gebildeten Großstadtbevölkerung, europäische Individualisierungstendenzen, vor allem auf dem Umweg über Amerika, eingedrungen sind und die Unterschiede nicht ganz so deutlich hervortreten lassen. Sie sind noch immer deutlich genug.

Überall in Asien sind Frauen noch auf ihre Sippen, vor allem auf ihre Männer angewiesen in einer Weise, wie man es erst glauben

kann, wenn man es selber erlebt hat. Da helfen die klugen Bücher wenig, in denen man das alles nachlesen kann.
Nun waren gewiß auch unsere Großmütter weniger emanzipiert, als unsere Töchter es heute sind. So gesehen, könnten die asiatischen Länder auf den ersten Blick als einfach rückständig erscheinen. Und genauso erscheinen sie den meisten Europäern zunächst ja auch – bis sie sich erinnern, oder durch Kulturdenkmäler daran erinnert werden, daß die asiatischen Länder, von China bis Arabien, schon hochzivilisiert waren, als unsere Vorfahren noch in den Wäldern hausten.
Es kann hier nicht um die kulturgeschichtlichen Hintergründe gehen. Sondern es gehe nur darum: In Kyoto oder in Bangkok habe ich es als ein eigentümlich europäisches Erlebnis zu begreifen gelernt, daß ein Mann mit einer Frau ausgehen und umgehen kann wie mit seinesgleichen.
Bei kritischer Betrachtung meines Europa-Bildes, das ich bisher zwar oft in Frage gestellt, aber dann doch immer wieder für ziemlich geschlossen und unkompliziert gehalten hatte, wird mir klar, daß da vieles durcheinandergeht, daß es jedoch offenbar vier Schichten gibt, vier Erlebnisebenen: das naive, unreflektierte Erlebnis der Kindheit und der Familiengeschichte – das Bildungserlebnis, von den kretischen Anfängen bis zum Völkerbund – das Erlebnis des Zeitgenossen aktueller politischer Ereignisse, vom Klein-Europa der sechs EWG-Staaten bis zur Weigerung Norwegens, dabei mitzumachen – schließlich: das Erlebnis der großen Perspektive aus weiter Distanz.
Mein Kinderland Deutschland–Frankreich–England war ja schon recht »europa-ähnlich«, aber das wußte ich damals nicht. Auch aus griechischen Dramatikern und römischen Kaisern, aus Magna Charta und Reformation entstand kein Europa-Bild, das einigermaßen feste Konturen hätte annehmen können; und sollte ein solches Bild ganz vage angefangen haben sich abzuzeichnen, so wurde es zwischen 1933 und 1945 heftig verwischt. Danach war Europa eine Hoffnung, ein Ziel, auf das alle Absichten und alle Kräfte sich richten wollten. Aber dieses Ziel stand nicht fest, war schwer auszumachen und wurde von verschiedenen Interessengruppen verschieden beschrieben. Eines

Tages schien es sich dann zu entpuppen als eine merkantile Zweckmäßigkeitsorganisation zur Vergrößerung von Absatzmärkten, ganz schön und sicher sehr nützlich, aber weit entfernt von dem, was wir uns unter Europa vorgestellt hatten.
In Amerika und Japan erfuhr ich, daß Europa dennoch nicht nur eine Fiktion sein kann – so wie die Weltraumfahrer erfuhren, daß es eine beinahe kugelförmige Erde wirklich gibt – woran freilich seit einiger Zeit kein Zweifel mehr bestanden hatte. Bei »Europa« war das anders; da gab es große Zweifel, ehe ich es dann aus der Entfernung von ein paar tausend Kilometern sehen konnte: Da lag es doch, deutlich erkennbar und beschreibbar als ein Ganzes, eine Identität, die sich dadurch ausweist, daß man ihr Attribute beifügen kann: Europa, das Land der Städte, in denen ein indogermanischer Dialekt gesprochen wird und wo Individuen, auch verschiedenen Geschlechts, von gleich zu gleich miteinander verkehren können.
Das sind natürlich nur ein paar »gesamteuropäische« Eigenschaften, hier stellvertretend herausgehoben worden durch die zufälligen Interessen und Erlebnisse eines einzelnen.
Aber sie genügen mir. Denn sie überzeugen mich davon, daß es das Ziel Europa wirklich gibt; daß ich nicht fürchten muß, am Ende des Weges wird nichts sein als eine riesige Fata Morgana. Und wenn der Weg stimmt, dann sind auf einmal auch alle die Schritte sinnvoll, die – wie die zunächst scheinbar auf rein Ökonomisches abzielenden Maßnahmen – dem Ungeduldigen viel zu klein sind. Jetzt auf einmal gewinnen auch die Familienverzweigungen, die Kindheitserlebnisse, der Bildungsstoff, die Nachkriegshoffnungen, die Arbeiten in Paris und vor allem in London einen neuen Platz im Bewußtsein, fügen sich ein in ein nunmehr immer schärfere Konturen annehmendes Europa-Bild. Wenn es überhaupt weitergeht, so glaube ich nun einigermaßen zuversichtlich, dann werden am Ende trotz allem die Vereinigten Staaten von Europa sein – nicht als utopisches Paradies, sondern als nüchterne Realität. Ich würde das gerne noch erleben.

Peter de Mendelssohn
Aus einer pädagogischen Provinz

Ich erinnere mich, daß ich im Winter 1944, es war wenige Tage vor der Ardennen-Offensive, mich im Arbeitszimmer des amerikanischen Kontrolloffiziers der Radiostation Luxemburg unvermutet einer sehr großen Karte von Deutschland und seinen Nachbargebieten gegenübersah. Landkarten waren für mich stets von großer Anziehungskraft; je größer sie waren, desto fesselnder. Diese Neigung habe ich von meinem Vater. Er pflegte vor dem Knaben auf dem Teppich große Europa- und Weltkarten auszubreiten und ihm die Länder und Orte zu zeigen, aus denen unsere Familie stammte und an denen wir Verwandte hatten: Rheinland, Oldenburg, Jena und München in Deutschland, dann Dorpat und Riga im Baltikum, Moskau und Kiew, Dänemark, England, die Schweiz, Portugal – ganz Europa, sagte mein Vater, und außerdem Südafrika und Argentinien, woher meine Mutter stammte; hinzu kamen Länder und Städte, in die meine Eltern gereist waren: Paris, Brüssel, Florenz, Athen und Konstantinopel. Kannst du russisch, französisch, italienisch und griechisch? fragte ich den Vater. Einigermaßen, sagte er. Ich beschloß, auch alle diese Sprachen zu lernen, und außerdem englisch; das konnte mein Vater nicht. Landkarten also kamen mir immer fast wie Lebewesen vor, die eine viel engere und vertrautere Beziehung erlaubten als Bücher, Bilder oder Teppiche. An jenem Nachmittag in Luxemburg jedoch empfand ich zum ersten Mal eine Landkarte als etwas Totes.

Da hing es vor mir an der Wand, ein riesiges Land, und war nicht lebendig. Es war nicht das sprechende Bild von etwas Vertrautem; es glich der trockenen, gegerbten Haut eines erlegten

Stückes Wild, der pergamentenen Hülle von etwas, das einstmals lebte und von dem nur noch die nackten Umrisse erhalten waren, flach, körperlos, ohne Antlitz. Ich entdeckte, daß ich darauf starrte wie auf einen leeren, weißen Fleck. Und in Wahrheit, es war ein leerer Fleck. Europa – der versunkene Kontinent, mußte ich denken. Weichen die Wasser zurück? Stehe ich wirklich an den Ufern von Atlantis? Es gab nur wenige Gegenden und Landschaften auf dieser Karte, die ich nicht kannte oder zumindest aufgesucht hatte, ehe ich entfloh und die Tore erst Deutschlands, dann Europas sich hinter mir schlossen. Und doch lag jetzt unerforschtes Gebiet vor mir, öde und ohne Wahrzeichen; nur die Umrisse bedeuteten dem suchenden Auge, wo einst der lebende Körper gewesen war. Ein ausgelöschtes Land, ein versunkener Kontinent. Wie war denn das möglich?

Die Erklärung, sprach ich zu mir selbst, während ich müßig nach allerlei Orten auf der Karte suchte, bekannten und unbekannten, erinnerten und vergessenen Namen, die Erklärung ist natürlich ganz einfach. Sie heißt: Zeit und Entfernung, diese beiden Ungreifbarkeiten, die entweder entfremden und einen vollständig vergessen lassen oder aber eine getrennte Beziehung zusehends schmerzhafter machen, bis sie einem endlich buchstäblich das Herz brechen. In meinem Fall hatten Zeit und Entfernung es offensichtlich zuwege gebracht, die Beziehung überhaupt vollkommen auszulöschen, so sehr, daß der Andere sich zum Schluß geradezu verflüchtigt hatte. Zwölf Jahre lang war ich gezwungen gewesen, außerhalb Deutschlands zu leben, und fünf davon sogar außerhalb Europas, und allmählich glaubte ich erkannt zu haben, daß ich ohne das eine wie das andere zu leben vermochte, daß Deutschland zumindest in meinem bewußten Dasein keine Rolle mehr spielte, im unbewußten nur eine geringe und nicht sehr störende, und daß diese Bewußtseinslöschung, von Deutschland ausstrahlend, allmählich ganz Europa einbezogen hatte. Noch einmal: Wie war denn das möglich?

Nachdem ich Deutschland verlassen und mir selbst vorsätzlich die Rückkehr versperrt hatte, damit nicht doch eines Tages, in einem Augenblick des überwältigenden Heimwehs, die Versuchung zu einem faulen Frieden mit meinen Widersachern mir einen Streich spiele, der nur mit meinem inneren und äußeren Verderben enden konnte, begann ich um Deutschland herumzureisen, durch das Europa, das mir noch offen stand, solange ich noch einen gültigen Paß besaß – von England und Holland nach Frankreich, der Schweiz und Österreich und wieder zurück, unablässig, durch Jahre hindurch, die Grenzen des Landes in der Mitte meidend wie einen elektrisch geladenen Stacheldraht. Warum, das konnte ich im Grunde nicht sagen. In jenen Jahren war ich sehr arm, und doch verwandte ich das Wenige, das ich verdiente, auf Eisenbahnfahrkarten und reiste durch Europa, Tag und Nacht, auf und ab, von Land zu Land, von Hauptstadt zu Hauptstadt, unter den lächerlichsten Vorwänden, auf den flüchtigsten Anreiz hin, getrieben von manischer Ruhelosigkeit, in Richtung auf was? Den elektrischen Drahtzaun? Erst jetzt, angesichts der Landkarte, wurde mir die Sinnwidrigkeit jener Jahre klar. War ich eingeschlossen und wagte nicht auszubrechen? War das verbotene Land umringt und verschlossen, und ich konnte nicht hinein? Oft ward es mir schwer, die Orientierung zu behalten, und in Augenblicken der schwärzesten Niedergeschlagenheit verlor ich sie vollständig. Lag der Ring um Deutschland oder hatte Deutschland den Ring um Europa gelegt?

Dann faßte ich Fuß am Rande Europas, auf der englischen Insel, und allmählich hob sich der Alpdruck. Die Menschen auf der Insel empfanden sich Europa nicht zugehörig und mahnten mich nicht unablässig an meine Zugehörigkeit; im Gegenteil. So gewöhnte ich mich fast unmerklich an die Vorstellung, daß Deutschland, die Mitte Europas, aufhören mußte, für mich zu existieren. Meine Gedanken begannen sich an anderes zu heften, andere Menschen, eine andere Sprache, und schließlich verließen auch meine Träume die alte Heimat. Um die Zeit, da der Krieg ausbrach, war an die Stelle des Unberührbaren eine Leere, ein Nichts getreten. Dieses Nichts aber hatte zugleich ein gewaltiges, meiner Seele noch gänzlich fernes und fremdes politisches Gewicht erworben, das drückend meinen ganzen Lebensgang beherrschte. Aber es wäre wohl das gleiche gewesen, hätte irgendeine andere faschistische Diktatur in Europa den Versuch gemacht, das Gewebe des europäischen Erdteils unter dem Vorwand, es zu verdichten, in Fetzen zu reißen. Tatsächlich war es so in den Fällen Abessinien und Spanien. Als ich den zerfetzten Erdteil wiedersah, sprach man viel von unbewältigter Vergangenheit. Das war natürlich bedenkenswert, aber es ging mir, so wie ich da war, nicht sehr nahe. Sie hatten Europa zerfetzt, wohl wahr, und suchten zu begreifen, was sie da gemacht hatten; aber sie hatten immerhin Europa noch. Ich, der ich ein Jahrzehnt lang Europa unwiederbringlich verloren zu haben meinte, mußte ja auch Vergangenheit bewältigen, eine ganz andere Vergangenheit, die anders schuldbefrachtet war; mußte überlegen, ob es den versunkenen Erdteil überhaupt gegeben hatte.

Es ist aus dieser Zeit der großen Existenzkrise Europas im Sinnen und Trachten des Einzelnen, drinnen wie draußen, nicht alles auf einen Nenner zu bringen, so daß man sagen könnte: so war mir zumute, so und nicht anders. Zwei, drei und mehr Vorstellungen waren gleichzeitig oder abwechselnd lebendig. Auf das Bewußtsein der Abgelöstheit von Europa antwortete sogleich dringlich ein Bewußtsein unlöslicher Verbundenheit, ganz besonders dringlich, weil ich unter Menschen lebte, die keine europäische Vergangenheit hatten, sich Europa nie zugehörig gefühlt hatten. Unsereins, damals, hatte eine Gegenwart, die mit unserer Vergangenheit in keinem Zusammenhang stand; und umgekehrt. Die Zukunft sah abends anders aus als morgens, und auf der grellen Mittagshöhe war sie überhaupt nicht vorstellbar. Wie bewältigt man das?

Wir lebten, meine Frau und ich, noch kinderlos, seit drei Jahren auf der Insel am Rande Europas, als das Münchener Abkommen, Herbst 1938, uns das Schicksal unseres Erdteils, aus dem wir gekommen waren, zu besiegeln schien. Daß ein großer europäischer Krieg nunmehr unabwendbar war, hielt ich für ausgemacht. Was war in dem, was nun herankam, für uns zu hoffen und für das Kind, das wir uns wünschten und um unserer selbst willen so nötig brauchten? In diesem Herbst 1938, gleich nach der Unheilskonferenz, bot sich mir die Möglichkeit, ganz kurz, auf drei Wochen nach Amerika zu fahren. Es war die letzte Reise, übrigens, die ich mit meinem deutschen Paß unternahm;

er lief bedeutungsvollerweise, wiewohl rein zufällig, am Tag des Kriegsausbruchs ab, und danach waren wir auf der Insel eingesperrt. Nur halb und halb ausgesprochener Hintergedanke dieser meiner ersten Amerikareise war, zu erkunden, ob es nicht geraten sei, solange noch Zeit blieb, weiterzuziehen, von der englisch sprechenden Insel uns auf den englisch sprechenden Kontinent zu retten, dort ein neues, gesicherteres Leben aufzubauen.

Ich kam zurück mit der festen Überzeugung: Das hat keinen Sinn, das bringt uns um, auch wenn es uns am Leben hält. Ich sagte: In Amerika wären wir sicher und könnten uns gewiß besser durchbringen als in England. Aber wozu wäre es gut? Du und ich, wir sind Europäer. Wenn Europa untergeht, was soll uns dann noch Amerika? Was sollen wir in Amerika? Wenn aber Europa nicht untergeht oder aus dem Untergang wieder auftaucht, was sollen wir dann erst recht in Amerika? Wir wären viel zu weit weg, wir würden, wenn überhaupt, viel zu spät zurück gelangen, als daß wir sein Schicksal lebendig begreifen könnten. Was jetzt kommt, müssen wir miterleben, was immer es sei, damit der lebendige Zusammenhang uns erhalten bleibt. Wir haben das Glück, wenigstens am Rande unseres Schicksals noch festen Fuß zu haben, Europa ist uns zum Greifen nah. Wenn Europa untergeht, dann geht England mit ihm unter, und die Zeit ist erfüllt, auch für unsere Kinder. Wenn es überlebt, dann überlebt England mit ihm, und unsere Kinder werden als Europäer aufwachsen, und etwas anderes wird dann auch den englischen Kindern nicht übrigbleiben. Und wenn englische Eltern unter Bomben und Granaten Kinder in die Welt setzen und sie unter Bomben und Granaten durchbringen, dann können wir es auch. Dabei blieb es. Unsere Tochter wurde zwei Monate nach Kriegsausbruch geboren. Einmal, in den Bombennächten, stürzte das halbe Haus über ihrem Kinderbett zusammen, und sie blieb inmitten der Trümmer unversehrt. Hilft einem das Schicksal nur, wenn man es herausfordert? Das begann ich damals zu glauben. Wurde Europa so gerettet? Einer von uns sagte damals: Ubi bombi ibi patria. Als ich 1945 Deutschland wiedersah, sagte mein alter Freund Günther Weisenborn zu mir: Wer nie im Gefängnis gesessen hat, kann jetzt überhaupt nicht mitreden. Ich sagte, ich sei nie im Gefängnis gesessen. Warst du nicht in England, fünf Jahre lang, sagte er, und konntest nicht raus? Es ist dasselbe. Damals mußte ich oft denken, wenn ich die ersten unserer zurückgekehrten amerikanischen Freunde sprach: Wer nie eine Bombe auf den Kopf bekommen hat, der weiß überhaupt nicht, was in Europa los ist. Ob ich es so ganz weiß, der ich eine Vergangenheit zu bewältigen habe, dessen bin ich nicht immer sicher. Sicher bin ich, daß meine Kinder es wissen: Sie sind in ganz Europa zu Hause und sprechen mehr Sprachen als mein Vater damals, als er mir die Landkarte erklärte.

Damals in Luxemburg, als ich die Karte an der Wand betrachtete, schrieb ich mir abends im Quartier einiges auf, was mir durch den Kopf ging. Diese Zettel habe ich noch.

Was ist ein Erdteil? notierte ich. Wie abwechselnd, wie veränderlich Inhalt und Bedeutung dieses Wortes sind! Die Beziehung zwischen dem beweglichen Einzelnen und den statischen Einrichtungen wie Erdteil, Ozean, Insel – wie höchst verwirrend! Ich war zu gewisser Zeit ein Festlandbewohner gewesen, zu anderer ein Inselbewohner und zu wieder anderer noch ein Drittes – ein Ausgestoßener, ein Schiffbrüchiger, der zwischen Insel und Kontinent über das Antlitz der Erde dahinwandert und den Ozean gar nicht bemerkt. Hängt es einzig davon ab, »wie man es sieht?« Das bezweifle ich.

Der deutsche Kontinent – ich hatte in jenen Jahren in genau diesem Begriff gedacht und war erstaunt, als ich die große Landkarte betrachtete, wie treffend diese Bezeichnung war. Dieses Phänomen, den deutschen Kontinent, gibt es oder gab es, und es hing nicht davon ab, »wie man es sah« – und damit meine ich nicht die Zeit der deutschen Besetzung, als der Kontinent durch Gewalt physisch, und nur physisch, deutsch wurde. Die bekannte englische Zeitungsschlagzeile, die so gern, aber zu Unrecht, als sinnfälliger Ausdruck britischer Insularität zitiert wird: »Stürme im Kanal – Festland abgeschnitten«, sie klang gar nicht so bedingungslos blödsinnig, wie ich immer gedacht hatte. Wie wäre es mit: »Deutschland verrückt geworden – Übriges Europa im Irrenhaus«? Dies hat dieselbe leicht perverse Eigenschaft; denn es ist ja das Wesen der Perversion, daß sie einen isolierten normalen Charakterzug aus dem Zusammenhang seiner Normalität heraushebt und in sehr vergröberten und verrückt übertriebenen Proportionen zeigt.

Die Geographie – und gar die Geographie Europas – ist also nicht notwendigerweise das, was die Landkarte zeigt. Sie ist das, was das heimatlose Herz die Landkarte zu zeigen verleiten kann. Shaws Kapitän Shotover in »Haus Herzenstod« hat vollkommen recht: Das Geheimnis des Lebens ist, navigieren zu können. Aber das Geheimnis des Navigierens ist die Orientierung. Ich habe die besondere Wahrheit dieses Lehrsatzes erst festgestellt, als ich entdeckte, daß die einzig wirklich vertrauenswürdigen Navigationskarten die eigenen Träume sind. Seitdem ich für mich festlegte, was hinfort Norden, Süden, Osten und Westen sein würden, bin ich imstande gewesen, durch Länder, Meere und Inseln recht erfolgreich zu schiffen und mit nicht mehr Unglücksfällen und Havarien, als selbst der erfahrenste Admiral in Rechnung stellen muß. Anfänglich handelte es sich hier um eine rein von der Nützlichkeit diktierte Methode, die geeignet ist, physisches Überleben und die Erhaltung geistiger Klarheit zu erleichtern. Sie kann sich zu einer Überzeugung verdichten und schließlich zu einem Glauben werden. Und das ist letztlich alles, was man braucht und was man sich wünschen darf, gewiß in Europa, ganz gewiß in Deutschland.

Denn es ist dies ein neues Jahrhundert, und es ist bevölkert von neuen Menschen, obwohl sie es selbst vermutlich noch gar nicht bemerkt haben und obwohl der oberflächliche Augenschein einen zu der Täuschung verleiten mag, es handle sich lediglich um einen Fall äußerst beschleunigter Kontinuität und man brauche sich deshalb keine Sorgen zu machen. In der Tat ist auch für jenen, der sich seine eigene Geographie macht, kein Anlaß zu Beunruhigung gegeben. Grenzen bewegen und verschieben sich, tauchen von nirgendwoher auf und verdunsten wieder, noch während man sich die Brille putzt, um sie betrachten zu können. Staatengrenzen, Nationalgrenzen laufen quer durch die Weltmeere, mitten durch öde, verlassene Wüsten, durch den Himmel zwischen Sonne und Mond und mitten durch das Herz der Erde.

Man gewahrt es wohl und verwundert sich nicht, daß die Tyrannen sich um den Besitz einer Wolke streiten.
Die Inselbewohner sind die Erben des Festlandes geworden, die Bewohner der Kontinente sind in Blut und Rauch gen Himmel aufgestiegen und bevölkern die himmlischen Lavafelder. Die Ungeheuer des Himmels und der Meere haben einen erbitterten Kampf begonnen um die letzten Besitztümer des enterbten Menschen und kämpfen den Kampf jenseits von Hören und Sehen, unter dem Meer und über den Wolken. Eines Tages wird eines von ihnen an Land kommen und den Sieg verkünden und erstaunt sein zu entdecken, daß sich eigentlich niemand für das Ergebnis interessiert.
Inzwischen wird es für alle jene, die närrischerweise an ihrem Glauben an die Kontinuität festhalten, notwendig festzulegen, wo sie sich befinden, wenn überhaupt irgendwo – wo die Kontinente sind und wo die Ozeane, ihre Beziehungen und Entfernungen zueinander zu bestimmen, bereit, sie jederzeit ohne vorherige Warnung oder Ankündigung, ohne Bedauern oder gar Gewissensbisse zu revidieren. Die längsten Entfernungen sind jene, die man überdenken kann, die kürzesten jene, die sich in einem Traum durchmessen lassen. Wobei jedoch nicht zu vergessen ist, daß es möglich ist, im Kreis zu denken und um die Ecke zu träumen. Europäer haben dies besonders gut heraus, Russen und Amerikaner kommen allmählich dahinter, Chinesen und Inder, wie nicht verwunderlich, besitzen die Kenntnis seit Jahrtausenden und tun sich etwas darauf zugute, daß sie sie nicht verwenden. Indessen, die Kenntnis solcher Kniffe ist nützlich, aber nicht unerläßlich.
Wenn alles dies einmal feststeht, kann man sicher und wohlbehalten sogar durch die verwirrendsten Angstträume segeln und wird nicht erstaunt sein zu entdecken, daß man in der Tiefe eines unermeßlichen Spargelbeetes ertrunken ist. Von jetzt ab kann es sein, daß man genötigt ist, die Erdkarte mehr als einmal im Verlauf eines Lebens vollkommen neu zu entwerfen. Das macht nichts. Sogar die Amerikaner sprechen von dem »Kontinent«, wenn sie Europa meinen. Und wie recht sie damit haben! Das Wesenselement des europäischen Kontinents – und es wird

zum Wesenselement auch des afrikanischen – sind seine Grenzen und Sprachen. Dieses Element hat Amerika nicht mitbekommen, und deshalb ist es im tiefsten Grunde langweilig und langweilt sich. Die Insularität der Amerikaner ist die unverbesserlichste und unveräußerlichste von allen, und je insularer sie werden, desto weniger isolationistisch vermögen sie zu sein, was ihnen merkwürdig vorkommen muß. Die Engländer allerdings hätten ihnen das vorhersagen können. Sie besitzen schon seit Jahrhunderten ihre eigene Geographie, die auch weiterhin alle Landkarten mit Erfolg zum Narren hält. Aber schließlich gibt es keine begabteren Träumer als die Engländer, obgleich die Iren häufig das Träumen für sie besorgen. Das ist ihnen recht. Wer möchte gern für sein Unterbewußtsein verantwortlich sein?

Auf solchen Gedankenwegen gelangte ich zu der Meinung, daß es für mich praktisch sei, England als einen Kontinent zu betrachten und den »Kontinent« als einen Ozean, in dessen Mitte Deutschland, einem zweiten Atlantis gleich, versunken am Meeresboden ruhte. Nachdem diese Orientierung einmal festgelegt war und sogar das Unterbewußtsein sie akzeptiert hatte – ohne seine Zustimmung wäre sie ja unbrauchbar geblieben –, wurde der europäische Kontinent für mich durchaus unwirklich, während ich selbst aufhörte, ein Gespenst zu sein, und wieder wirklich wurde. Erst mehrere Jahre nach meiner Landung in England und nachdem ich selber ein Inselbewohner geworden war, begann Atlantis sich wieder aus den Fluten zu erheben. Und jetzt ist es wieder aufgetaucht. Ich mißtraue auch in dieser Stunde noch dem Zusammenhalt, der Festigkeit des Landmeeres, das es umgibt; ich weiß, es ist unsicherer Boden, unzuverlässig und gefährlich. Aber morgen, wenn ich an Land gehe, werde ich es genau wissen.

So die Luxemburger Notizen: Tagträume, Nachtängste, die rechts und links, gestern und morgen vertauschen, das Oberste zu unterst kehren, Schlaflieder im brennenden Haus, Krücken, Stelzen, Rettungsboot und zusammengezimmertes Floß, dahintreibende Planken, an die man sich klammert – wer anderes als ein Europäer käme denn auf dergleichen? Daß ich ein Europäer sei, wußte ich schon früh und habe es natürlich immer, auch in allen meinen hilflosen Phantasmagorie-Gespinsten, immer gewußt. Wie aber wird einer der, welcher er ist? Darüber brauche ich mir nicht lange den Kopf zu zerbrechen; das weiß ich. Es liegt alles in den frühen Jahren beschlossen. Ich bin in Deutschland geboren, das ist wahr. Aber ich bin in Europa aufgewachsen. Bald nach dem Ersten Weltkrieg bekamen wir ein Telefon ins Haus, und einmal hörte ich, zehn Jahre alt war ich vielleicht, meinen Vater französisch telefonieren. Mit wem hast du gesprochen? fragte ich ihn. Mit Frau Bienert, antwortete er. Warum französisch? Weil Frau Bienert eine Französin ist. Kann sie nicht deutsch? Gewiß, aber nicht sehr gut, und es freut sie, wenn man ihre Sprache mit ihr spricht. Es ist, sagte mein Vater, eine europäische Höflichkeit. Das habe ich mir gemerkt, fünfzig Jahre lang; sonst wüßte ich's heute nicht.

Ich kannte in meiner Kindheit wenige Menschen, die einfach nur Deutsche waren und sonst nichts. Daß die Familien meiner Eltern aus vielen Gegenden Europas stammten, sagte ich schon. Mein Vater sprach zeitlebens mit einem deutlichen baltischen Akzent. Wenn meine baltischen Großtanten meine Großmutter besuchten, verfielen sie häufig unversehens ins Russische, ihre Kindheitssprache, und machten sich auf einem Samowar russischen Tee. Meine Tante May, die auf uns Kinder aufpaßte, wenn die Eltern verreisten, sprach englisches Deutsch und deutsches Englisch durcheinander und machte englischen Tee. Das alles schwirrte um mich herum, ehe ich selbst ordentlich sprechen konnte. Dann kam unser kleiner Vetter Harald zu uns ins Haus; er kam aus Kopenhagen, hatte eine dänische Mutter und sprach dänisch.

Dergleichen wunderte uns Kinder gar nicht, denn wir wuchsen in Hellerau auf. Hellerau, wohin wir 1910 von München übersiedelten, war eine nach dem Vorbild der englischen »garden suburbs« oder »garden cities« angelegte »Gartenstadt«, im sandigen Heide- und Kiefernland unweit von Dresden gelegen, ein damals neuartiges Experiment, eine internationale Künstler- und Kunsthandwerker-Kolonie und, anders als Worpswede, ein kleines Europa. Das weiß heute kaum jemand mehr; man muß es etwas genauer erzählen. Hellerau war »Europa persönlich«; es

war mein persönliches, ureigenstes, unverlierbares Europa.
Hellerau entstand 1907, als Karl Schmidt und Karl Bertsch ihre »Dresdner Werkstätten für Handwerkskunst« und »Münchner Werkstätten für Wohnungseinrichtung« zusammenlegten und sich von Richard Riemerschmidt im Heideland am »Heller« bei Dresden eine moderne Möbelfabrik und rund um sie herum eine moderne Arbeitersiedlung bauen ließen. Von hier strahlte die deutsche »Möbelrevolution«, die den massenfabrizierten Stilwirrwarr-Schund jener Zeit überwinden und ein neues »zeitgerechtes« und »werkstofftreues« Kunsthandwerk an seine Stelle setzen sollte, nach ganz Europa aus. Riemerschmidt und Muthesius bauten die Gartenstadt, und ihre Idee befeuerte die Phantasie und den Enthusiasmus des jungen Wolf Dohrn, des ersten Leiters des neu gegründeten »Deutschen Werkbunds« zu dessen Mitbegründern mein Vater, Münchner Schüler Riemerschmidts, gehört hatte. Wolf Dohrn sah, daß dieser selbständige Wohnorganismus sich aus seiner geistigen und künstlerisch-handwerklichen Struktur heraus seine eigene kulturelle Lebensform schaffen könne, und diese Lebensform zog bald nicht nur aus allen Teilen Deutschlands, sondern aus ganz Europa gleichgesinnte Menschen heran. Wolf Dohrn rief seine Freunde von überallher herbei. Er holte meinen Vater aus München nach Hellerau, und mein Vater war es, wenn ich nicht irre, der seinen Jugendfreund Jakob Hegner nach Hellerau holte, der dort seinen Verlag und später seine exemplarische Buchdruckerei aufbaute.
Doch nicht genug mit den Villen und Werkstätten von Kunsthandwerkern, Goldschmieden, Malern, Architekten, Schriftstellern, Keramikern, Buchbindern, Webern und anderem, emsig vor sich hin schaffenden Weltverbesserungsvolk! Dohrn holte den großen Baumeister Heinrich Tessenow nach Hellerau und ließ ihn auf der Höhe über der Gartenstadt ein gewaltiges Festspielhaus bauen. In dieses Haus setzte er den revolutionären französischen Musikpädagogen Emile Jacques-Dalcroze, den er aus Genf holte, und richtete ihm eine internationale »Bildungsanstalt für rhythmische Gymnastik« ein. Dalcroze ließ im Festspielhaus Bachsche Fugen tanzen, und eine unübersehbare Zahl

nachmals großer Tänzerinnen ging aus seiner Schule hervor. Um Schule und Festspielhaus herum schuf Tessenow eine eigene Siedlung von Häusern für Lehrer und Schüler aus aller Herren Länder. Bis heute sehe ich diese strahlendweißen Bauten auf der Höhe von Hellerau unter dem blauen Sommerhimmel in der Sonne flimmern. Es ist fast vierzig Jahre her, daß ich sie das letzte Mal erblickt, aber vor meinen Blicken stehen sie so, wie ich sie staunend als Kind erblickte, und in meinem Ohr klingen die Stimmen ganz Europas: französisch und russisch, englisch und italienisch, schwedisch, dänisch und jegliche Art von Deutsch. Mein liebster Freund war Gabriel Dalcroze, genannt Gaby, der kleine Sohn des großen Rhythmikers.

Jakob Hegner übersetzte und druckte neue französische Dichter, von denen noch niemand in Deutschland gehört hatte: aus Hellerau strahlte der Ruhm von Francis Jammes und Paul Claudel. Am 5. Oktober 1913 wurde Claudels »Verkündigung« mit Mary Dietrich zum ersten Mal im Festspielhaus in Hellerau aufgeführt. Diese Aufführung war ein Weltereignis, ganz Europa strömte zu uns herein. Ich war fünf Jahre alt und sah die Aufführung nicht. Aber ich erinnere mich genau eines großen Herrn mit einem Bart und kurios verzwicktem Blick, der an unserem Gartentor vorbeiging und interessiert zu uns Kindern auf dem Rasen hereinschaute. Mein Vater sagte, das sei Herr Bernard Shaw aus England und wir brauchten uns nicht vor ihm zu fürchten. Andere Herren kamen zu uns in den Garten und wir gaben ihnen die Hand; sie hießen Rilke, Kafka, Thomas Mann und so weiter. Erst zehn Jahre später begann ich zu begreifen, was ich da erlebt hatte: die Einheit Europas.

Bald darauf war alles aus. Wolf Dohrn stürzte beim Skifahren zu Tode, und der Erste Weltkrieg fegte die ganze enthusiastische Gesellschaft hinaus in alle Winde. Dalcroze reiste bei Morgengrauen ab und hinterließ ein zerstörtes Werk; weinend nahm Gaby von mir Abschied. Wir müssen weg, sagte er. Warum denn? fragte ich. Sais pas, isch weiß nisch, la guerre, wir müssen. Ein junger japanischer Tänzer, der ganz Hellerau mit seinen Künsten bezaubert hatte, kam schluchzend zu meinem Vater und bat ihn um Schutz, denn man habe ihn gänzlich grundlos verprügelt. Tags darauf denunzierte jemand meinen Vater, er sei ein verkappter russischer Anarchist und Spion – er trug gern eine karierte Sportmütze – und fabriziere in seiner Werkstatt heimlich Bomben. Man sperrte ihn tatsächlich mehrere Tage lang ein. Später im Krieg flog in der nahen Dresdener Industrievorstadt die große Munitionsfabrik in die Luft, und man evakuierte die Munitionsarbeiter in die umliegenden Dörfer. Sie kamen in langen Kolonnen die Landstraße entlang an unserem Haus vorbei. Mein Vater und ich standen am Gartentor; die Arbeiter lachten und riefen uns Worte zu, die ich nicht verstand. Das ist doch eine Schweinerei, sagte mein Vater. Warum? fragte ich. Das seien keine deutschen Arbeiter, sagte mein Vater, sondern russische und französische Kriegsgefangene, und die dürften nicht in Munitionsfabriken arbeiten. Das ist in Europa nicht erlaubt, sagte mein Vater. Natürlich freuten sie sich, daß die verdammte Granatenfabrik in die Luft geflogen war.

Aber Europa war nicht zu Ende, nicht für uns. Das Hellerau unserer jungen und enthusiastischen Eltern war wohl vorüber; aber das Hellerau der Kinder erhob sich aus dem trüben Sorgenwirrwarr der Nachkriegszeit voll trunkener Glückseligkeit. Bisher hatten wir Kinder von Hellerau im Wirbel der Welt unserer Eltern gelebt. Jetzt kam eine Zeit, da unsere Eltern in der wirbelnden Buntheit der Welt ihrer Kinder lebten. Die Erwachsenen aus aller Herren Ländern waren weg. Statt ihrer kamen Kinder zuhauf aus ganz Europa. Das war 1920, als ich zwölf Jahre alt war.

Wer war auf den Gedanken gekommen, in Wolf Dohrns verwaistem, noch immer hellem und lichtdurchflossenem Dalcroze-Bau eine internationale »Freie Schule« einzurichten? Wer hatte den Gedanken, hier ein völlig neuartiges modernes Erziehungsinstitut zu beheimaten, die Säle und Räume in Klassenzimmer, das efeu-umrankte Pensionshaus in ein Internat für Kinder aus ganz Europa zu verwandeln, Hellerau zu dem zu machen, was es seiner ureigensten Bestimmung nach immer war – zu einer echten pädagogischen Provinz? Ich weiß nicht, wer auf den Gedanken kam, aber eines Tages war die »Freie Schule« da. Sie war den Schulgemeinden von Hermann Lietz, war Wickersdorf und der Odenwaldschule nachgebildet, und ihr erster Leiter war ein früherer Mitarbeiter von Paul Geheeb, der romantisch-herrische Carl Theil, ein Mann, hinter dessen strahlender, herzlicher Offenheit sich eine geheimnisvolle Undurchdringlichkeit verbarg. Hellerau war seinen Vorbildern ähnlich, aber es wurde etwas ganz anderes. Denn zu Theil gesellte sich alsbald ein zweiter, bemerkenswerter Mann, der damals wie heute heftig umstrittene, umstürzlerische britische Pädagoge Alexander Sutherland Neill.

Dieser hagere, leicht ergraute Schotte – er war damals erst Ende dreißig! – mit der großen Nase, dem schmallippigen Mund, den stahlblauen Augen und der ewigen Pfeife, suchte im Nachkriegs-Europa nach einem Ort, wo er seine Vorstellungen von einer internationalen Schule verwirklichen konnte. Er verfiel auf Hellerau, brachte seine Schüler und Helfer mit und gliederte seine Schule in die unsere ein. Mit Neill kamen zwei ungewöhnliche Menschen: Willa und Edwin Muir, Dichter, Kritiker und Übersetzer. Neill und Willa Muir wurden meine ersten Englisch-Lehrer. Wenn ich heute überhaupt etwas von der Sprache verstehe, die inzwischen die Muttersprache meiner Kinder geworden ist, so danke ich es diesen beiden Menschen.

Neill war ein Mann, wie ihn ein zwölfjähriger Knabe, sogar in Hellerau, noch nie gesehen hatte. Seine pädagogischen Prinzipien waren noch ungleich moderner, jegliche Konvention bedenkenlos beiseite schiebend, als die der deutschen Landschulheime. Verstand ich, was sich rund um mich begab, begriff ich die Kräfte, die mich formten? Es war faszinierend zu sehen – oder zu spüren, wenn der Knabe es noch nicht klaren Auges zu sehen vermochte –, wie die mystische Autorität, die auf uns Kinder von Carl Theil ausstrahlte, mit dem kühnen Pragmatismus des aller Metaphysik abholden schottischen Erziehers zusammenfloß. Natürlich wußten wir Kinder – deutsche, englische, französische, skandinavische, österreichische, ungarische Kinder (ein blühendes, duftendes halbwüchsiges Mädchen, das Mary Maurissen hieß, war eine Griechin aus Amerika!) – natürlich wußten wir nicht, was diesen seltsam erregenden Spannungen zwischen der deutschen und englischen Welt und ihren vielen

Einsprengseln zugrunde lag. Aber wir spürten sie in jedem Augenblick, waren uns unserer glückhaften Bevorzugung in dieser Welt durchaus bewußt, begriffen sehr wohl, daß wir »neue Kinder« waren und ganz Neues von uns erwartet wurde. Das fruchtbare Geheimnis dieser europäischen pädagogischen Provinz, heute weiß ich, worin es lag: es war, als wandelten Wilhelm Meister und Bertrand Russell, Hölderlin und Shaw in innigem Zwiegespräch über Glück und Freiheit des Menschengeschlechts durch unsere seligen Gefilde.

Das begriff ich erst nach vielen Feuerproben. Heute weiß ich: daß ich der geworden bin, der ich bin; daß ich ungekränkten Herzens und unangefochtenen Geistes bis hierher gekommen bin; daß ich in dieser zerrenden, stoßenden, ruhelosen Welt, unter Bomben und Granaten, in Trümmerwüsten und Feuerstürmen nicht mit mir selbst zerfallen bin, sondern auf halbwegs einträchtigem Fuß stehe – das danke ich jenen kurzen Jahren und meinen Lehrern und Kameraden der europäischen Schule. Sie öffneten die Welt meinem Herzen und mein Herz der Welt. Ich bekam alles, was mir nottat, und gab alles, was ich zu geben hatte. Ich lernte zu lieben, vorbehaltlos und rückhaltlos, Frauen und Mädchen, Freunde, Kameraden und Meister, Gedanken und Landschaften, Bilder, Melodien und Worte aller Menschensprachen. Ich lernte, daß Europa nichts ist, wenn es nicht Liebe ist, Kinderliebe. Ich lernte ganz nebenhin, was Freiheit ist, und vermöchte es nicht mehr zu verlernen. Ich glaube, Europa wird sein, wenn es freie europäische Kinder gibt. Ich weiß, daß das kein Traum ist; ich habe wachen Auges einen Blick davon erhascht, ehe es vor einem Menschenalter wieder versank.

Die deutsche Inflation richtete das Experiment von Hellerau zugrunde; wieder zerstob alles in alle Winde. Neill ging mit seinen Kindern nach Österreich, dann zurück nach England; auch die Muirs brachen ihre deutschen Zelte ab; später in England veröffentlichten sie ihre mustergültigen Kafka-Übersetzungen, die den Dichter im Triumph um die ganze Welt und endlich nach Deutschland zurücksandten. Noch ehe alles zu Ende war, im Frühjahr 1924 muß es gewesen sein, fand in Hellerau – wer weiß, von wem veranstaltet – eine internationale Zusammenkunft der Jugendbewegungen der ganzen Welt statt. Jedermann hatte an den Rock, ans offene Hemd ein Kärtchen mit Namen und Land geheftet. Ich sah zum ersten Mal einen amerikanischen Schwarzen. Er war ein baumlanger, schlaksiger junger Mensch mit baumelnden Gliedmaßen, und auf seinem Etikett stand »James Corbie, USA«. Ich sehe es noch genau vor mir: er stand auf der Freitreppe vor Tessenows Festspielhaus mit einem jungen, strubbelhaarigen deutschen Wandervogel, auf dessen Schildchen stand »Hans Barth, Europa«. Corbie zeigte lachend mit dunklem Zeigefinger auf das Wort »Europa« und sagte: Where is that? Barth wies mit hellem Zeigefinger auf die Stelle, wo sie standen, und sagte: Hier. Das ist fast fünfzig Jahre her; wäre es dummes Zeug gewesen, so hätte ich Zeit gehabt, es zu vergessen.

Ich kam auf eine andere, eine altmodische Staatsschule in Preußen, und dort erhielt ich im Jahr darauf eine Einladung von einigen jungen Engländern, die ich auf dem Jugendtreffen kennengelernt hatte, zu einem sommerlichen Zeltlager in Norfolk am Meer. Ich fuhr hin. Ich war siebzehn Jahre alt. Ich reiste zum ersten Mal über die deutsche Grenze. Ich sah zum ersten Mal Deutschland von außen. Ich sah zum ersten Mal Europa, das ich in meinem Herzen längst kannte. Und ich sah es von England aus. Diese Blickrichtung ist mir wohl, begreiflicherweise, nie ganz verlorengegangen. Ich habe sie in den folgenden Jahren wohl berichtigt: mit einundzwanzig sah ich zum ersten Mal das Mittelmeer, sah Italien, lebte dann fast drei Jahre lang in Frankreich (das alles vor Anbruch der Finsternis), sah Prag und Wien, Nordafrika, Madrid und Kopenhagen, Zürich und Amsterdam in jenen Jahren meiner ziellosen Reisen um Deutschland herum. Aber irgend etwas ist mir von jener frühesten, allerersten Europa-Sicht von England aus geblieben. 1934 saß ich mit einem englischen Freunde auf einer sommerlichen Café-Terrasse in Paris, und der Freund sagte: Hier kann man nicht bleiben. Man meint, jeden Augenblick könne das Straßenpflaster explodieren und in einer Feuerlohe der Teufel herausspringen. Auf nach England! It's the only sane place in Europe.

Deutschland, versteht sich, war damals bereits »insane«. Ich mußte indessen viel weiter zurückdenken. Damals, 1925, als der Siebzehnjährige aus seinem England-Sommer ins preußische Internat zurückkehrte, wurde ihm klar: er paßte nicht mehr hinein. Meine Umwelt und ich ließen es einander zuerst zögernd, dann unverhüllt spüren. Ich hatte etwas gesehen und erlebt, was keiner meiner Kameraden oder Lehrer gesehen und erlebt hatte oder auch nur für sehens- und erlebenswert gehalten hätte. Ich hatte nun gut Englisch gelernt und kränkte in meinem Eifer meinen Lehrer damit, daß ich seine grotesk verkehrte Aussprache verbesserte. Der arme Mann war, was ich weder wußte noch ahnen konnte, nie eines lebendigen Engländers ansichtig geworden. Ich bemerkte, daß mir ein Odium anhaftete. War nicht an einem Siebzehnjährigen, der – anstatt wie alle seine Kameraden dem Jungdeutschen Orden beizutreten – freiwillig ins noch vor kurzem feindliche Ausland reiste und dem es dort gar gefiel, entschieden etwas Anrüchiges? War Deutschland, das herrlichste und beste Land der Welt, das von ganz Europa mit Reparationsforderungen aufs erbärmlichste geschunden wurde, etwa für mich nicht gut genug? Man schalt mich »Internationalist« – was ein Schimpfwort war – weil ich die Weltausstellung in Wembley gesehen hatte und arglos von ihr erzählte. Ich war ja wohl durch und durch ein »vaterlandsloser Geselle«. Einer meiner Lehrer sagte es mir höhnisch ins Gesicht: Sie kommen sich wohl wie so 'ne Art Europäer vor? So kam ich mir in der Tat vor, seit meiner Kindheit; ich hatte doch immer gewußt, daß Deutschland in Europa und Europa in Deutschland war. Aber damals, in jenem Augenblick, hatte ich ein unheimliches Gefühl, daß Deutschland Europa verraten werde, mein Europa jedenfalls. Ich sah das Straßenpflaster der kleinen brandenburgischen Provinzstadt explodieren und in einer Feuerlohe den Teufel herausspringen. Seit damals wußte ich, daß Europa mehr und noch etwas anderes war als ein alter, durch tausendjährige Geschichte unlöslich in sich verbundener Erdteil, eine einzigartige Gliederung von Ländern, Völkern und Sprachen, deren Wurzeln unentwirrbar in einem gemeinsamen Grund ruhten, so daß man keine ausreißen konnte, ohne alle anderen tödlich zu verletzen. Ich begriff, daß Europa überdies eine Geisteshaltung, eine Seelenstruktur war, die ihre Begriffe von Land und Meer, Kontinent, Insel und Grenzenverlauf nicht aus Erdkunde- und Geschichtsbüchern bezog, aus denen man unsereinen fütterte. Ich meinte, man könne als Deutscher sogar ein Europäer sein, ohne das außerdeutsche Europa je mit eigenen Augen gesehen zu haben, so wie man ein Christenmensch war, auch wenn man den Papst nicht persönlich kannte und nie eine Kathedrale von innen gesehen hatte.

Viele meinten später und meinen auch heute mit vielfältigen Beweisargumenten, England habe 1938 in München Europa verraten und es dem Zerstörer Europas ans Messer geliefert, und solcher Ruchlosigkeit sei es nur fähig gewesen, weil es von Europa nichts gewußt, sich ihm nicht zugehörig gefühlt, sich um sein Schicksal nicht geschert habe. Das ist eine Sache, die einem, der die Jahre der Finsternis und Verdammnis Europas in England erlebt und überlebt hat, natürlich nahegeht. Insgeheim glaube ich, daß diese Meinung Englands Verbundenheit mit Europa zu niedrig, seinen Einfluß auf den Gang der europäischen Geschichte zu hoch anschlägt; diese Geschichte wäre auch ohne die Weiche von München auf das Gleis des Verderbens gelangt. Immerhin kann man zweifeln. Ganz unbezweifelbar aber ist mir, daß die Engländer Europa gerettet und sich selbst zurückgegeben haben, und unverlierbar das Glücksgefühl: ich war dabei, das habe ich erlebt!

Natürlich dachten die Engländer damals, Sommer 1940, nach dem Zusammenbruch Frankreichs, vor allem daran, sich selbst zu retten. Aber sie wußten, sie konnten sich selbst nur retten, indem sie Europa retteten; es blieb ihnen gar nichts anderes übrig, und so setzten sie alles dran. Das bringt kein einzelner tollkühner Wagehals zuwege, da muß sein ganzes Volk seines Sinnes sein. Wir erlebten, wie dieses ganze Volk sich in jenen Jahren ingrimmig in Europa verbiß und es nicht fahren ließ; darüber konnte man München vergessen und vergaß es. Arnold Toynbee hat es ausgemalt, wie es anders hätte kommen können. Er, gleich Churchill in großen Zusammenhängen und Zeiträumen zu denken gewohnt, ist überzeugt, daß England im Angesicht des französischen Zusammenbruchs im Mai 1940 ohne Churchill den Weg Frankreichs gegangen wäre, den Kampf verloren gegeben und die Waffen gestreckt hätte. Danach wäre das restliche Europa rasch überwältigt worden; Rußland und Amerika hätten sich schwerlich zu gemeinsamer Verteidigung zusammengefunden, und die isolierte Sowjetunion wäre von Hitler niedergeworfen worden. Dieses deutsche Europa hätte im Verein mit Japan die Welt zu unterwerfen vermocht; es hätte zwar nicht tausend Jahre, wohl aber sehr lange gedauert, denn die Atomwaffen wären nicht in Amerika, sondern in Deutschland entwickelt worden, und keine Widerstandsbewegung, kein Versuch der Selbstbefreiung des versklavten Europa hätte die geringste Aussicht gehabt. Das britische Nein, im Mai 1940 von Churchill gesprochen, versperrte diese schon unausweichlich scheinende Schicksalsstraße, brachte die tobende europäische Geschichte zum Stehen.

Das habe ich erlebt, das ist für mich »Europa persönlich«. Die Insel gab dem Kontinent kein Zukunftsbild, das ist wahr. Aber sie rettete Europas Gegenwart und bewirkte, daß es imstand blieb, diese seine Zukunft überhaupt denkend und trachtend zu gestalten. Das große Nein, das die Engländer sprachen, war die Voraussetzung dafür, daß die Europäer überhaupt jemals noch zu sich selbst Ja sagen konnten. Wir alle, wie wir da sind. Jeder einzelne von uns. Auch ich – ich ganz persönlich.

Jürgen Petersen
Im Gegensatz zu Macht und Reichtum

Was bedeutete uns Europa in der Schule? Eigentlich nicht viel, wenn ich es recht bedenke. Gleich nach dem Ersten Weltkrieg kam ich auf ein humanistisches Gymnasium, und die Lehrer, die uns mit der Antike vertraut machen sollten, trugen schwer an der deutschen Niederlage. Sie dachten preußisch-wilhelminisch, und die wenigen Demokraten unter ihnen spielten eine Außenseiterrolle. Was das Land materiell verloren hatte, sollte die junge Generation durch geistige Anstrengungen wettmachen. Die Erziehung war hart und inhuman. Der Gegner saß im Land, die Stadt war französisch besetzt, und der Unterricht vollzog sich fast unter den Gesetzen eines Belagerungszustandes. Eine deutsche Minderheit erstrebte die Loslösung von Preußen, einen selbständigen Rheinstaat zwischen Deutschland und Frankreich, der ein französischer Satellitenstaat gewesen wäre. Entschieden widersetzte sich die Mehrheit solchen Plänen und vertrieb die »Separatisten«. Ich erinnere mich eines korpulenten Lehrers, den die Primaner in der Pause verprügelten. Er galt als Separatist und erschien fortan nicht mehr in der Schule.

Ich will damit sagen: europäisch wurden wir nicht erzogen, der Zeitgeist wehte aus anderen Regionen. Er war im Sinne des Wortes restaurativ, national und auf Revanche aus. Die Franzosen verboten, das Deutschlandlied zu singen, immerhin erlaubten sie »Ich hab' mich ergeben«, aber schon daß sie Vorschriften machten, schürte den Haß und stärkte alle Gefühle, nur keine europäischen.

Aus diesen Jahren der Kindheit ist ein schmerzliches Gefühl geblieben, daß die Franzosen Europa immer verhindern, wenn seine Stunde nahe scheint. Nach dem Zweiten Weltkrieg wiederholte es sich, und die Bewunderung für de Gaulle wurde getrübt durch seine egoistische Politik. Wieder war Frankreich das Land, das sich verweigerte, de Gaulle, das war deutlich, er sprach es immer wieder aus, dachte an die Größe, den Ruhm und die Ehre Frankreichs. Der Mann, der Algerien die Freiheit gab und als erster westlicher Politiker Beziehungen zu China anknüpfte, übersah seine europäische Mission, denn er glaubte nicht an die Mission Europas. »Fraglos wohnen wir dem Ende Europas bei. Wieso sollte die parlamentarische Demokratie, die überall im Sterben liegt, Europa schaffen können?« Er sagte es zu André Malraux bei ihrer letzten Begegnung kurz vor seinem Tod. Er wollte allenfalls eine »Vereinbarung zwischen den Staaten«, nicht mehr. Er hielt sich für den letzten Repräsentanten eines Europa, »das die Christenheit ist«. »Das Europa, dessen Nationen sich haßten, war wirklicher als das von heute.« Und: »Wenn man also zusehen muß, wie Europa stirbt, laßt uns zusehen; so etwas passiert nicht alle Tage.«

Ein zynisches, vielleicht nur resigniertes Wort. De Gaulle fürchtete ein atlantisch geprägtes Europa, eine »atlantische Zivilisation«, er fürchtete das amerikanische Europa.

Aber er war es, der nach dem Krieg die große Bereitschaft der Jugend enttäuschte, vornehmlich der deutschen. Ich bin sicher, wir hätten heute »Europa«, aber de Gaulle verstellte jeden Schritt dorthin. Da blieb seelisches Kapital ungenutzt. Man überließ es den Wirtschaftsmanagern in Brüssel, Europa zu bauen. Manche erinnern an den deutschen Zollverein, der das Bismarckreich vorbereitete. Was dann 1871 kam, war zwar die Konsequenz aus dieser Politik. Aber vielleicht hätte ein Deutschland aus dem Geist von 1848 Europa Umwege und Kriege erspart.

In der Schule tauchte das Wort Europa zuerst im griechischen Unterricht auf, wenn es um die Einigung der Griechen ging. Auch lernten wir, daß die griechischen Kolonisatoren das Land im Westen, am Nordufer des Mittelmeeres, Europa nannten. Freilich hatten sie nur unbestimmte Vorstellungen darüber. Erst die Römer lernten die Völker an der Nordküste des Mittelmeers kennen, die Kelten, Angelsachsen und Germanen.

Europa in der Antike, Europa in der Politik jener Jahre. Von Stresemann und Briand hieß es, sie seien Europäer, weil sie sich an einen Tisch setzten und den Blick über die Grenzen ihrer Länder auf ein Zukünftiges richteten. Es war ein neuer Ton. Bis dahin hatten die Politiker nur an das eigene Land gedacht. Jetzt bekam Politik eine andere Dimension. Aber die Hoffnung für Europa blieb ungewiß, und 1933 erlosch sie.

Der Frankfurter Student reiste im Herbst dieses Jahres zum ersten Mal ins Ausland. In Basel überschritt er die Grenze: dieses beklemmende Gefühl, der Einschüchterungsapparat von Schranken, Uniformen, Schaltern. An den Grenzen demonstrieren Staaten ihre Souveränität.

Die Schweiz. Das war noch nicht das ganz andere, da war eine gewisse Verwandtschaft, neu nur der Sprachklang, der gleichmütige, offene Blick, das Geruhsame, Solide, Gesunde. Wer damals aus Deutschland kam, fühlte sogleich den Unterschied.

Am nächsten Abend Genua:

Ich ging wie benommen durch die abendlichen Straßen, durch die engen Viertel über dem Hafen, alle Vitalität des Landes schien in dieser Abendstunde versammelt, es war eine traumhafte Verzauberung. Nie mehr habe ich später das Andere, das Fremde wieder so erlebt, vielleicht nur noch einmal nach Jahrzehnten in Japan. Damals war plötzlich »Italien« um mich, ging neben mir, lachte, redete, sang und drängte sich. Ich spürte den Atem einer Welt, über die ich bisher nur in Büchern gelesen hatte. Wissen verwandelte sich in Leben. Ich sah Pisa, Rom, Bologna, Venedig, Mailand. Die Fremde wurde vertrauter, und als ich auf dem Rückweg in der Oberstadt von Bergamo von einem Altan hinab in die Ebene blickte, mußte ich an Jacob Burckhardt denken, der als 70jähriger auf den Sacro Monte von Varese stieg, um »von dort, wie Moses auf dem Berg Nebro, die Lombardei noch einmal« zu überschauen.

Zwei Jahre später fuhr ich nach dem Examen mit dem Rad von Wiesbaden den Rhein entlang nach Holland. Freunde meiner Eltern hatten mich nach Utrecht eingeladen. Diesmal schob ich das Rad am Grenzübergang und passierte zu Fuß den Zoll, von den Beamten kaum beachtet, und ich merkte, wie anders das Gefühl ist, eine Grenze zu überschreiten, spannungslos, ohne Aufwand, undramatisch.

Die Holländer, bei denen ich die Ferien verbrachte, lachten und sangen viel, es waren junge Menschen in der Familie, Studenten, Lehrerinnen. Sie liebten Musik, aber sie waren von bürgerlicher Reserve erfüllt, nicht gegen Deutschland, aber gegen den NS-Staat. Das würde mich von nun an begleiten, ein halbes Leben lang, wenn man als Deutscher im Ausland war: die Distanz. Auch als das Regime zugrunde gegangen war, lange noch danach, ja eigentlich bis heute.

Man muß sich einmal vorstellen, wie ein junger Engländer, ein Schweizer Bürger, ein Schwede durch die Welt reist: respektiert, willkommen, ohne Vorbehalte. In seinem Gepäck trägt er keine Hypothek, er bewegt sich frei, Bürger eines Landes, das keine Nachbarn überfallen hat, und in Kriege nur verwickelt wurde, ohne sie provoziert zu haben. Die Deutschen erschwerten sich ihre europäische Rolle selbst, oder ihre Regierungen taten es. Offenbar stärkt das Schicksal, in der Mitte zu leben, nicht zugleich den Sinn für Mitte; es erzeugt im Gegenteil Ruhelosigkeit und gestörtes Gleichgewicht.

Wir haben Anlaß zu vermuten, daß die junge Generation heute mehr von der sammelnden, ausgleichenden, konzentrierenden Aufgabe weiß, die unsere geographische und geschichtliche Rolle uns auferlegt. Da kommt ihnen die wachsende Mobilität, die Öffnung der Grenzen, die bessere Kenntnis fremder Sprachen zugute. Sie weiß mehr von der Welt, und es ist sicher, daß ihr der europäische Zusammenhang wichtiger erscheint als der nationale.

Es ist immer wieder eine reizvolle Beschäftigung, die Karte von Europa zu studieren. Sie muß genau, aber sie darf nicht zu detailliert sein, ich suche den ungehinderten Blick auf Umriß, Struktur und Straßensystem, ich will mit einem Blick das Ganze erfassen, dieses differenzierte geographische Gebilde, das eigentlich kein Erdteil, sondern eine Art ausgefranstes Asien ist. Ich möchte die verwundbare Halbinsel mit ihren Ebenen, ihren Strömen und Gebirgen, ihren langen Küsten nicht eintauschen gegen die massiven Blöcke der benachbarten Erdteile, so imponierend und unangreifbar sie erschienen. Daß dieser Erdteil nach einer jungen Frau heißt, die ein Gott entführte, erscheint mir wie ein Symbol seiner Wehrlosigkeit und Anmut.

Wer die Landkarte betrachtet, legt den Finger auf Ortsnamen, die er kennt. Dort war er; es ist mehr als ein Punkt mit einem Wort daneben. Er hat die Luft geatmet, die Menschen, die dort leben, hat er gesehen, vielleicht mit ihnen gesprochen. Das ist es, was ihn immer wieder hinaustreibt, »diese Lust auf Welt«, wie es Horst Krüger, ein Weitgereister, nennt, ein Hunger nach Fremde. Sie nimmt uns fast den Atem, diese Lust, wenn wir an die großen Erdteile denken, an Amerika, Asien, Afrika. Dort fühlen wir uns ausgeliefert und schutzlos. Aber wenn wir in Europa reisen, bewegen wir uns auf vertrautem Boden, wir sind fast so zu Hause wie im eigenen Land.

Ich blicke auf Europa und vermesse es nach eigenen Maßen. Ich suche die äußersten Punkte auf diesem Koordinatensystem, die ich kenne, von Hammerfest zur Kaukasusküste, von Leningrad bis Gibraltar, von Brest nach Istanbul. Es ist mein Besitz, wenn auch kein vollständiger, es gibt weiße Flecken, etwa Jugoslawien und Portugal. Ich nehme mir oft vor, dorthin zu reisen, das eigene Europa zu vervollständigen, aber es ist auch schön, Räume für die Neugier offen zu halten.

Europa als Landschaft, Bilder in dieser Landschaft. Daraus speist sich Erinnerung, formt sich Wirklichkeit. Am deutlichsten an seinen äußersten Enden.

Vor Jahren fuhr ich auf den Lofoten mit den Fischern hinaus zum Fang. Bis an den Horizont schwankten die Masten über dem Wasser wie die nadelspitzen Türme ferner Städte. Aber wenn man näher kam, erkannte man, daß die Kutter, braun und weiß gestrichen, nicht zu dicht zusammenstanden, jeder hatte sein Jagdrevier. Im frischen, aber nicht mehr eisigen Maiwind standen die Männer im gelben Ölzeug dicht nebeneinander, selber fest wie Masten, und zogen mit vereinter Kraft die schweren Netze hoch, in denen die meterlangen Dorsche hingen. Die sturmfesten, gedrungenen Boote mit den kleinen dunklen Segeln, die Männer in den kniehohen Stiefeln, die tanzenden Masten über dem dunkelgrün schäumenden Wasser, in dem sich das kalte Licht der Frühlingssonne glitzernd spiegelte, dahinter die Kulisse der schroffen, schneebedeckten Felsen, »die versteinerte Bewegung, die dräuende Schlachtordnung, die starrende Schrecknis, die tausendfache Mannigfaltigkeit in diesem Steinguß«, beschreibt es Björnson.

Istanbul, im europäischen Teil der Stadt. Ich komme von den Moscheen und gehe durch eine Handwerker-Gasse hinunter zum Hafen. Das Licht hat einen eigentümlichen Schimmer, es ist ein leuchtender Spätnachmittag, alles überglänzt von einem leichten Dunstschleier und doch von gläserner Deutlichkeit. Möwen im Wind, Leben auf dem bewegten Wasser, Routeschiffe, hin und her zwischen dem europäischen und dem asiatischen Ufer. Es ist Freitag, der Gebetstag der Mohammedaner, heitere Festlichkeit liegt über dem Goldenen Horn. Fußgänger, ungezählte, auf der Brücke, die zwei Erdteile verbindet. Im Wasser ein paar Kähne, die Fischer holen langsam Zug um Zug die Netze aus dem Wasser, die Leute auf der Brücke sehen zu. Eine Stunde später werden die Boote am Kai festgemacht, die Männer bieten aus einer brodelnden Pfanne gebratene Fischstücke mit einer Scheibe Brot an. Bald ist der Vorrat erschöpft, sie machen los und fahren langsam heimwärts.

Das Geschichtsverständnis der Ranke-Generation war europazentrisch. Außerhalb lebten »die Völker des ewigen Stillstands«, der Weltgeist wirkte nur im Abendland. Die Europäer des 20. Jahrhunderts sind fern von solchem Hochmut, eher schon in Gefahr, den Zusammenhang mit der eigenen Vergangenheit zu verlieren, seit die Weltpolitik nicht mehr von ihnen bestimmt wird.

Aber in England, Weltmacht des 19. Jahrhunderts, lebt die Erinnerung an einstige Größe im konservierenden Klima des Landes stärker nach als irgendwo sonst. Wer die Insel besucht, etwa ein Seebad an der Südküste, dem fällt die dominierende Rolle der älteren Generation auf. Soviel gepflegte Grauköpfe sieht er nirgendwo anders in der Öffentlichkeit. England ist das Land der frohgemuten älteren Damen, auch sehr hohes Alter hindert sie nicht, am öffentlichen Leben teilzunehmen, unternehmungsfroh, wehende Kleider über mageren Körpern, eine zähe Rasse. Zielstrebig überqueren sie in lebhaftem Verkehr die Straße, aber kein Wagen ist ihnen gefährlich, in England respektiert man den Fußgänger, und vor allem den gefährdeten. Dieses hartnäckige Gegen-den-Strom-Schwimmen scheint zum Wesen des Landes zu gehören und auch zu den viktorianischen Zeugnissen, dieses Beharren auf der Welt und dem Recht an ihr, die äußerste Nutzung der Kräfte, der konsistente Rest einstiger Größe. Es liegt Trotz darin, ein demonstrativer Widerspruch zu allem, was Zukunft hat. Aber das Beste ihrer vielgerühmten Erziehung haben sie sich bewahrt, die gegenseitige Rücksichtnahme, das wohlmeinende Interesse, die Bereitschaft zu helfen. Ein soziables Volk, menschenfreundlich aus Erziehung und Gesinnung, mit einem untrüglichen demokratischen Bewußtsein. England, in manchem Sinne Europas Vermächtnis.

Es wächst langsam zusammen, dieses Europa, aber schon daß es fast drei Jahrzehnte ohne Krieg lebt, darf als Glück gelten. Der ideologische Riß besteht, aber auch diese Grenze hat ihre Härte verloren. Vor zwanzig Jahren gehörte es noch nicht zu den Selbstverständlichkeiten, nach Moskau und Warschau, Prag und Budapest zu reisen, dort in komfortablen Hotels zu wohnen, in deutscher Sprache von freundlichen Hostessen durch die Stadt, in die Theater und durch die Museen geführt zu werden.

Immer wieder erstaunlich erscheint mir die Pflege der eigenen Vergangenheit in den Hauptstädten dieser Länder, der finanzielle Aufwand dafür, die stiltreue Restaurierung.

Ich gehe in Warschau durch den Herbstmorgen, dunstige Sonne, ein heller Himmel, trockene Luft, Hochdruck. Als Gombrowicz – nach Jahren einer unfreiwilligen Emigration – nach Europa zurückgekehrt war und durch Berlin ging, erinnerten ihn die Gerüche an Polen, und das Heimweh übermannte ihn. Ich komme in die Altstadt, sie ist nach erhaltenen Plänen und genauen Bildern des Venezianers Canaletto, vor zweihundert Jahren gemalt, wieder so erbaut, wie sie einmal war. Erste Paradoxie, eine liebenswürdige: die Architektur des 16. und 20. Jahrhunderts wurde in dieser Stadt zur gleichen Zeit erbaut. Man geht durch vergangene Jahrhunderte, und die Täuschung ist vollkommen: edle Fassaden, Adelssitze, Kopfsteinpflaster. 20 Jahre nach der Restaurierung gibt die Patina der musealen Architektur Echtheit. Zweite Paradoxie: ein kommunistisches Regime bemüht sich um das feudale Erbe des Landes, noch dazu von fremden Fürstenhäusern erbaut, Schweden, Sachsen. Man erneuert Schloß Wilanow, das polnische Versailles, ein Juwel, kleiner als das französische Vorbild, eine eigenständige polnische Variante des europäischen Barocks. Durch die kostbaren Räume des anmutigen Baus wandern täglich die Schulklassen zur Stärkung des geschichtlichen Bewußtseins, an den Wänden sehen sie die Köpfe vergangener Jahrhunderte, polnischer, europäischer Adel. Dieses Land, das einzige, in dem ein Lyriker von seinen Büchern leben kann, fühlt sich tief verbunden mit der abendländischen Kultur. Es übersetzt Hölderlin und Rilke, Goethe und Thomas Mann, Broch und Benn. Die »Jahre der Trauer und der Menschenverachtung« liegen weit zurück. Polen, das Land zwischen dem Osten und dem Westen des Erdteils, ist noch immer auf dem Weg zu seiner eigenen Wirklichkeit.

Europa hat viele Entwürfe, als Abendland, als Geschichtsbegriff, als Kulturtradition, als Wirtschaftsmacht und Industriepotential. Ich denke zuerst an die gewachsene Kulturlandschaft, den jahrtausendealten Boden, der soviel Kostbarkeiten hervorbrachte. Von Spenglers Untergangsthese, das Abendland als typische Spätzeit, spricht heute niemand mehr. Keine weltgeschichtliche Hochkultur hatte eine so andauernde, sich immer wieder verjüngende Strahlkraft.

Die beiden Amerika, der Norden und der Süden Afrikas, Australien sind von abendländischem Geist geprägt. Die großen nationalen Kulturen, zuerst die deutsche und die italienische, später die spanische und die französische, wirkten immer zugleich auf den ganzen Erdteil. Wenn ich die Namen Dante oder Goethe ausspreche, kenne ich ihre Herkunft, aber ihr Werk kommt aus dem Geist Europas. Die Musik von Palästrina oder Beethoven hat ihren italienischen, ihren deutschen Ursprung, aber was sie ausdrückt, ihr Lebensgefühl, ist europäisch. Ich betrachte die Bilder von Raffael oder Rubens. Das ist nicht nur italienisches

16. und niederländisches 17. Jahrhundert, sondern der Erdteil als Ganzes, das Abendland ist in ihnen.

Von der Grenze Europas im Osten ist oft gesprochen worden. Im Westen und Süden bilden Atlantik und Mittelmeer natürliche Barrieren. Wo aber endet Europa im Osten? De Gaulle verstand es »bis zum Ural«. Dem wurde widersprochen: Europa am Ural enden zu lassen, sei willkürlich. Befragt, wie die Russen sich selbst sehen, als Europäer oder als Asiaten, erinnert man an das 19. Jahrhundert. Damals gab es drei Richtungen: die Russen, die sich dem Westen zugehörig fühlten, die Panslawisten und die Panasiatisten. Wer in Rußland nicht westlich dachte, tat es oft aus enttäuschter Liebe zu Europa. 1918 definierte Alexander Blok Sowjetrußland als europäisch, aber nicht abendländisch. Eine diffizile Unterscheidung, die man nur nachempfinden, nicht definieren kann. Die Sowjetunion versteht sich heute als europäischer, d. h. westlicher Staat, das alte Spottwort »kratzt den Russen, und ihr habt den Chinesen« gilt nicht mehr. Die vorsichtige Differenzierung in der Frage »europäisch« oder »asiatisch« hat freilich auch einen Grund in dem sowjetischen Wunsch, beides zu sein, eine europäische und eine asiatische Macht. Die Chinesen räumen ein, daß der sowjetische Machtbereich sich über europäisches und asiatisches Gebiet erstreckt. Aber, so sagen sie, das politische Zentrum der Sowjetunion hat sich immer in Europa befunden, und der asiatische Anteil Sowjetrußlands zeigt nur das Vordringen Europas bis zum Amur – unzulässigerweise, nach chinesischer Vorstellung.

Europa als Idee, Europa als Wirklichkeit. Es ist ein pragmatisches Europa, das die heutige Generation will, ein Europa, das sich seiner Kraft bewußt ist. Ich weiß nicht, ob Jean Monnet, Robert Schuman, de Gasperi und Adenauer es sich so vorgestellt haben.

Damals, nach dem Krieg, war Straßburg ein Symbol, das sich die europäische Jugend jubelnd über die Grenzen hinweg zurief. Dieses Europa versank wieder im Nebel, im herrischen Nein Frankreichs. Doch die Idee blieb lebendig, die Wirklichkeit schuf Tatsachen und diktierte sie den Politikern. Wachstumsraten,

Außenhandelsumsatz, militärischer Zusammenschluß, gemeinsame Forschung. Europa als Zweckverband.
Daß Geschichte sich in der Nation vollzieht, war noch die Überzeugung des 19. Jahrunderts. Man diente ihr und opferte sich, wenn es sein mußte. Den Deutschen wurden diese hehren Vorstellungen von Hitler gründlich ausgetrieben, ein tief ernüchtertes Volk versagte sich nach dem Krieg jedem Opfer, jeder Teilnahme. In einem immer noch unbegreiflichen Maß sind die Deutschen wieder in diesen europäischen Kosmos hineingewachsen, mithandelnd, mitbestimmend. Ein Volk, das so tief gefallen ist, braucht Ermutigung und Bestätigung. Sie wurde ihm zuteil. Und es hatte das Glück, Männer an seiner Spitze zu sehen, denen die Achtung der Welt galt.
Manchem, der sich nicht nur ein Europa der Vaterländer, sondern ein Vaterland Europa wünscht, erscheint dieses wirtschaftlich potente, von den Weltmächten umworbene Europa bisweilen unheimlich, ein euphorischer Zustand, der ihm nicht angemessen ist, ein Scheinglanz, der plötzlich verlöschen könnte.
Als Jacob Burckhardt im Wintersemester 1881–82 an der Universität Basel Vorlesungen über die Französische Revolution hielt, gestand er, er habe nie vorher solche Mühe gehabt, sich und den Zuhörern den »unwillkürlichen Eindruck der Aktualität« fernzuhalten, den die geschichtlichen Vorgänge von damals verursachten. Ihn überkam bisweilen »ein Grauen, die Zustände Europas möchten über Nacht in eine Art Schnellfäule überschlagen, mit plötzlicher Todesschwäche der jetzigen scheinbar erhaltenden Kräfte«. Ich las jetzt noch einmal in den Briefen diese Sätze einer tief pessimistischen Hellsicht, die den späten Burckhardt kennzeichnet. Zehn Jahre vorher, am 21. April 1872, bald nach dem Ende des französischen Krieges, hatte er noch an Arnold von Salis ein vorsichtig abwägendes Wort geschrieben, das den Empfänger wie den heutigen Leser in einer geheimnisvollen Frage allein läßt. Mit ihm möge meine Betrachtung schließen: »Das Neue, Große, Befreiende muß kommen aus dem deutschen Geist, und zwar im Gegensatz zu Macht, Reichtum und Geschäften; es wird seine Märtyrer haben müssen; seiner Natur nach muß es ein Etwas sein, das bei allen politischen, ökono-

mischen und anderen Katastrophen über dem Wasser schwimmt. Aber was? Da überfragen Sie mich. Es könnte sein, daß auch wir es verkennten, wenn es in die Welt tritt.«

Werner Ross
Ich bin für bunte Landkarten

Als Kind war ich ein Landkarten-Fan. Ich verkroch mich auf den Speicher, ließ mich vor den Freunden verleugnen, die Dritten-Abschlagen spielen wollten, nur um mit dem Atlas allein zu sein. Die bunten Länder wurden vertrautes Spielzeug für mich, Bauklötze der Phantasie: der Stiefel, der Löwe, das gezipfelte Frankreich, Spanien mit seinem Dach, Deutschland mit dem abgetrennten Arm Ostpreußen. Die physikalischen Karten interessierten mich nicht mit ihren Abstufungen von Grün, Gelb und Braun und den grindigen Gebirgen. Ich war für rote, orange, lila Länder, blaue Küsten und möglichst dicht gereihte Städtenamen. Ich zeichnete und pauste ab, die Inseln von Malta, die Südküste Portugals, Bornholm, Dänemark. Klein mußte das Land sein, das mir gefiel, meernah und mit Städtenamen gespickt.

Europa war auch für den Landkartenliebhaber keine unmittelbare Erfahrung. Europa wurde als Erdteil *gelernt,* als ein Zipfelgebilde, vielgliedrig, am Ende der großen Landmasse, die Asien hieß und nach Afrika übergriff. Der Ural also, kein mächtiger Gebirgsdrache wie die Alpen, sondern eine blasse Raupe, trennte Europa von Asien. Man lernte so, aber es leuchtete nicht ein, denn was östlich lag, Sibirien, war so grün wie Rußland, war Rußland, und Rußland war unförmig wie Sibirien mit einer unordentlich gekrausten Nordküste und ohne das Gekribbel der Städtenamen, die, sich drängend wie die Menschen in den Städten, meine Landkarten lebendig machten.

Später hat noch einmal jemand vom Ural gesprochen, der Napoleonide General de Gaulle. Er war für den Zusammenschluß

Europas bis zum Ural. Was er sich dabei gedacht haben mag? Dann könnte man schließlich auch den Zusammenschluß mit Amerika bis zu dem Alleghenies in Erwägung ziehen. Was dem alten General durch den Kopf ging, war – vermute ich – keine kühne Zukunftsvision, sondern die Erinnerung an seinen Geographieunterricht. Inzwischen ist die kontinentale Geographie noch mehr in Unordnung geraten: die Türkei will zu Europa gehören, obwohl sie zu vier Fünfteln aus Kleinasien besteht, und die arabischen Länder sperren sich gegen den Kontinent-Schnitt am Suezkanal. Amerika ist der geläufige Name eines Landes und der fast vergessene eines Kontinents, Australien ist ein Staat wie Südafrika oder Indien. Die Sowjetunion hat die Hauptstadt von Petersburg nach Moskau verlegt, und da liegt sie immer noch reichlich westlich, von Wladiwostok aus gesehen. Wo und zu welchem Zweck fängt da Asien an?
Wie dem auch immer sei: als Kind optierte ich für das Bunte, gegen die Einförmigkeit der Kontinente, *gegen* Gobis und Saharas, dickquillende Gebirge und kahle Tiefebenen, *für* das Kleine und Gegliederte, für Buchten und Inseln, *gegen* alle Arten von Niemandsländern, eisige und tropische, *für* Städte und Städtchen, *gegen* Großreiche und Imperien. Putzgers Historischer Atlas entzückte mich: da war auch das kleine Griechenland noch groß und bunt, in lauter verschiedengefärbte Stämme und Landschaften aufgeteilt, und das Heilige Römische Reich Deutscher Nation war bunt wie ein Flickenteppich. Das war schön. So war ich als Kind schon ein Parteigänger Europas und wußte es nicht. Denn Europa ist kein Kontinent, wieso denn auch, sondern das Bekenntnis zum Gegliederten, zur Vielfalt, zu Ländern, die wie Stiefel, Löwen, Wappenadler oder Kastanienblätter aussehen, und zu Städten, die man sofort erkennen würde, auch wenn man vom Himmel fiele.

Später vernarrte ich mich ins Etymologisieren, so mit siebzehn. Ich erklärte allen Leuten ihre Vor- und Nachnamen, mochten sie wollen oder nicht. Ich war stolz zu wissen, daß Neapel Neustadt heißt und Belgrad Weißenburg. Europa also war semitisch »ereb«, das Dunkle, das Land der untergehenden Sonne, das

Abend-Land. Und Asien war das Morgenland, wie gut ging die Formel auf! Wenn man jung ist, gefallen einem die Formeln, die appetitlichen Gegensatzpaare. Man hat ein Passepartout in der Hand, alle Türen springen auf. *Ex oriente lux*, aus dem Osten wird man erleuchtet, alle Religionen kommen vom Morgenland, aus Indien, China, aus Persien und Palästina, aus Arabien und neuestens aus der Sowjetunion; die Aufklärung hingegen ist abendländisch, fing in Griechenland an und hat heute den ganzen Westen nach ihrem Bild gemodelt. Die Eule der Minerva beginnt ihren Flug in der Dämmerung. Der Westen ist *spät*, *spät*kapitalistisch, *spät*bürgerlich, abendmäßig. Der Untergang des Abendlandes, das paßt vortrefflich zusammen, wenn schon die Sonne untergeht, folgt der Westen nach. Der Untergang des Morgenlandes hingegen, das kann nicht sein. Da herrscht Aufgang, da pilgert Hermann Hesse hin und hat nicht nur Hippies nachgezogen, nach Kabul und Kathmandu.

Ehrlich gesagt, heute glaube ich nicht mehr an dieses Musterbeispiel etymologischer Logik, Dunkel und Hell, Abend und Morgen, von den Assyrern oder Phoinikern über den Daumen gepeilt. Das ist zu schön, zu sauber, um wahr zu sein. Heute glaube ich, daß man Kontinente (das heißt Zusammenhänge) auch anders sehen kann, im photographischen Negativ sozusagen: als Einheit und Zusammenhang eines Meeres. Damals war die Ägäis ein solcher Meer-Kontinent, ein verbindender Binnensee mit lauter Inselpfeilern, später das Mittelmeer, noch später die Ostsee, die Nordsee, heute der Atlantik. Herüber und hinüber, so ging es schon in mythischen Zeiten: Zeus, auf dem Olymp zu Hause, verwandelte sich in einen schnaubenden Stier, um am syrischen Strand die Königstochter Europe zu entführen, die dort die Herden hütete, liebte sie auf Kreta und zeugte mit ihr dort den guten und gerechten König Minos, nach dem die kretische Kultur auch die minoische heißt. Der Bruder der Europe, Kadmos, machte sich auf die Wanderschaft von Ost nach West, um die Schwester zu suchen, und gründete unversehens das griechische Theben, tötete aber nicht nur Drachen, sondern brachte auch die phönizische Schrift mit. So lernten die Griechen schreiben. Die Jungfrau Europe also war ausgerechnet keine

Europäerin, und der Zeus-Stier, der sie mitnahm, erinnert mehr an Ägypten als an das humane Abendland, das noch ganz in den Windeln lag. Und wieder schickte Poseidon dem Minos einen Stier, und seine Gemahlin Pasiphae wurde von Liebe zu diesem Stier ergriffen, und gebar das Stierwesen Minotaurus, eine merkwürdige Häufung von Stieren, gut griechisch und gut orientalisch, als ob das nicht fast das gleiche wäre. Auf diesem Kontinent Meer reiste man schnell und weit: die Argonauten nach Kolchis, tief ins Schwarze Meer hinein, die Achaier nach Troja, auch nicht schlecht, und die Jonier in Athen hatten die engsten Beziehungen zu den Joniern in Kleinasien, wo immer die Griechen an den Küsten gesessen haben, bis 1918 noch.

Nun kommen die Schulerinnerungen an die Reihe. Das Kollektivgedächtnis der Menschheit – oder nur der Historiker? – bewahrt am besten die Katastrophen auf, die großen, langdauernden Kriege. Kriege wurden gelernt, ich vermute, werden noch gelernt. Sechzehnachtzehn bis achtundvierzig, siebzehnsechsundfünfzig bis dreiundsechzig, vierzehnachtzehn, dreidreidrei bei Issus Keilerei. Die Perserkriege, ja, da schlug das Herz höher, denn unsere Lehrer, welche die Jugend zu begeistern verstanden – einer verstand es bestimmt, er war vierzehnachtzehn dabei gewesen –, schilderten nicht die abgehackten Ölbäume und die verödeten Brunnen, die verbrannte Erde, auf die sich auch die alten Perser und Griechen schon verstanden, sondern malten die Schlachtaufstellung von Marathon und von Salamis auf die Tafel, und ließen Krieger im Hagel der Speere und Pfeile unerschüttert stehen und nicht wanken bis zum letzten Mann. Und sie würzten dies mit den schönen Anekdoten aus Herodot; vom Großkönig Xerxes zum Beispiel, der dem Hellespont dreihundert Geißelschläge verabreichen läßt, weil er des Königs Brücke zerstört hat. Und ließen den letzten Satz des Herodot aus, der heißt: *»So befahl er, das Meer zu strafen und zugleich denen, welche dem Brückenbau vorgestanden, die Köpfe abzuschlagen.«*
Dies muß erzählt werden, weil uns damals der Mythos Europa eingeflößt wurde, von dem Griechen Herodot weislich vorbe-

reitet: Europa ist klein, aber tapfer und tugendhaft, und wird von wilden Völkerschaften oder mächtigen Großherren, die mit ihren Heeren von Osten kommen, wie unzählbare Heuschreckenschwärme, bekriegt, und die Geschichte Europas besteht aus heroischen Abwehrschlachten, Marathon und Salamis sind nur der Anfang, am Lech und an der Unstrut wurden die Ungarn geschlagen, die Araber bei Tours und Poitiers, die Mongolen bei Liegnitz, und die Türken mußten vor Wien ihre Unterjochungspläne aufgeben. Und schließlich kamen noch die Russen und wurden dank dem Recken Hindenburg bei Tannenberg geschlagen, und das Abendland war wieder einmal gerettet.
»Die Pfeile unserer Bogenschützen verdunkeln den Himmel.« »Um so besser, so werden wir im Schatten kämpfen.« Solcherlei Äußerungen taten die Spartaner, während der grimme Xerxes den Kopf des Leonidas auf einen Pfahl zu stecken befahl. Klein gegen groß, David hätte ein Europäer sein können, und in der Tat mögen wir noch heute die Philister des Goliath nicht. Wir sind weiterhin für die Griechen gegen die Perser, für die Freiheit gegen die Tyrannei, aber was wollten die Griechen eigentlich in Troja, das auf der asiatischen Seite liegt? Und warum waren die freiheitlichen Athener so schrecklich grausam gegen die Ägineten? Und warum zog der Makedonier Alexander bis nach Indien? Und die Römer? Und die Kreuzfahrer, die auch das gut christliche Kaisertum Byzanz nicht ungeschoren ließen? Und die europäischen Kolonialmächte? Und Napoleon, der bekanntlich von Westen nach Osten marschierte? Und Hitler? Und die Nibelungen, die zum Heunenkönig reisten und nicht umgekehrt? Wo sie allerdings, nach dem Thermopylenrezept, eine kleine Schar gegen Heuschreckenschwärme, fielen. Im Geschichtsunterricht haben wir immer Partei genommen: nie für die Perser, Araber, Mongolen, Türken und Mameluken, die allemal Barbaren waren, blutrünstige Despoten mit Schädelpyramiden, immer für die Griechenheit, die Christenheit oder Europa. Die Thebaner schon haben sich freilich mit den Persern verbündet, und der allerchristlichste König von Frankreich mit den Türken, und die Kosaken halfen Napoleon vom Thron stürzen, so verworren ist die Geschichte, wenn man sie gegen den ordentlichen

Mythos hält, wo der Mongolensturm an den Schilden der hellgepanzerten Ritter, an lauter Lohengrinen, sich bricht.
Dieser Mythos ist keineswegs nur leuchtende Vergangenheit, viele sehen das kleine Europa immer noch in Heldenpose gegen das rote Imperium im Osten, wo wiederum, ein Wink genügt, die Lawine sich lösen kann, die Dampfwalze das kleine Europa überrollt. Die Russen jedoch haben solche Dampfwalzen aus dem Westen sich heranwälzen sehen, und daß die sich schließlich ausrollen und totsiegen im Großraum und Großreich, ist ihnen doch nur ein schwacher Trost.
Wir haben wirklich ein bemerkenswert gutes Gewissen und eine erstaunlich schlechte Logik: als unsere Vorfahren, die Goten, nach Italien und nach Spanien ausschwärmten, zum Teil übrigens auch aus den östlichen Steppen kommend, als die Vandalen sich in Spanien und Afrika wie Wandalen benahmen, haben wir dem historischen Vorgang den geradezu gemütlichen Namen »Völkerwanderung« gegeben, ein Frühlingsausflug der Geschichte. Die Hunnen hingegen, die nicht das Glück hatten, unsere Vorfahren zu sein, haben keine solche freundliche Wanderung gemacht, sind eingefallen wie Heuschreckenschwärme siehe oben und wurden rechtmäßig in der Katalaunischen Abwehrschlacht zu Paaren getrieben. Die Franzosen und Italiener wieder haben eine andere Sicht und sagen, diese Burgunder- und Gotenzüge seien Invasionen der Barbaren gewesen, und die Polen feiern auch eine Abwehrschlacht bei Tannenberg, aber gegen Eindringlinge, die aus dem Westen kamen, die blitzenden Deutschordensritter, die auf rauhe Art das Geschäft betrieben, das in unseren Geschichtsbüchern die »Kolonisation des deutschen Ostens« hieß.
Ich meine, wir sollten den Mythos vom kleinen heldenhaft die Völkerscharen aus dem Osten abwehrenden Europa begraben, meinetwegen mit einem Staatsbegräbnis. David und Goliath mögen für raufende Buben ein Modell abgeben, nicht für Völker. Nüchtern ist festzustellen: Gott ist zwar mit den stärkeren Bataillonen, aber auch mit den kürzeren Nachschublinien. Bei Platzspielen steigen die Siegeschancen, auch auf der Ebene von Marathon. Und wenn wirklich die Perser bei Marathon gesiegt

hätten, die Araber bei Tours, und wenn die Türken bis nach Graz gekommen wären oder bis nach Ingolstadt – auch solche Fluten steigen nicht immer höher, auch hier laufen die Wellen auf den Strand, auch Europa von West nach Ost und Nord nach Süd ist nicht so klein, wie uns der Mythos glauben machen will.

Als ich studierte, wurde Europa – sollte es je bestanden haben – gänzlich abgeschafft. *Deutschtum, Volkstum, Deutschheit, Volkheit, heilig Herz der Völker,* Wolken von Ideologie, die Faschisten durften mit dabei sein und die Japaner, Mythos en gros und en detail. Erst als es ganz schlimm kam, ganz schiefging, wurde der Europa-Mythos aus der Schublade, nein, vom Müllabfuhrplatz zurückgeholt: Europa gegen die Horden aus Ost, gegen die Säufer und Paralytiker aus West; ein wallensteinischer Haufe bunt zusammengewürfelt hieß *Division Europa,* eine Spottgeburt, die in Dreck und Feuer unterging.
In dieser Zeit lernte ich die *Wirklichkeit* Europa kennen, etwas so Handgreifliches wie Baum und Stein. Mein Lehrer Ernst Robert Curtius, dem ich alles verdanke, vor allem die Impfung gegen die Mythen, durchkreuzte die Hochschulsystematik der *nationalen* Philologien, hie Germa-, hie Romanistik, sägte getrost den romanistischen Ast ab, auf dem er saß. Die staunenswerte Zusammengehörigkeit, Geschlossenheit, Mannigfaltigkeit des europäischen *Kulturkreises* ging mir auf, Schuppen fielen von den Augen. Während die Deutschen und die Germanisten auf den Bamberger Reiter und die Ute aus Naumburg vereidigt wurden, traten Homer und Vergil zu uns.
»Europa ist nur ein Name, ein ›geographischer Ausdruck‹ (wie Metternich von Italien sagte), wenn es nicht eine historische Anschauung ist. Das kann aber nicht die altmodische Geschichte unserer Lehrbücher sein. Für sie existiert ja überhaupt keine europäische Geschichte, sondern nur ein Nebeneinander unverbundener Völker- und Staatengeschichten. Die Geschichte der heutigen oder der gestrigen ›Großmächte‹ wird in künstlicher Isolierung vom Standpunkt der nationalen Mythen und Ideologien aus gelehrt. So wird Europa in Raumstücke zerlegt.

Durch die Einteilung in Altertum, Mittelalter, Neuzeit wird es außerdem in Zeitstücke zerlegt ... Für die landläufige Literaturgeschichte beginnt das moderne Europa erst um 1500. Das ist ebenso sinnvoll, wie wenn man eine Beschreibung des Rheins verspräche, aber nur das Stück von Mainz bis Köln lieferte ... Die Literatur des ›modernen‹ Europa ist mit der des mittelmeerischen so verwachsen, wie wenn der Rhein die Wasser des Tiber aufgenommen hätte.«

Ich stelle die Sätze meines Lehrers so dahin, ich leihe sie mir aus, in Ermangelung eigener besserer, das Ausleihen ist alter europäischer Brauch. Bert Brecht war der letzte große Autor europäischen Geblüts, der wußte, wie *viel* man abschreiben muß.

Heute sitzen die Philologen, immer noch national, und in Verlegenheit gesetzt, weil die Nationen sich wimmelnd vermehren, auf den äußersten Verzweigungen der Äste des großen Baumes Europäische Kultur, auf den Spitzen, die »jüngste Gegenwart« und »gesellschaftsbezogene Aktualität« heißen, und das Singen ist ihnen vergangen.

Soviel von dem Europa, das war, von dem wir zehren – wie von einem Kapital, das längst angegriffen, vielleicht bis auf einen Rest erschöpft ist. Nun zu dem Europa, das *wird*, mühselig genug, zähflüssig fürwahr, aber die Geschichte hat sich immer Zeit genommen, wenn sie etwas Dauerhaftes zustande bringen wollte. Es gab ja kurze Zeit nach dem Kriege einmal so etwas wie eine Europabegeisterung, sogar Gewalt wurde gebraucht, ein paar Zollschranken wurden eingerissen. Bomben allerdings hat auch damals für Europa niemand geschmissen.

Europa wird ohne Begeisterung geboren – nicht einmal mit ordentlichen Geburtswehen. Es wird auf die nüchternste Weise zusammengebacken – als wirtschaftlicher Zweckverband. Widerstreitende Interessen sperren sich, doch gemeinsame Interessen geben den Kleister für die Gemeinschaft ab. Was soll man davon halten? Nun, wenn mir der übliche Reporter das Mikrophon vor den Mund halten würde, mit den üblichen Auf-den-Zahn-Fühl-Fragen (»Halten Sie die EWG für den richtigen Weg zur Einigung Europas? Würden Sie sich persönlich oder durch Ihre

Schriften für den europäischen Gedanken engagieren? Lieben Sie Brüssel?«) – dann würde ich antworten:
»Ich bin selbstverständlich dafür – wer wäre es nicht? Selbstverständlich esse ich gerne zollfreie Kirschen aus Italien und zollfreien Käse aus Frankreich. Ich kaufe selbstverständlich meiner Frau gerne zollfreie Kleider von Rodier und Halstücher von Dior. Und nun kommen auch noch Großbritannien und Dänemark hinzu, und ich male mir aus, was es da noch alles geben wird an Butter und Schottenmustern.«
Selbstverständlich stehe ich nicht gerne an Grenzübergängen und bei Zollstationen Schlange. Ich habe nicht gern, daß der Grenzbeamte in seinem Büchlein blättert, um nachzuschauen, ob ich nicht etwa unerwünscht bin. Ich ärgere mich über das Musterknabengefühl nachher, wenn man die Papiere wieder einstecken darf. Wenn doch einmal die Zöllner anfangen würden zu streiken! Wenn sie mit gekreuzten Armen zusähen, wie sich die Autokolonnen über die Grenzen wälzen, oder mit Europa-Fähnchen winkten! Aber vorläufig sind die Beamten in Brüssel für Europa, und die Zollbeamten dagegen. Mir fällt der italienische Zöllner ein, der bei Florenz den Stadtzoll eintreiben mußte, auf dem Mäuerchen saß, sich den Schweiß abwischte und seufzte: »Was für ein häßliches Handwerk! Immer die Leute zu sekkieren!« Das war ein werdender Europäer.
Auch aus politischen Gründen bin ich für Europa. Ich gehöre lieber einem großen Staat oder Staatenbund an als einem kleinen Land, das sich überrollen lassen muß, wenn die Dinge schlimm kommen, oder das wiederum den alten Mythos »Klein, aber heroisch« zu belegen hat. Aber ich sähe es nicht so gern, wenn dieses größere Europa großspurig würde, eine sogenannte Groß- oder gar Weltmacht mit den entsprechenden Ambitionen. Und noch schlimmer fände ich es, wenn es sich über seine alten Grenzen hinweg nivellierte, mit Snackbars und Hiltons in Amsterdam und Marseille, in Köln und Napoli.
Da der Tiber in den Rhein geströmt ist (und in die Seine, Donau und so weiter), gibt es in Europa immer noch an vielen Orten einen »genius loci«, einen netten guten alten Geist mit langem Bart, der aufpaßt, daß jede Stadt, jede Landschaft, jedes Land

sein Gesicht behält. Also gibt es zum Beispiel unverwechselbar französische Betten, und auf ihnen französische Kopfrollen, und in den Zimmern daneben französische Brausen mit den abenteuerlichsten Strahl- und Tropfenbildungen (wenn es überhaupt zu solchen kommt). Bei der Hilton-Dusche muß ich erst verschlafen überlegen, in welcher Stadt ich bin: weil gestern London, heute Paris.

Im richtigen Paris ist Paris immer gegenwärtig, beim Einnicken auf der Schlummerrolle und beim ersten Aufdrehen des Hahns. Es ist zugegen in den schweren Portieren, die das störende Morgenlicht fernhalten, und in der Verachtung, mit der das Frühstück serviert wird, diese antihumane Mahlzeit im Morgengrauen. Und damit kein Irrtum entsteht: dieses Europa mit seinen vielen gemütlichen und unverkennbaren Ortsgeistern hört an keinem eisernen Vorhang auf, sondern an seiner Kulturkreisgrenze – da also, wo ein Ort dem anderen gleicht, und eine Einrichtung der anderen. Also gehören selbstverständlich Warschau und Krakau dazu, und Budapest und Bukarest, und von mir aus auch Smolensk oder Nowosibirsk, da gibt es keine Urale. Wenn ich vor allem die französischen Betten und Badezimmereinrichtungen gerühmt habe, so weil ich die Besonderheiten der polnischen und russischen noch nicht kenne. Von meinem Europa-Standpunkt aus lasse ich alle Systeme gelten, vorausgesetzt, daß sie Reisen, Einreisen, Ausreisen möglichst leicht und locker machen. Reisen ist seit Odysseus europäischer Brauch.

Bin ich Europäer? Etwa gar stolz darauf, einer zu sein? Nein, kein EU am Wagen, nichts Bekenntnishaftes. Bin ich Deutscher? Bundesrepublikaner? All diese Fragen *greifen* nicht mehr. Man kann nicht mehr einfach ja oder nein antworten, Kreuzchen auf Fragebogen machen, sondern müßte antworten: Ja, unter bestimmten Voraussetzungen könnte man wohl sagen, daß ... wenn freilich anderseits dem auch entgegensteht ...

Nur von außen gesehen, von Asien, Afrika, Amerika aus, sind wir tatsächlich Europäer, ist Europa beinahe ein Ganzes, alte Kultur- und alte Kolonialmacht, und neue Industriemacht, mit merkwürdigen innereuropäischen Rivalitäten, die niemand draußen so recht versteht. Wie soll ein Japaner Nordirland und den Freistaat Irland auseinanderhalten, oder die Bundesrepublik Deutschland und den Freistaat Bayern? Da werden wir eingeebnet, in einen Topf geworfen, die feinen historischen Unterschiede verblassen. Wir machen ja auch nicht viel Federlesens bei Afrikanern und verwechseln leichten Herzens Chinesen, Japaner und Koreaner. Und übrigens: unterscheidbar sind wir wirklich nicht mehr; man mache bei einer internationalen Reisegesellschaft oder bei einem Kongreß den hoffnungslosen Versuch, Franzosen, Deutsche, Holländer, Briten, Dänen, Italiener auseinanderzudividieren.

Und die jungen Leute? Ich meine: die jungen Europäer. Gibt es die eigentlich? Keine mit Ansteckschildchen, mit Laufschrittdemonstrationen. Das kann man sich schlechterdings nicht vorstellen: »Eu-ro-pa«, so skandiert wie »Ho-tschi-minh«. Wenn sie für Europa abstimmen, dann nicht mit den Stimmen, und auch nicht mit den Füßen, sondern mit den Händen, an die Trauringe gesteckt werden. Aber das geschieht beiläufig, ohne Grenzüberschreitungs-Pathos, vielleicht ist es ganz schick oder Klasse, mit einer Französin nach Hause zu kommen.

Im übrigen scheint mir eher eine große Zentrifugalbewegung im Gange zu sein. Weit weg von Europa, nach Vietnam oder nach Kathmandu. Die Dritte Welt ist so etwas wie des Deutschen wahres Vaterland geworden. Wenn überhaupt noch von Europa die Rede wäre, könnte man sich vorstellen, daß es mit dem heute üblichen Minus-Vorzeichen versehen würde, »Scheiß-Europa«, alter Kaffee, falscher Bewußtseinszustand. Was würde ich, in diesem Falle mich tatsächlich als Europäer fühlend, als Alt-Europäer, darauf zu sagen haben?

Ich würde es so versuchen: »Ich bin für Europa, denn in diesem Europa ist das Christentum aufgewachsen und großgeworden, das zum erstenmal die Menschen gelehrt hat, die Menschen zu lieben und den Notleidenden zu helfen. Es sind in diesem Europa sodann die »studia humaniora« aufgekommen, die den Menschen menschlicher machen wollten – was ihnen manchmal sogar gelungen ist. Es läßt sich auch gar nicht leugnen, daß in eben diesem Europa, in der alten römischen Stadt Trier, aus einer alten jüdischen Familie, Karl Marx geboren wurde und aufgewachsen ist, der mit vielen anderen Europäern zusammen den Sozialismus begründet hat, die Lehre von der brüderlichen Solidarität aller schaffenden Menschen. Das Christentum, der Humanismus, der Sozialismus sind Bewegungen des Heils und der Hilfe, die über die Grenzen Europas hinausgegriffen haben, und euer Engagement, wenn ihr es ehrlich undd aktiv betreibt und nicht nur rhetorisch, ist eben darin und darum europäisch. Es ist ja eine Tatsache, daß die reichen Südamerikaner die armen nebenan dahinvegetieren lassen, und daß die reichen Inder sich nicht schämen, wenn die Hilfe für die hungernden indischen Provinzen aus Europa oder Amerika kommt. Das Gewissen, das sich in euch rührt, ist ein sehr europäisches, selbst wenn es gegen Europa aufbegehrt.

Nur in einem Punkt weiche ich entschieden von der Meinung vieler unter euch ab: als typischer, eingefleischter, unverbesserlicher Europäer. Es betrifft das Kaputtmachen. Ich sage nicht: die Gewalt, denn das ist ein weites Thema, bei dem sehr sorgfältig das eine und das andere unterschieden werden muß. Ich meine die Zerstörung, die grausame oder leichtfertige Lust daran. Europa hat weiß Gott viele blutige und zerstörerische Kriege erlebt, Aufstände und Revolutionen, und Erdbeben und Feuersbrünste dazu. Europa ist oft auch sehr großzügig – um es so zu nennen – mit den alten Dingen umgegangen, hat abgerissen und demoliert, um Neues aufzubauen. Aber es ist auch und trotz alledem unendlich viel stehengeblieben oder wiederaufgebaut worden.

Nein, leider nicht *unendlich* viel, all das könnte, kann ein Ende nehmen. Gott sei Dank sind Köln und Nürnberg, Danzig und Warschau wiederaufgebaut worden. Ich gehe gern über die knarrenden Bohlen im Goethehaus und freue mich, daß es genauso wieder dasteht wie vor der Zerstörung durch die Bomben. Aber die apokalyptischen Reiter können wieder losgelassen werden, wenn wir nicht den Anfängen widerstehen. Mir tun auch die abgeschlagenen Köpfe der Heiligen an den französischen Kathedralen leid, welche die Revolutionäre zu beseitigen sich schuldig zu sein glaubten. Nicht so sehr aus ästhetischen Gründen übrigens, es gibt ihrer ja *mit* Köpfen immer noch reichlich viele, sondern weil da so unendliche Mühe, weil da der Fleiß, der eine Sache um ihrer selbst willen tut, in wenigen brutalen Augenblicken zunichte gemacht wurde.

Ich finde jede Form von Nihilismus uneuropäisch, antieuropäisch, auch den, der die *tabula rasa* für ein neues Utopia herstellen will. Ich hasse nicht nur Bomben auf Kathedralen, sondern auch Bomben in Warenhäusern. Europäisch ist, daß man lange, unendlich lange an einer Sache weiterbaut: an der Musik vom Cantus Gregorianus bis zur Symphonie und den komplizierten Konstruktionen der Modernen, und genauso an den Ideen der Philosophen und der sozialen Reformer. Europa ist so großartig, weil es so viel Neues entwickelt hat, aber auch, weil es so viel Altes hat stehen lassen.

Darum mein Schlußbekenntnis: Wenn nur die Wahl bestünde zwischen einem sehr unvollkommenen Europa etwa der jetzigen Beschaffenheit, und einem neuen, kapitalistisch oder sozialistisch glänzend organisierten, in dem jedermann seine spiegelblanke Wohnung, seine vitaminreiche Ernährung, seine totale soziale Sicherung und Versorgung hätte, aber unter Schleifung aller alten Kirchen und Schlösser, unter Niederlegung des Quartier Latin, Schwabings und Sohos, unter Aufopferung von Folklore und Feinschmeckerlokalen, dann würde ich, ohne mit der Wimper zu zucken, für das alte, das jetzige, das immer noch nicht untergegangene alte Europa optieren.

Horst Rüdiger
Ich fühle mich wohl in Europa

Die Präsidentin des Frauenvereins hatte die »Newcomers« der Universität zu einem geselligen Abend gebeten – eine jener gutgemeinten Aktionen, denen man sich als Ausländer in den Vereinigten Staaten ein wenig hilflos ausgesetzt sieht. Auf dem Podium in der Turnhalle war eine Erdkarte aufgehängt, und ein Vertreter jeder anwesenden Nation wurde gebeten, ein paar Worte über seine Heimat zu sagen. Eine exotische Schönheit von den Philippinen rief den »How big!«-Reflex hervor, als sie berichtete, sie komme von einer der siebentausend Inseln, von denen mehr als die Hälfte noch nicht einmal einen Namen habe; ein Australier verbreitete sich über die Kaninchenplage, die er mit Hilfe eines ihm gewährten Forschungsstipendiums zu beseitigen hoffte, und die Deutschen aus der Bundesrepublik hatten einige Mühe, ihren Gastgebern zu erklären, weshalb gerade das exzentrisch gelegene Bonn zu der Ehre gekommen war, die Hauptstadt ihres Landes zu werden. Die Veranstaltung hätte sich zu einem Seminar für Wirtschaftsgeographie ausgeweitet, wäre es nicht einem jungen Dänen gelungen, die Stimmung zu lockern. Er beugte sich über die Weltkarte und suchte Dänemark, legte dann aber den Zeigestock resigniert beiseite und meinte, es lohne sich eigentlich gar nicht, auf die kleine Halbinsel hinzudeuten; gebe es deren doch eine ganze Menge auf Erden, auch größere und schönere, und die höchste Erhebung und der längste Fluß in Dänemark seien ohnehin die Rede nicht wert. Was heiße im übrigen Däne? Gewiß, seine Muttersprache sei Dänisch, und einige nicht unbedeutende Männer hätten sich dänisch geäußert; er aber sei Europäer, so wie die Amerikaner aus Pennsylvania, Kentucky oder Oklahoma kämen, aber eben Amerikaner seien. Das leuchtete den gastgebenden Damen ein, während die anwesenden Europäer – vielleicht zum ersten Mal in ihrem Leben – so etwas wie ein Zusammengehörigkeitsgefühl gegenüber den Bewohnern der anderen Kontinente überkam, mit denen sie sich in der Lingua franca der Ausländer in der Neuen Welt, einem ungraziösen Non-Oxford-English, zu verständigen suchten.

Wir hatten das Gefühl in den Vereinigten Staaten noch öfter. In Unterhaltungen, am Fernsehschirm oder bei der Lektüre der Lokalpresse wurde uns klar, daß sich das öffentliche Interesse verständlicherweise auf die hautnahen Probleme richtet, die eigenen, die lateinamerikanischen und die asiatischen. Das weist jeden Europäer-Hochmut von vornherein in enge Schranken. Europa wird drüben als Gesamtheit empfunden. Auch im Bewußtsein gebildeter Amerikaner stellt es so etwas wie einen pittoresken Schnörkel im Weltbild dar, für den »lovely old Europe« die rechte Kennzeichnung ist: ein unübersichtliches Konglomerat von Nationen mit Staatsgrenzen, deren Verlauf man sich nur schwer einprägen kann, zumal die politischen mit den sprachlichen Grenzen nicht immer übereinstimmen; an den Wunden seiner Vergangenheit und den Neurosen der Gegenwart leidend, aber aller Sympathien wert, die man der Heimat der Ahnen entgegenbringen kann; für einen an Weite gewohnten Blick allzu dicht bevölkert und hie und da auch noch nicht auf der Höhe der Hygiene; doch sehr zu empfehlen für eine Urlaubsreise, bei der London, Paris, Venedig, die Salzburger Festspiele und ein Stierkampf in Toledo auf keinen Fall übergangen werden sollten. Solche Vorstellungen schaffen bei den Europäern, die eine Weile brauchen, um den »American way of life« zu verstehen, ein Gefühl der Gemeinsamkeit, das sie daheim in der Regel nicht kennen.

Es ergriff uns doppelt, als das Schiff bei der Rückkehr aus den Staaten in Le Havre anlegte. Fünf Tage lang hatten wir mit einem Ehepaar aus Arizona am Tisch gesessen, das zweifellos der »silent majority« angehörte. Es verabscheute den Wein, übergoß die leckersten Austern mit Ketchup und warf dem Steward

giftige Blicke zu, wenn er den Kaffee nicht zugleich mit der Suppe servierte. Am Quai holten uns Freunde mit dem Wagen ab, und wir beschlossen, irgendwo in der französischen Provinz zu übernachten, wo die Häuser mit roten Ziegeln gedeckt sind und so unregelmäßig an der Straße stehen, als wären sie nicht gebaut, sondern gewachsen; wo ein Restaurant war, in dem die Wirtin selbst kochte und darauf hielt, daß ihre Kartoffelsuppe anders schmeckte als anderswo, und ein Hotel, meinetwegen mit schiefgetretenen Stiegen und verwinkelten Gängen, aber ohne jenen Mechanismus auf dem Nachttisch, den man mit 25 Cents in Bewegung setzen kann, um sich in Schlaf zu wiegen. Wir fanden, was wir suchten. Statt des kalifornischen Burgundy tranken wir Wein aus der Bourgogne, und wir tranken – Hygiene hin, Hygiene her – ungechlortes Wasser. Wir fühlten uns zu Hause. Europa läßt sich auch mit dem Gaumen schmecken.
Ich rufe mir noch eine andere Szene ins Gedächtnis, in der das Bewußtsein, in Europa zu sein, mich überwältigte. Rumänien, Sommer 1944. Noch waren die Rumänen mit den Achsenmächten verbündet, aber man hörte es im Gebälk der Zweckfreundschaft schon unheimlich knistern. Ich erhielt den Befehl, Rauchwaren aus einem entfernten Dorf abzuholen – willkommene Abwechslung in der stumpfsinnigen Langeweile des Flugplatzes, den wir zu bewachen hatten. Bevor die Hitze unerträglich wurde, brach ich auf: blühende Akazien am Straßenrand, auf den Feldern Mais, Weizen, Sonnenblumen. Gegen Mittag bat ich in einem Dorf um ein Glas Wasser; da niemand mich verstand, verwies man mich ins Haus des Lehrers. Dort versuchte ich es mit Französisch, Deutsch, Englisch – vergebens. Schließlich sagte ich »acqua« auf Italienisch und hatte unerwartetes Glück. Der Scholarch hatte gemeint, ich spräche Latein, und antwortete in wohlgesetzten lateinischen Redensarten: »Aquamne appetis? Contentus sis modestissimis epulis nigroque vino rustico!« Ich nahm die Einladung an und bemühte mich, ein urbanes Gespräch zu führen. Der alte Herr erzählte bei Tisch, er sei nur ein schlichter Dorfschulmeister, habe aber als Nachfahr der Daker, »unus ex stirpe Dacorum«, zu seinem Vergnügen die Sprache Ovids gelernt, der ja in Tomi am Schwarzen Meer, dem heutigen Con-

stantza, gestorben sei. Dorthin habe er auch die einzige längere Reise seines Lebens unternommen, um den Manen des Dichters Ehre zu erweisen; zu einer Reise nach Rom, die er sich sehnlich wünsche, werde es in diesen Zeiten wohl nicht kommen. Und dann skandierte er jene Verse, die Ovid in Erinnerung an seinen Abschied aus Rom am Schwarzen Meer geschrieben hatte:

Cum repeto noctem qua tot mihi cara reliqui
Labitur ex oculis nunc quoque gutta meis.

Weiß der Himmel, warum dem Alten gerade diese Verse eingefallen waren, die ich so gut kannte: Von Abschiedsschmerz überwältigt und »an eigner Produktion irre« geworden, hatte Goethe sie ans Ende der »Italienischen Reise« gestellt, erst im Original und dann in der Übersetzung:

Wiederhol ich die Nacht, wo des Teuren so viel mir zurückblieb,
Gleitet vom Auge mir noch jetzt eine Träne herab.

Vielleicht dachte mein freundlicher Wirt gar nicht mehr an Ovid und an Rom, als er die dunklen Vokale im Singsang der romanischen Völker erklingen ließ, sondern an eine Nacht *seines* Lebens, die ihm unvergeßlich geblieben war. Ich jedenfalls fühlte mich nicht mehr als unwillkommener, bewaffneter Fremdling in seinem Lande; ich fühlte mich mit ihm verbunden. Ich sah die Trajanussäule auf dem römischen Forum vor meinem geistigen Auge mit den eingemeißelten Siegen des Kaisers über die Daker, welche die Eingliederung der Donau-Ebene nach Europa vorbereitet haben. In der panischen Mittagsstille eines rumänischen Dorfes, im Endstadium eines irrsinnigen Krieges fühlte ich mich Europa nahe, das mir in Gestalt eines bescheidenen Humanisten entgegengetreten war.

Was man da drüben in Amerika und manchmal auch im europäischen »Ausland« intensiver empfindet, ist das *spezifisch* Europäische und das *Gemein*europäische. Geht man vom Kartenbild aus und vergleicht die Gestalt Europas mit der Form der anderen Erdteile, so fällt die reiche und feine Gliederung auf, besonders im Gegensatz zum afrikanischen Landblock, dessen Küsten bei dreifach größerer Fläche des umsäumten Landes weniger lang sind als die europäischen. Die Bedeutung der Nebenmeere, vor allem der Ostsee und des Mittelmeeres, für die Differenzierung Europas wird evident. Wendet man den Blick zum asiatischen Block hinüber, so erhebt sich freilich alsbald die Frage, woher wir das Recht nehmen, von einem »Erdteil« Europa zu sprechen, zumal zwischen dem Asowschen Meer und der Südspitze des Ural keine natürliche Grenze verläuft und Europa hier nahtlos in die asiatische Steppe übergeht. In der Tat rechtfertigen es nicht die geographischen Gegebenheiten, sondern vor allem historische und kulturelle Gründe, Europa als selbständigen Erdteil zu bezeichnen. Europa ist kein Naturgebilde; es ist eine Schöpfung aus Menschenhand und Menschengeist, ein Werk seiner Bewohner. Indem sie sich der naturgegebenen Vorteile klug bedienten, konnten sie ihre charakteristische Leistung, die europäische Kultur, hervorbringen.

Europa ist aber auch kein autochthones Gebilde. Ohne die Einwirkungen der Hochkulturen Ägyptens und des Vorderen Orients wäre die europäische Kultur undenkbar; auch Anregungen durch die fernen Kulturen Indiens und Chinas sind wahrscheinlich. Das Buchstabenalphabet der Griechen, der Ursprung aller ost- und westeuropäischen Schriften, ist eine Weiterbildung phoinikischer Zeichen, die ihrerseits aus den ägyptischen Hieroglyphen entstanden waren. Viele der olympischen Gottheiten, unter ihnen wohl auch Apollon, für den Klassizismus »der griechischste aller Götter«, sind orientalischer Herkunft. Selbst die Geburt des Himmelsgottes Zeus, dessen Name die indoeuropäische Herkunft bezeugt, wurde auf die zunächst von Nicht-Hellenen besiedelte Insel Kreta verlegt, die erst seit dem XV. vorchristlichen Jahrhundert unter die Herrschaft der Achaier gekommen ist.

Und der Mythos von Europa, der unsere Heimat den Namen verdankt? Vielleicht bedeutet ihr Name wirklich »das Mädchen mit den großen Augen«, was die anscheinend so einfache Etymologie nahelegt; es könnte aber auch sein, daß sich die Griechen ein semitisches Wort, »ereb« gleich »dunkel«, mundgerecht gemacht und ihm einen freundlichen Sinn unterlegt haben. Dafür spricht Europas Herkunft: Ihr Vater war Agénor, der Stammvater der Phoiniker, ihre Heimat also Vorderasien. Dort begegnete ihr Zeus in Gestalt eines Stieres und machte ihr den Hof, »leckt' ihr den Hals liebkosend mit sanftem, schweigendem Schmeicheln«, wie ein hellenistischer Dichter die Werbung schildert. Solchen Galanterien vermag Europa nicht zu widerstehen; sie sitzt auf, und Zeus trägt sie nach Kreta. Dort gebiert sie ihm drei Söhne: Minos, den Namengeber der heute sogenannten kretisch-minoischen, also vorhellenischen Kultur, Rhadámanthys, Herrscher auf Kreta, und Sarpedón, der von der Insel ins kleinasiatische Lykien zurückwandert und vor Troja einer der entschlossensten Gegner der Hellenen ist. Zum Lohn für ihre gerechte Herrschaft werden die beiden anderen nach ihrem Tode in den Hades oder Érebos versetzt, was wiederum auf die Verbindung ihrer Mutter mit »ereb«, dem Reich der Finsternis, hindeuten könnte. Wie dem auch sein mag: Gewiß ist, daß Europa nach dem Mythos aus Asien stammt, daß der Gott, der sie entführt, der hellenische Himmelsgott ist und daß beide auf Kreta, dem Bindeglied zwischen Kleinasien und Hellas, den Hieròs gámos, die heilige Hochzeit, vollziehen. Der Kontinent Europa ist schon im Mythos mit dem Vorderen Orient gleichsam ehelich verbunden. Europa lehnt geheim an Asien, könnte man einen Vers Georges abwandeln.

Doch in der Kulturgeschichte sind »Einflüsse« nur als Voraussetzungen zu werten; es kommt darauf an, was der Empfangende aus ihnen macht. Zu den Grundmerkmalen und Konstanten der mittelmeerisch-europäischen Kultur gehört, so scheint mir, ihre unter den Hochkulturen singuläre Offenheit gegenüber allen von außen andringenden Reizen, die helle und wache Bereitschaft für religiöse, künstlerische, geistige Abenteuer jeder Art. Nichts ist uneuropäischer als das Sich-Einigeln hinter Mauern, mögen sie in China oder in Berlin stehen – nichts uneuropäischer als Vorhänge, seien sie aus Eisen oder Bambus. Europäisches Verhalten ist es aber auch, der Offenheit Grenzen zu setzen, sobald es um den Bestand geht: Gegen die Perser haben sich die Hellenen, gegen die Araber die Spanier, gegen die Türken die habsburgischen Völker mit Erfolg verteidigt, ohne darum die geistigen und künstlerischen Gaben der Eindringlinge zu verschmähen. Die Alhambra in Granada und die Moscheen von Mostar sind nicht darum Bestandteile der europäischen Kultur geworden, weil sie auf dem Boden Europas stehen, sondern weil es den Europäern gelungen ist, ihre Andersartigkeit zu bewältigen, sie in ihr Kulturgefüge aufzunehmen, sie nicht unduldsam zu vernichten, sondern zu bewahren und ihnen Traditionswerte zuzuerkennen.

Europas Empfangsbereitschaft entspricht eine ebenso singuläre Fähigkeit zur Anverwandlung rezipierter Leistungen. Sie tritt exemplarisch bei der Ausbreitung des Christentums zutage. Der Weg vom palästinischen Juden- über das hellenistische Urchristentum bis zur Staatsreligion in weiten Teilen der Alten Welt läßt die vornehmlich durch soziale Umschichtungen bestimmte Aufnahmebereitschaft einer auf vielen anderen Gebieten bereits erschöpften Kultur im Bereich der Religion und Weltanschauung noch durchaus lebendig erscheinen; sie zeigt aber auch die erstaunliche Fähigkeit zur Eingliederung fremdartiger religiöser Vorstellungen – Monotheismus, Erbsünde, Erlösungserwartung – in das überlieferte Denk- und Bildungssystem. Sobald das Christentum ökumenisch wird, vollzieht sich seine Verschmelzung mit der erstarrenden philosophischen Ethik der hellenistisch-römischen Welt und in Mittel- und Nordeuropa mit den autochthonen frühgeschichtlichen Lebensformen. Rhetoren und Missionare sind die Träger dieses Umwandlungsprozesses. Auch sie haben das geistige Gesicht Europas in der Anonymität akademischer Vermittlung und im Halbschatten der Völkerwanderungswirren formen helfen. Und sie stammen meist nicht aus den geistigen Zentren der Alten Welt oder aus dem geographischen Bereich Europas, sondern oft aus den »barbarischen« Randbezirken oder aus Kleinasien und Nordafrika. Infolge der Verlagerung des europäischen Schwergewichtes nach Mittel- und Nordeuropa geraten die südlichen Randbezirke seit dem VII. Jahrhundert freilich außer Reichweite der europäischen und in den Sog der islamischen Kultur. Als junge und straff organisierte Form der Daseinsgestaltung hat der Islam nach den germanischen Wandervölkern zum Zerfall der hellenistisch-römischen

Welt am meisten beigetragen – damit aber auch, wenngleich unfreiwillig, zu dem Vorgang, den Christopher Dawson »The Making of Europe« nennt.

Fähigkeit zur Rezeption und zur Anverwandlung ermöglicht die Amalgamierung einander widerstrebender Kräfte: eine weitere Konstante europäischen Verhaltens. Die Geschichte Europas ist von Anfang bis heute durch neben- oder nacheinander auftretende Gegenbewegungen geprägt, zugleich aber durch die Kraft zur Bindung und Überwindung der Antinomien im dialektischen Prozeß. Keiner politischen Macht und keiner Idee ist es bisher auf die Dauer gelungen, das Ganze zu sprengen oder durch Vernichtung des Gegners eine uneingeschränkte Herrschaft zu errichten; auch die absolutesten Ansprüche von Priestern und Diktatoren sind immer wieder relativiert worden und am Ende gescheitert. Rom muß die Herrschaft mit Byzanz teilen, die Kirche mit dem Reich, Frankreich mit England und Spanien-Österreich, Österreich mit Preußen und Rußland; das Heilige Römische Reich zerfällt in Nationalstaaten, deren Nationalismen den Kosmopolitismus hervorrufen; der Feudalismus weckt den Liberalismus, der Absolutismus die Revolution, der die Restauration auf dem Fuße folgt, der Kapitalismus den Sozialismus: Ost steht neben West – das ist die gegenwärtige Situation. Was sich gewandelt hat, sind Formen und Gehalte, nicht aber – *bisher* nicht – die Form und Gehalt produzierenden Kräfte. Im geistigen, religiösen und künstlerischen Bereich integrieren sich die divergenten Teile erst recht zum Ganzen: apollinische *und* dionysische Lebenshaltung, platonisches *und* aristotelisches Denken; paulinischer *und* johanneischer Glaube, Offenbarungs- *und* Vernunftreligion, asketische Weltflucht *und* missionarisch-kolonisatorische Übergriffe in andere, meist ältere Kulturen, mystische Versenkung *und* rationale Durchdringung der Welt; reformatorischer *und* gegenreformatorischer, orthodoxer *und* pietistischer Eifer; klassizistische *und* manieristische Ausdrucksformen; Renaissancen der Antike *und* romantische Gegenschläge – die Reihe der Antinomien ließe sich beliebig erweitern. Es wäre kein Wunder, wenn Europa unter den Spannungen zerrissen wäre; wunderbar ist es, daß Europa die Zerreißproben – *bisher* – bestanden und die Spannungen im Zeichen des Gemeineuropäischen verschmolzen hat. Seine polyphone Musik, die eigenartigste europäische Leistung überhaupt, ist zugleich der sinnenfälligste symbolische Ausdruck für die Einheit in der Vielfalt, die Kraft zum Zusammenzwingen und Zusammenhalten – für jenes Phänomen, das einer seiner universalen Dialektiker »coincidentia oppositorum« genannt hat.

Ich habe wiederholt ein einschränkendes »Bisher« gebraucht und damit zunächst nur sagen wollen, daß wir den weiteren Verlauf der Geschichte nicht kennen: Prophetie und Mantik, sei es mit Hilfe von Planeten, Eingeweiden oder Kaffeesatz, gehören zu den Unterströmungen der europäischen Rationalität, auf die wir besser verzichten. Wohl aber können wir mit Sicherheit die Voraussetzungen bestimmen, welche das spezifisch europäische Verhalten ermöglicht haben und vielleicht auch künftig möglich machen werden.
Nach den Erkenntnissen der Kultursoziologie ist die hellenische Welt aus der Überlagerung von pferdezüchtenden indoeuropäischen Eroberernomaden über seßhafte Ackerbauern, Hirten und Händler entstanden. Herrschaft und Unterwerfung – Unfreiheit war die Folge. Das kretisch-mykenisch-pelasgische Substrat wurde brutal vernichtet oder aufgesogen. Von einer kulturellen Verschmelzung kann nicht die Rede sein, weil die Eindringlinge selbst noch auf frühgeschichtlicher Stufe standen. Doch scheinen sie jene Aufnahmebereitschaft mitgebracht zu haben, die einige Stämme den Reizen einer phaiakenhaften Lebensweise und eines freien Lebensgenusses, wie sie in Kreta und später in den kleinasiatischen Städten herrschten, durchaus zugänglich zeigt. Doch sie erlagen ihnen nicht. Sie blieben frei und machten die Freiheit zum Prinzip des Daseins. Das ist das Denkwürdige an dem weltgeschichtlichen Prozeß, der sich allmählich in den hellenischen Stadtstaaten vollzog: Der Genuß verweichlichte nicht, Freiheit schlug nicht zur Anarchie um. Solches Verhalten war aber nicht die Folge spartanischer Disziplin, sondern kluger Einsicht in die Grenzen des Möglichen. Es war ein Akt freiwillig maßhaltender

Vernunft. Den komplexen Vorgang hat Alexander Rüstow so zusammengefaßt (*Ortsbestimmung der Gegenwart* II [1952] 39):

»In der ... Demokratie der griechischen Polis gibt es, zum ersten Mal seit der Überlagerung und der durch sie ermöglichten Schaffung von Hochkulturen, wieder *Freiheit*, und zwar in einem Maße, wie es seitdem nie wieder verwirklicht wurde. Auch die ›Isonomie‹, die Gleichheit vor dem Gesetz ..., die in der Neuzeit erst wieder durch die Französische Revolution blutig erkämpft werden mußte, wurde damals zum ersten Mal in der Geschichte der Hochkulturen erreicht. Aber darüber hinaus war die Freiheit des Denkens durch keinen theologischen Dogmatismus, die Freiheit des Handelns nicht durch die uns geläufige subtheologisch-asketische contrainte sociale eingeschränkt, und das nicht etwa infolge anarchischer Auflösung, sondern ganz im Gegenteil im Rahmen einer denkbar starken und lebendigen Gemeinschaftsverbundenheit, die ... jederzeit von jedem den Einsatz von Gut und Blut, von Leib und Leben für die Gemeinschaft erwarten und fordern konnte.«

Selbstverständlich ist diese Schilderung nicht frei von idealisierenden Zügen; von einer der düstersten Seiten des hellenischen Daseins, der auf Sklaverei beruhenden Wirtschaft, ist nicht die Rede, und wo Rüstow von ihr spricht, sind seine Argumente schwach. Doch es geht nicht an, die Maßstäbe der Egalité des XVIII. Jahrhunderts an die Isonomie des perikleischen Athen anzulegen; auch beeinträchtigen moralische Urteile das geschichtliche Verständnis. Mit dem Prinzip der Freiheit ist faktisch ein neues Maß zwar noch nicht für den Menschen, aber für den Bürger gesetzt worden. Vor allem war der Freiheit des Denkens eine verzögerte, doch für die europäische Kultur der Neuzeit gewaltig wirksame Sprengkraft eigen. Seit sie nach der Zäsur des autoritätsgebundenen Mittelalters während der Renaissance und Reformation wiederentdeckt wurde, hat sie als Katalysator für die Befreiung des Menschen – und nun auch des Proletariats und der Kolonialvölker – von unmenschlichen Zwängen physischer wie ideeller Art gewirkt. Die Gefahr der Anarchie, die der Preis ist, den wir für das hohe Gut zu zahlen haben, müssen wir in Kauf nehmen, wenn wir nicht Verrat an uns selbst begehen wollen, und ihr gegebenenfalls Gewalt entgegensetzen. Freiheit der Meinungsäußerung ist zum kennzeichnenden Ideal auch der nachantiken europäischen Kultur geworden, selbst wenn sie faktisch oft nicht verwirklicht worden ist. Sie allein hat den Reichtum an Ideen der gegensätzlichsten Art, die Fülle von Daseinsauslegungen ermöglicht, die sich in der europäischen Literatur, Philosophie, Kunst und Musik äußert. Sie hat die Uniformität des primitiven und des autoritär gelenkten Daseins verhindert.

Allein hätte sie freilich nicht genügt, die durchgehenden Antinomien zu bewältigen. Als notwendiges Korrelat zur Freiheit gehört Toleranz gegenüber Andersgläubigen, Andersdenkenden, Andersartigen, Andersrassigen. Sie ist eine moralische Leistung, und weil das Gewissen betroffen ist, sind ihre Grenzen schwerer zu ziehen als die der politischen Freiheit. Da die antike Religion weder eine Theologie noch ein Dogma kannte, bedurfte sie auch nicht ausdrücklich der religiösen Toleranz. Diese wurde ohnehin geübt, und nur einige spätere Philosophenschulen nahmen sie zusätzlich in ihr Programm auf. Die Lage änderte sich seit der Verbreitung des Christentums und des Islams. Mit der Verketzerung der »Häretiker« und der »Ungläubigen« bereiteten sie den Weg für die Degeneration der geistigen Auseinandersetzung zu militantem Fanatismus. Im Gegensatz zum klassischen Buddhismus, der sich durch vorbildliche Duldsamkeit gegenüber anderen Religionsgemeinschaften auszeichnet, erhoben die im Vorderen Orient entstandenen Weltreligionen alsbald totalitäre Ansprüche und setzten sie in ihrem Machtbereich mit Feuer und Schwert durch. Die Inquisition, deren Verfahren jeder Rechtlichkeit und Menschlichkeit Hohn spricht, wirft einen der düstersten Schatten auf das Bild der europäischen Gesittung; ihre endgültige Beseitigung ist erst 1859 in Italien erfolgt, obwohl die Wurzeln der religiösen Toleranz bereits im Humanismus liegen und die Aufklärung die Idee durchzusetzen begann. Die politische Toleranz läßt sich als Säkularisation der religiösen Liberalisierung verstehen. Sie nahm den Weg von England über die Vereinigten Staaten nach Frankreich, wo sie in der »Déclaration des droits de l'homme et du citoyen« von 1789 ihre klassische Formel fand. Auch in Westeuropa hat sie sich bis heute nicht völlig durchsetzen können. Sie wird, solange es Konzentration von Macht in den Händen weniger gibt, die gefährdetste Form der Toleranz bleiben.

Der zynische Einwand, es handle sich bei der religiösen wie der politischen Toleranz doch nur um ideale Verhaltensnormen, die an der rauhen Wirklichkeit scheitern müßten, ist jedoch so billig wie unzutreffend. Selbstverständlich wäre es wünschenswert, daß die Wirklichkeit dem Ideal entspräche, daß *ganz* Europa, wo die Toleranzidee geboren und im wesentlichen entwickelt worden ist, mit gutem Beispiel voranginge. Doch abgesehen davon, daß die meisten westeuropäischen Staaten heute tatsächlich ein erfreuliches Maß von religiöser Duldung, Meinungsschutz und Rechtssicherheit gewähren, ist die Toleranzidee eine vergleichsweise junge geistige Leistung. Sie braucht Zeit, die Trägheit der Herzen zu überwinden. Die Widerstände gegen ihre Verwirklichung sind noch immer stark, weil sie Privilegien beschneidet, weil sie moralische Anstrengung und das Umdenken konventioneller militanter Denkgewohnheiten erfordert. Toleranz ist nicht Indifferentismus; sie läßt sich nur durch Selbstüberwindung praktizieren. Sie allein bietet dauernde Gewähr für die Freiheit des Individuums und für den Pluralismus von Meinungen, Überzeugungen, Ideen, der ein spezifisches Merkmal unserer Kultur ist.

Ich habe versucht, die Merkmale zu beschreiben, die ich für Europa-konstitutiv halte. Ich habe mich bemüht zu sagen, weshalb ich in Europa weniger eine geographische als eine kulturelle Einheit sehe, worin ich die geistigen Gemeinsamkeiten der europäischen Tradition erkenne, warum ich mich in Europa zu Hause fühle, obwohl mir seine Mängel und Halbheiten, ja sein wiederholter Verrat an der europäischen Idee durchaus bekannt sind. Ich glaube nicht, daß die Kräfte erschöpft sind, die das Gesicht Europas geprägt haben: Seine Weltoffenheit hat vor den andrängenden außereuropäischen Reizen nicht versagt, und sein Expansionsdrang hat neue Wege gefunden, nachdem der böse

Traum des Kolonialismus ausgeträumt ist. Ich bin auch der Meinung, daß man sich Europäer nennen darf, ohne seine Nation zu verleugnen. Ich habe ein Bekenntnis abgelegt, das man europazentrisch nennen mag.
Man hat mir schon bei anderer Gelegenheit »Europazentrik« vorgeworfen und befürchtet, aus ihr könne sich eine neue Art von Nationalismus, genauer: ein Kontinentalismus entwickeln, der dem alten an Vehemenz nicht nachstehe. Dagegen muß ich mich verwahren. Ich halte *jede* Art von Nationalismus, auch einen möglichen europäischen, für verderblich, weil er selbstgefällig, intolerant, herrschsüchtig ist und die Freiheit der anderen in Frage stellt. Ich bin allerdings auch nicht bereit, meine eigene oder die europäische Freiheit in Frage stellen zu lassen. Diese Gefahr ist durch den Totalitarismus gegeben: als gebranntes Kind scheue ich jedoch das Feuer offenbar mehr als ein Teil der Jüngeren, die mit dem Feuer spielen, weil sie es nur vom Hörensagen kennen. Es ist jedoch auch ein schwerer Irrtum zu glauben, dem Totalitarismus sei allein durch Pakte und Bündnisse, durch Wirtschafts- und Interessengemeinschaften beizukommen. Gewiß wirken Vakuen der militärischen, politischen und wirtschaftlichen Macht attraktiv auf Eroberer; doch Macht ist keine Idee und hat lediglich die Überzeugungskraft der Abschreckung, sie weckt Angst und spornt zur Aufstellung eines möglichst überlegenen Potentials an: der Teufelskreis, in dem sich alle Politiker bewegen, denen nichts Besseres als »homo homini lupus« einfällt. Die westeuropäischen Staaten und die Satelliten der Sowjetunion spielen das Spiel mit, teils aus Selbsterhaltungstrieb, teils von ihren stärkeren Partnern durch mehr oder minder sanften Druck gezwungen. Was dem Westen dabei fehlt, ist eine gemeinsame, auf die Zukunft gerichtete lebendige Idee. Eine solche hat der Messianismus der totalitären Systeme seinen Gläubigen zu suggerieren vermocht – es lebt und stirbt sich leichter unter Zukunftsmusik. Und da der moderne Totalitarismus unter weltgeschichtlichem Aspekt eine verhältnismäßig junge Erscheinung ist, wird die faszinierende Dauerberieselung mit Hoffnung aufs irdische Paradies noch eine Weile anhalten, bis die Angst vergangen und eine gewisse materielle Sättigung

erreicht ist. In der Sowjetunion scheint dieser Zustand allmählich einzutreten.

Man wird also dem Kleinsteuropa, in dem ein Teil der Europäer wirtschaftlich schon lebt, und dem Kleineuropa, das sich am Horizont abzeichnet, aus rationaler Überlegung und aus Selbsterhaltungstrieb zustimmen. Man wird auch jeden Versuch begrüßen, die nationalen Souveränitäten zu beschneiden und den Torso Westeuropa mit gemeinsamem politischen Leben zu erfüllen. Und man wird die Bedenken gegen den schlecht getarnten Egoismus, der sich hinter einigen Europa-Initiativen versteckt, in der Überzeugung zurückstellen, daß der Teufel am Ende doch nur eine Macht ist, »die stets das Böse will und stets das Gute schafft«. Das alles klingt nicht sehr enthusiastisch – ich gebe es zu. Aber ich kann mich nun einmal für Zweckverbände und Aktiengesellschaften nicht begeistern, obwohl sie – ebenfalls zugegeben – auch mir Vorteile bringen: bestünden diese auch nur in einem breiteren Warenangebot oder in weniger lästigen Grenzkontrollen.

Europa wäre für mich erst dann ein Zustand, für den ich Begeisterung aufbringen könnte, wenn es wieder eine geistige Realität wäre. Eine solche ist es in seiner Geschichte gewesen; heute ist es keine. Es leidet an chronischem Ideenmangel, und zwar auch dort, wo kein Wohlstand das Denken erschwert. Es hat die Probleme, die durch die naturwissenschaftlich-technisch-industrielle Revolution entstanden sind, so wenig bewältigt wie die anderen Erdteile, welche der Faszination durch den europäisch-amerikanischen Zivilisationsrausch erlegen sind: Probleme des Überflusses an Menschen, Freizeit, Konsumgütern, Abfällen – bald wohl auch Probleme des Mangels an Rohstoffen, unverfälschten Nahrungsmitteln, frischer Luft und natürlichen Reserven. Europa hat eine schlichte Weisheit vergessen, die seinen Ahnen geläufig war: daß für den Menschen der Mensch und nicht seine Produktion das Maß der Dinge ist. Es treibt den Kultus des gigantischen Ausstoßes, der Rekorde und Wachstumsraten, dem sich die Vernunft des Maßhaltens vergebens entgegenstellt. Es erliegt dem Rausch der großen Zahlen und der Inflationen auf jedem Gebiet.

Unter dem Aspekt des materiellen Zweckdenkens unterscheiden sich Ost- und Westeuropa heute weniger, als die »Abendland«-Ideologen wahrhaben möchten. Die Gesellschaftsordnungen hüben wie drüben sind Versuche, die Probleme des Massenzeitalters zu bewältigen. Der Unterschied besteht darin, daß die Entwicklung im Westen zwar nicht ohne schwere Krisen, aber einigermaßen organisch verlaufen ist, während der Osten einen Sprung von der feudalistischen Agrarwirtschaft zum sozialistischen Industriestaat gemacht und den revolutionären Prozeß durch eine gemeinverbindliche Ideologie untermauert hat. Dabei sind ihm wesentliche Merkmale der europäischen Kultur abhanden gekommen: die individuelle Freiheit, der Pluralismus der Daseinsformen und die Toleranz. Sie waren in Osteuropa freilich nie besonders stark ausgeprägt. Dazu hat bereits die Sonderentwicklung der oströmisch-byzantinisch-orthodoxen Kirche beigetragen. Der verhältnismäßig geradlinige Verlauf ihrer Geschichte seit dem Schisma von 1054 und die Abhängigkeit der Kirchenfürsten von der weltlichen Macht haben freiheitliches Denken in engen Grenzen gehalten und den monolithischen Charakter der Weltanschauung vorbereitet. Auch fehlt in der russischen Geistesgeschichte eine Renaissance-Bewegung, die noch das Gesicht der süd- und westslavischen Kulturen hat formen helfen. Doch nicht nur diese Länder, sondern auch derjenige Teil Deutschlands, in dem ich geboren und aufgewachsen bin, sind infolge eines frevelhaft vom Zaun gebrochenen Weltkrieges aus dem Gefüge Europas herausgerissen und durch die neue Orthodoxie des historischen Materialismus überlagert worden. Alle Befreiungsversuche sind bisher gescheitert. Trotzdem kann nur heilloser Illusionismus mit Kreuzzugswünschen spielen. Solange die Auseinandersetzung *geistig* nicht entschieden ist, wird es bei dem Torso Westeuropa bleiben, dem nur unsere halbe Liebe gelten kann.

Dennoch – ich fühle mich wohl in diesem halben Europa. Es ist dem Chauvinismus und dem Imperialismus gelungen, den Kontinent zu teilen, aber nicht zu zersplittern. Im Gegenteil, jede der beiden Hälften scheint heute enger zusammengeschweißt als jemals in der Geschichte. Im Westen hat der Überdruß an den chauvinistisch-imperialistischen Exzessen sogar ein zaghaftes Bewußtsein der Zusammengehörigkeit geweckt, vor allem bei der jüngeren Generation. Sie mag die militanten Phrasen nicht mehr hören, an denen sich ihre Väter berauschten: »Ceterum censeo Carthaginem esse delendam«, »Right or wrong – my country«, »J'suis Français, j'suis Chauvin . . .«, »Mare nostro«, »Am deutschen Wesen soll die Welt genesen« – es gibt wohl kein europäisches Volk, das sich am Geist Europas nicht versündigt hätte. Doch ich meine, die Relikte der europäischen Barbarei werden in Zukunft keine ernste Gefahr mehr bilden – nicht etwa, weil jedermann das Gebot der Nächstenliebe plötzlich ernst nähme, sondern weil es sich keiner mehr leisten kann, die Nachbarn zu beschimpfen, ohne sich ins eigene Fleisch zu schneiden. Die Europäer sind aufeinander angewiesen – so etwa die Schweizer und die Deutschen auf ihre Gastarbeiter und umgekehrt. Der Zwang, miteinander auszukommen, kann recht heilsam sein.

Ich fühle mich wohl in Europa, vor allem in seinen südlichen Ländern, wo ich lange gelebt habe und wohin ich gern zurückkehre (ohne daß ich deshalb die Mitte oder den Norden für weniger europäisch hielte). Ich will hier nicht mehr von den frühen Zeugen der Mittelmeerkulturen reden, an denen ich ablesen kann, was Europa war und ist – nicht weil sie alt, sondern weil sie in Form gebrachter Geist sind: die Ruinen von Delphi mit den kreisenden Adlern am Himmel, die venezianischen Palazzi auf den Felsen von Dubrovnik, das Jagdschloß des Hohenstaufen auf dem apulischen Hügel, die maurische Herrlichkeit Granadas . . . Ich will zum Schluß von ein paar ganz schlichten, geradezu animalischen Erfahrungen reden, die das Gefühl des Wohlbefindens in mir wecken – ein anderer mag Ähnliches in einer englischen Teestube oder unter schwedischen Holzfällern erleben. Da sind ein paar Düfte, die gewiß nicht zu den edelsten dieser Erde gehören, mich aber sogleich von der mitteleuropäischen Zwangsvorstellung befreien, ich müsse »erst einmal etwas leisten«, bevor ich mich als Europäer fühlen dürfe: der scharfe Duft jener Zigaretten, die den Hafenarbeitern in Marseille bei der Mittagspause im Mundwinkel kleben; der Duft des dunkel gebrannten Kaffees, den man als Espresso zu jeder Tageszeit schlürfen kann; der Duft jenes leicht sinnlichen Parfüms der jungen Frauen, deren Gang das Auge ebenso entzückt wie die harmonisch abgestimmten Farben ihrer Kleider – Düfte, die auf schwer begreifliche Weise das Gefühl der Zugehörigkeit und Geselligkeit in mir wecken. Oder da ist das hochgelegene Städtchen in den Sabiner Bergen mit der schönen Silhouette des Soracte und dem träge fließenden Tiber im Tal. Nein, die Welt ist auch hier nicht heiler als anderswo: Den Soracte verunzieren Antennen, der Tiber ist so schmutzig wie irgendeiner unserer Flüsse, und auf der Autobahn im Tal windet sich der blecherne Heerwurm bei Tag und bei Nacht. Der Friseur, bei dem ich mir die Haare schneiden lasse, erzählt mir seine Sorgen, die sich von den meinen gar nicht sehr unterscheiden, und über die politische Misere und die schleichende Inflation sind wir bald einig. Aber er hält nichts vom »Prestige«; er will nicht mehr verdienen, als er zum Leben braucht, wohl aber will er mich so bedienen, daß ich zufrieden bin. Er nimmt sich für seine Arbeit Zeit – viel Zeit sogar. Auch der Wirt, bei dem ich leckere Wachteln oder fein gewürztes Spanferkel bekomme und dazu einen unverfälschten Landwein, nimmt sich Zeit, denn gut Ding will Weile haben. Soll ich dem Manne darum gram sein? Oder gar darum, weil er meine Sprache nicht spricht, nicht so blond ist wie die Wirte in Amsterdam oder Oslo und daran glaubt, daß der Ortsheilige Wunder tut, wenn man ihn nur recht inbrünstig anfleht? Ach, andere glauben an ganz andere Heilige!

Auch ich lasse mich hier nicht drängen von Terminen und vom Eifer des Produzierens – auch ich lasse mir Zeit. Ich glaube Oswald Spengler nicht, daß seine »faustische« Kultur die wahrhaft europäische sei; sie ist die Verabsolutierung einer ihrer Anlagen – sie ist ihre Karikatur. Natürlich sind auch die Südeuropäer von der faustisch-mephistophelischen Lust, die Natur und den Menschen zu vergewaltigen, infiziert; aber sie sind ihr noch nicht zum Opfer gefallen. Der Leistungsdrang liegt wie ein dünner Firnis auf dem Gesicht ihrer Metropolen; entfernt man ihn, so treten die alterslosen Züge zutage: die Weisheit des Maßhaltens, des Wachsenlassens, der unmittelbaren Überschaubarkeit des Lebenskreises, mit einem Wort: die natürliche Ordnung des Menschlichen.

Also Flucht ins Idyll? O nein, das meine ich nicht. Ich weiß, daß sich die Räder der Geschichte nicht zurückdrehen lassen; ich bin kein Anhänger von Morgenthau-Plänen mit romantischem Vorzeichen. Ich weiß aber auch, daß Europa nicht allein aus Ruhrgebiet, Donez-Becken und Londoner Börse besteht. Nicht nur dem Manager kommt in der europäischen Gesellschaft eine Funktion zu; auch der bedächtige Mann, der sich Zeit läßt, hat eine Aufgabe zu erfüllen. Er ist eins von den verborgenen Gleichgewichtsorganen der Gesellschaft; er gleicht einfach durch sein Dasein aus, was die Manager in Unordnung gebracht haben. Es darf keiner von beiden fehlen, sonst leidet Europa Schaden. Wenn das Treiben des einen der Aufgabe entspricht, welche die Unruhe in der Uhr zu erfüllen hat, so leistet der andere, was die Hemmung in der gleichen Uhr vollbringt. Nur das gemeinsame Spiel der Antagonisten hält das Räderwerk Europa in Gang.

Wilhelm Wolfgang Schütz
Europa oder der Widerspruch

Europa, sein Hier und Dort, seine Nachbarschaften, die nicht immer nachbarlich, seine Fernen, die nicht immer fremd sind, Europa wird noch für Generationen mehr eine Frage als eine Antwort bleiben.

»Zu weit weg« hieß es, als ich in Berlin studieren wollte. Zu weit weg – von Franken. »Nicht so weit weg« hieß es, also ging es nach Heidelberg. Das war vor vielen Jahren. Dieses »zu weit weg« birgt nicht nur Scheu vor Entfernung, sondern Gewißheit, »hier« sei alles »in Ordnung«. Die Dimensionen haben sich etwas erweitert, das Prinzip aber kaum. Ordnung hier, und hier in Ordnung. »Dort« aber – dort ist eben alles anders. Nicht in Ordnung nämlich. Also lieber hier, wenn du es gut meinst mit ihm, gut meinst mit dir selbst. Begreifst du das nicht? Nein, ich will es nicht begreifen, ich riegle mich ab gegen dieses Hier und Dort. Es macht das Hier bedrückend, einfach unerträglich, es schreit geradezu nach dem Dort. Also nicht Franken? Nein, das nicht. Franken ist dennoch eine Heimat, aber eben nicht »hier« – und alles andere wäre dann »dort«. Was also, wenn man schon gedrängt wird, zu benennen, einzugrenzen, mindestens abzugrenzen? Deutschland, versteht sich. Wirklich? Als es in Deutschland lebensgefährlich wurde, wie war das dann? Noch immer Deutschland. Aber wo leben? Wie? Als was und wer? Also die Schweiz. Da läßt sich existieren, als freier Mensch, da läßt sich sogar deutsch sprechen, deutsch schreiben, deutsch hören. Hören, Sprachklang, Sprachwelt! Die Schweiz mit ihrer kritischen Distanz zu Deutschland hilft dem Deutschen, sich selbst zu verstehen, ein bißchen. Ob sie sich selbst damit hilft, sich über sich selbst klarer zu werden, ein bißchen? Man beginnt schon etwas anders zu werden, wenn man noch deutsch spricht, schreibt, hört, aber nicht mehr in Deutschland lebt. In der Schweiz also. Oder in Österreich. Man hört auf, naiv zu sein, nationalistisch zu argumentieren, wenn man in dieser neuen Weise deutsch angesprochen wird, aber nicht DEUTSCH. Nein, Naivität wäre an dieser Stelle unstatthaft. Wäre vor allem unwirklich in dieser Überblendung von Sprache und Staat. Das also kann man gezwungen sein, nicht auf Grund germanistischer Studien, sondern infolge angewandter Politik zu erfahren. Daß man nämlich nicht Franke sein kann ohne Deutscher zu sein, aber auch nicht Deutscher ohne etwas darüber hinaus zu sein. Was wäre das nun?

Hilfsbegriff: Europäer

Da fangen neue Schwierigkeiten an. Dazu gehört mehr und gehören mehr als nur die, die wollen oder es nötig haben, europäisch aufzutreten. Da begegnet man all denjenigen, die sagen, ich bin Franzose, Engländer und, und, und. Jedes dieser europäischen Völker steht zu sich. Von Polen bis Portugal, von Schweden bis, na sagen wir, Sizilien. Aber wie stehen sie zu den anderen allen? Und dann wieder in den eigenen Staatsgrenzen, Tschechen und Slowaken, die Iren und die Ulsterleute, die Basken und die Spanier. Man trifft sie eben. Und soll ihnen Europa predigen? Man möchte, aber Europa hat noch keine Antwort auf ihre Fragen. Wenn aber nicht, wie steht es dann mit der Europäik? Wenn norwegische Bauern und Fischer Nein sagen, weil sie um ihr kärgliches Einkommen bangen, kracht es zwar in der EWG, aber Europa? Ist nicht auch dieses Nein europäisch, Ausdruck knorriger Eigenständigkeit, wenngleich perspektivlos, sobald man auf größere Zusammenhänge sieht.
Solche Schwierigkeiten lassen ahnen, daß es über alle Nationalitäten hinaus vielleicht doch fundamentale Gemeinsamkeiten von Europäern gibt. Elementar ist der Zweifel, Zweifel an sich, Zweifel an den anderen. Durch Jahrhunderte sich fortsetzende

Selbstgewißheit gibt es gar nicht, nicht im Politischen, nicht im Denken, schon gar nicht im Glauben. Die Berührung der großen Religionen mit Europa hat in jedem Fall zu Erschütterungen geführt. Europa hat alle Glaubensgebäude gesprengt, unabhängig von Nationalität. Der Europäer wendet den Zweifel als Instrument der Wahrheit an, er ist Zweifler, auch wenn er sich dessen nicht bewußt wird. Weder das Christentum noch der Humanismus noch der dialektische Materialismus blieben unversehrt. Sekten, Absplitterungen, Spaltungen, Gegengründungen. Jede geistige und geistliche Architektur wurde angeschlagen. Nach allen Seiten hin Fenster – und sei es auf einen Innenhof.

Kaum wurde das Richtfest gefeiert, da wurde bereits weitergebaut, umgebaut oder gar ausgebrochen. Gerade deswegen auch der jeweilige Zugriff der Staatsgewalt, die weiß, was sie an ihrem Gottesgnadentum hat.

Gottähnlichkeit wird dann mit höchst profanen Mitteln abgesichert. Staatsfiguren, die es mit dem Geist haben, sind ohnehin suspekt.

Churchill mißtrauten die Engländer vor dem Krieg, als er noch Argumente gegen Hitler vortrug. Im Krieg argumentierte er nicht mehr, sondern handelte. Da war es gut. Seine Reden wirkten musikalisch, nicht didaktisch. Im Unterhaus, wo er breitbeinig, mit vorgeschobenen Schultern stand und seine Wortmusik klingen ließ, lauschte eine Gemeinde politischen Symphonien. Analytische Schärfe eines Kritikers, wie des walisischen Bergmanns Bevan, blieb resonanzlos. Kritikergekritzel gegenüber der Magie eines Maestro? Nicht einmal die Engländer nehmen das ab, wenn sie Weihestunden zelebrieren. Nach dem Krieg leisteten sich die Deutschen einen Literaten als Bundespräsidenten. Er wehrte sich gegen das Wort Staatsoberhaupt, aber nur privat. »Ein Oberhaupt gibt es nicht, nur ein Haupt.« Mißtrauen gegen den argumentierenden Heuss schwand im gleichen Ausmaß, in dem seine Argumente sich vernebelten. Je barocker die Diktion, desto inniger die Zuneigung, je unklarer die Absicht, desto staunender die Bewunderung. Verschlüsselte Aussagen eines großen Mannes lassen tiefe Weisheit ahnen. Oder etwa nicht?

Für Europäer ist Toleranz eine Schutzvorrichtung gegen Intoleranz, nicht ein Naturgesetz. Wenn sie könnten, das heißt, wenn sie nicht Angst vor Intoleranz der anderen hätten, wären viele recht intolerant, in vollen Zügen, einfach drauflos. Da sie – sagen wir, da wir – erfahren haben, wohin blinde Eiferer uns bringen, wohin uns das führt, verbieten wir uns das Eiferertum. Das heißt, in welchem Land dieses europäischen Gefildes wir auch leben, immer steuern wir zwischen den Klippen des Zweifels und des Eiferertums hindurch. Manchmal stoßen wir an, unvermeidlich. Aber wir fahren, fahren weiter, fahren fort, lassen nichts ruhen, halten nicht an, sehen nicht zurück, höchstens sehr spät, eigentlich immer zu spät. Jetzt also sagen wir Europa, aber zweifeln auch gleich, sagen es aber wieder, fahren fort damit, tun auch einiges. Aber dann – überlassen wir es den Bürokraten und Apologeten.

Wer würde wagen, einen Engländer einen Europäer zu nennen? »Wir Schotten sind Europäer, die Engländer – sind Engländer«, beruhigte mich vor Jahren ein Professor in St. Andrews. Das hört sich ganz beruhigend an, nur wenn man in London sein Domizil aufschlägt und Deutscher bleibt, deutsch schreibt, Engländer ohnehin nicht »werden« kann, was dann? Ausländer, die eingebürgert werden, heißen »naturalisierte Briten«. Naturalisieren ist das Gegenteil von Natur, im biologischen wie im psychologischen Sinn eigentlich unnatürlich. Ist es europäisch? Wäre ja noch schöner, denkt man in Oxford, dort gibt es überhaupt nur Oxford. Aber Oxford liegt nun wieder etwas näher an Europa als Dover, nicht geographisch, sondern geistig. Hängt mit dem Humanismus zusammen, und weil man es sich leisten kann. Manches wird durch den Beitritt Großbritanniens zur EG in einen neuen Zusammenhang gerückt. In einen europäischen Verbund, mindestens teilweise. Geht man aber durch die Pall Mall, dort wo die Clubs ... es wird noch dauern, ehe es sich akklimatisiert hat. Eine neue Epoche beginnt dennoch nicht nur, weil England sich politisch entschieden hat, sondern weil Europa eine englische Komponente erhält. Das kann nur gut tun, beiden. Es erweitert das Kontinentale, es bringt Übersee herein. Dieses Europa von heute kann nicht nur festländisch sein, wenn es existieren, gar florieren möchte. Braucht Handel, weltweit, braucht die USA, braucht Asien, Afrika, auch wenn gelegentlich ein weinerlicher Ton beim Wort Entwicklungshilfe mitschwingt. England, mehr noch als Frankreich, macht Europa nicht nur weltoffen, sondern weltweit.

Ironie der europäischen Industriegesellschaft – sie kann ihre eigene Verarmung durch Inflation nur aufhalten durch Ausgaben, die nichts einbringen – nur Zukunft. Das nämlich wäre die Rettung Europas vor der eigenen Inflation: Nicht nur ein Nachtrag zur Kolonialgeschichte, sondern ein Beitrag zur Sozialgeschichte des industriellen Europas. Viel Wohlstand der Europäer entstammt dem, was in und mit Asien und Afrika getan wurde, also geben wir nur einiges zurück. Englische Landhäuser, prächtig anzusehen, stehen nicht nur inmitten blaugrüner Rasenfläche, sondern auch auf trockener indischer Erde. Man sieht es bloß nicht gleich, man muß etwas genauer hinschauen.

Gestandene Demokraten kommen von den britischen Inseln nach Europa herein. Parlamentarier, die mit dem Parlament und mit sich selbst halbwegs umzugehen wissen. Das sieht man sogar. Die Regierung in Westminster sitzt auf der untersten Bank, nicht, wie in Bonn, auf der oberen. Was nicht heißt, daß der Premierminister in London zögern würde, seine Prärogativen als »Erster Minister« zu nutzen. Er praktiziert Regierung, gleichgültig welcher Partei er angehört. Seit langem gehört er eben der gleichen Partei an, nämlich der regierenden. Das macht den Unterschied zu jüngeren, unerprobteren Parlamentarismen aus, wo manche Parteien ziemlich lange brauchen, ehe sie selbst begreifen, daß sie tatsächlich an der Regierung sind. Sie sind daran, aber sie bestaunen sich darob selber. Woran man das merkt? Daran, zum Beispiel, daß sie ihr Amt so gravitätisch betonen. Nichts Selbstverständliches daran, alles ein bißchen zu hoheitsvoll, weil man es eben nicht gewohnt ist.

Die Skandinavier, ja, die können es auch. Da wohnen Minister und andere Staatspersonen noch, und zwar recht behaglich, wo sie »auch sonst« wohnen, wenn sie nicht »Staatsperson« sind. In manchen Teilen Europas aber lebt der Serenissimus auch in der Demokratie weiter, mancherorts in Märchenwäldern reich ausgestattet mit Symbolen, Denkmälern, Fahnen, Urkunden, Standern auf blitzenden Wagen, mit Wagenkolonnen, Blaulicht, der ganze Operettenzauber eines staatsunpolitischen Brimboriums. Ja, Operette wie Oper, wir lieben sie doch, wir Europäer, haben sie erfunden, pflegen sie, versuchen sie so weit wie möglich in den Alltag hereinzunehmen.

Musikalisch sind wir, mitunter sogar musisch. Das wird dann Florenz – mit Glück und Können – Venedig, Paris, etwa Salzburg, Rothenburg oder Bamberg. Das lebt dann so hin, wird aber mehr bestaunt als gelebt, feiert sich selbst, ist ein Gestern, das zum Heute wird. Ein Heute, das sich im Gestern sonnt.

In Florenz trifft man mehr Engländer als Deutsche, an den Sandstränden mehr Deutsche als Engländer. Alle zusammen bilden Europa, auch wenn sie sich nur an Bahnhöfen und auf Flugplätzen begegnen. Ein Europa der flüchtigen Begegnung, das sich erst noch finden muß.

In solchen Städten schleicht mich Unbehagen an, breitet sich über das Glücksgefühl, dort zu leben, eine Ahnung von Unwirklichkeit. Man wittert Gefahr, sich an die Vergangenheit zu verlieren. Aber gewinnt man nicht Maßstäbe, Einsichten in vollendete Kunst, ohne die sich nicht leben läßt?

In Rom bedrückt die Präsenz päpstlicher Hirtenpose heute mehr als früher.

Vielleicht weil überdies das Forum Romanum einzustürzen beginnt.

Venedig versinkt. Man muß retten, restaurieren, versteht sich. Der Wahnsinnige, der die Pieta in der Peterskirche zerschlug, ist kein Kulturstürmer, sondern ein Wahnsinniger. Städte, Kunstwerke verfallen zu lassen beweist keine Entschlossenheit zur Moderne, sondern nur Kulturverfall. Aber das redende Denkmal im Vatikan ist peinlich. So rasch weiten sich die geistigen Horizonte, so unerbittlich geht dieses kritische Zeitalter mit Vorgefundenem um.

Den Serenissimusstil nehmen wir geduldig lächelnd gerade noch hin, nur eben, wir wissen zuviel über Wie und Wer von Gipfelfiguren, um daran noch zu glauben. Wenn Staatspersonen das nicht einsehen, wem schadet das schon – außer ihnen. Wenn Kirchenpersonen davon nichts ahnen, hilft es ihnen auch nicht mehr, wenn sie die anderen für Ketzer halten. Na, wenn schon. Nur in Wahlkämpfen europäischer Staaten wird noch recht häufig der Glaube bemüht – jedoch Glauben wird zum Aberglauben, wenn er in Wahlkämpfe hereinspielt. Da entstehen böse Spannungen. Daß sich daran keine Scheiterhaufen mehr entzünden, ist wahrscheinlich nur der Publizistik zuzuschreiben. Manche, die sich auf Gott berufen, würden gar nicht so ungern ein brennendes Bekenntnis dafür ablegen. Auch heute noch.

Zur Zeit von Wahlen wird mindestens Weihwasser auf die Mühlen mancher Parteien gelenkt. Wer nicht des rechten Glaubens ist, darf ersaufen – eine mittelalterliche Tradition, die mindestens geistig noch hier und dort weiterlebt. Im Griechenland der Obristen, in Franco-Spanien nehmen Staat und Kirche dem Volk das Risiko ab. Nur – das Volk will es nicht. Wo es nur einen Weg gibt, kann man sich nicht verirren – es sei denn, der Weg führt in den Abgrund ...

Die Rolle der Kirche in der Politik hat mich zum ersten Mal als ziemlich typisch für Europa angemutet, als ich in Indien war, aber auch in Amerika. So viel Gottesgnadentum, wo gibt es das noch außer bei uns. Diese europäische Tradition haben sozialistische Länder mit eigenen Inhalten ausgestattet: Unfehlbarkeitsglaube, der von einer Partei, von einer Parteispitze beansprucht wird. Das ist die eine Seite. Die andere, rascher Zerfall in Sekten, Richtungen, Gruppen, Analogie zwischen Religionsabläufen. Wo allerdings Staatsgewalt eingreifen kann, richtet sie ihre eigene »Unfehlbarkeit« als Unangreifbarkeit ein. Nicht mehr Glaube gilt, sondern Gehorsam, der metaphysisch begründet wird, notfalls erzwungen. Daß aber Gehorsam in Form von Glauben dargeboten wird, ist uralte Tradition. Jesus wurde vom Gottkaiser hingerichtet, weil ein Gott keinen anderen Gott duldet. Landesfürsten und Bürgertum schaffen sich im Gegensatz zur Heiligen Majestät ihre eigenen Götter – mindestens Halbgötter – Luther, Calvin und sonstige Religionsfiguren, denen – Genf zum Beispiel zeichnete sich darin aus – auch Menschenopfer gebracht wurden, Ketzerverbrennung. Heute ist Unglaube in solchen verkappten Theokratien ganz einfach Unsinn, man sagt, mit dem Geist des Ungläubigen muß etwas nicht stimmen. Therapie: Psychiatrie statt Teufelsaustreibung, was praktisch für den Betroffenen ziemlich aufs gleiche hinausläuft.

Demgegenüber: Jeder will Westen sein, aufgeklärt, fortschrittlich. Eine Heilslehre, der zufolge das Licht aus dem Osten komme, hat sich in Europa nie wirklich durchgesetzt. Sie wurde nur machtpolitisch durchgesetzt.

Unterhalte ich mich in Paris, dann ist Paris nicht nur Mittelpunkt Europas, Paris ist Westen schlechthin. Jenseits des Rheins – nun ja. Deutsche Standortbestimmung – muß gar nicht vulgär sein – hat Schwierigkeiten mit dem, was man etwas flackernd den »Osten« nennt. Der Blick nach Osten ist nicht nur ein Blick hinüber, sondern auch ein Blick hinunter. Oder war es zumindest. Die historische Leistung der sozial-liberalen Koalition in Bonn Anfang der siebziger Jahre: die fundamentale Erweitung des Blickfelds nach Osten, Entdeckung Europas durch Versöhnung, ganz Europas nämlich, also auch jener Teile Deutschlands, jener Länder zwischen Ostsee und Schwarzem Meer, die endlich als europäisch rezipiert werden, werden dürfen.

Sprach man mit Konrad Adenauer über »den Osten«, wurden seine schmalen Augen um einen Grad schmaler. Wie bei einem Tier, das Gefahr wittert. Kam man auf Berlin oder Leipzig zu reden, wurde das Pathos, das er darüber breitete, enthüllend. Zu den seelischen Verwundungen, die der prosperierende Westen den Menschen »drüben« viele Jahre lang zufügte, gehört auch das: »Der Osten«, sagt man, nicht nur gedankenlos, auch »ahnungslos«. Jeder Europäer sieht sich als »westlich«. Als ich einige Monate in Prag studierte, wurde eine Nacht lang diskutiert, wo der »Osten« beginne: »Immer östlich von da, wo du selbst lebst« – sagte ein Pole. Ein Russe pflichtete bei. Bilder als Vorbilder sagen etwas aus. In Bamberg gibt es ein »Klein-Venedig«, man prahlt »fränkisches Rom«, Warschau und Wien kokettieren mit Paris, Dresden mit Florenz oder Athen.

Mag sein, die Europäer haben nie ganz verwunden, daß das Christentum, das »Licht aus dem Osten«, fast immer ein Instrument der Sieger war. Der Kommunismus verursacht in dieser Zeit ein ähnliches Trauma. Wahrscheinlich eine der Ursachen für die unerhört rasche Differenzierung dieser anfänglich so monolithischen Ideologie. Man akzeptiert den Glauben der Herrschenden, aber es bleibt etwas zurück. Cuius regio, eius religio. Wer regiert, der verfügt den Glauben? Frieden ist das nicht, Waffenstillstand vielleicht, unchristlich auf jeden Fall. Mit solchen »Religionsfriedensschlüssen« dürfen sich nun Marxismen herumschlagen, es geht ihnen nicht besser.

Wäre man bereit, von Macht zu reden, wäre es plausibler. Nur – das Verhältnis der Europäer zur Macht ist kompliziert. Nicht nur wegen der Vielfalt der Machtstrukturen in Europa, sondern infolge kritischer Reflexion. Zweifel als europäische Grundwirklichkeit erschwert Gelassenheit gegenüber der Macht. In der Gegenwart konkretisiert sich dieser Zweifel zum kritischen Bewußtsein, das eine Chance bietet, gebändigte Machtstrukturen zu schaffen. Freiheit als Möglichkeit, soweit sie elementar und deswegen irrational ist.

Auch Einigung wird ein Freiheitsproblem. Ein französischer Politiker griff in eine Unterhaltung über europäische Einigung ein. Das Projekt einer Europäischen Verteidigungsgemeinschaft war gerade gescheitert. Die Regierung Adenauer hatte zwar zugestimmt, Paris aber abgelehnt. Dennoch der Eindruck dort, deutsche Problematik sei die tiefere Ursache. »Ihr Deutschen«, griff der französische Gesprächspartner an, »ihr habt die europäische Einigung ja immer zerschlagen, schon zur Zeit Napoleons.« Welcher Europäer außerhalb Frankreichs käme auf den Gedanken, das Napoleonische Reich vor allem als europäischen Einigungsversuch anzusehen. Für England vielleicht noch mehr als für Deutschland gipfelt diese historische Epoche in Befreiung von drohender Hegemonialmacht. Das Spektrum europäischer Einheit wird überhaupt nicht sichtbar, wenn man außerhalb Frankreichs von Napoleon spricht. Terror, den Hitler und sein Regime verbreiteten, verbietet »europäische« Deutungsversuche ohnehin. Ebensowenig taugt das Herrschaftssystem Stalins als erträgliches Modell. Macht ohne oder gar gegen Humanität, das geht eben nicht! Das wird nicht ertragen, nicht in Europa, nicht auf die Dauer.

Europa oder der Widerspruch

Macht wird bewundert, aber mit Macht geht man befremdlich um. Dem Mächtigen beugt man sich, häufig zu rasch, aber der Freiheitskampf ist das geheime Idol.
Alle europäischen Völker berufen sich auf Freiheitskämpfe. – Kennzeichnend für Europa, daß humanitäre Impulse meistens in Politik umschlagen. Rührt natürlich davon her, daß sich Menschenrechte nur politisch durchsetzen lassen, humanitär jedoch nur sporadisch verwirklichen lassen. Menschlichkeit wird für den Europäer immer wieder zur politischen Freiheit. Frankreich versteht seine Revolutionen mehr als politischen Fortschritt, erst im zweiten Rang gesellschaftspolitisch. Der Freiheitskampf der Iren gegen England stellt sich ähnlich dar. Man will unabhängig sein, nicht nur der Ausbeutung ein Ende setzen. Die Befreiungsidee ist von Europa nach Asien und Afrika primär als staatliches Souveränitätsmodell gekommen.
Aufschlußreich ein deutsches Beispiel: Die psychologische Situation der Sozialdemokratie im politischen und gesellschaftlichen Kräftefeld. Anfangs Ablehnung bei fast allen bürgerlichen Parteien und in allen Herrschaftsschichten, politischen wie kirchlichen. Eigentumspolitische wie machtpolitische Instinkte spielen mit. Aber jedes Mal, wenn diese regierenden Schichten scheitern – 1918, 1945 –, läßt man den innenpolitischen Rivalen in die Bresche springen. Und jedesmal, wenn Fundamente von Staat und Gesellschaft wieder halbwegs gefestigt sind, weist man den unliebsamen Helfern die Tür. Die Empörung eines Restbestandes bürgerlichen Reservatsdenkens, wenn ein Sozialdemokrat zusammen mit einem fortschrittlichen Liberalen 1969 in Bonn die Regierung übernimmt, ist nicht nur gespielt. Sie entspringt dem Glauben an ein angeborenes Machtprivileg traditioneller Herrschaftsschichten. Insofern auch nicht ein Hauch von schlechtem Gewissen, wenn industrielles Vermögen im Gegensatz zum

Privateigentum des »kleinen Mannes« nach beiden Katastrophen rücksichtslos aufgewertet wird. Man erhält, was man hat, obgleich breite Schichten des Volkes nichts mehr haben. Nicht nur volkswirtschaftliches Kalkül, sondern Standesordnung nagelt Unterschiede fest. Daß die gleiche Herrschaftsschicht beide Katastrophen herbeiführte – eine Panne, man vergesse sie so bald wie möglich. Daß auch die »unbegrenzten Aufstiegschancen« praktisch keine statistischen Chancen sind, wird durch ein paar Ausnahmefälle märchenhaft widerlegt. Entscheidungen über Eigentum nach 1945 waren wirtschaftspolitisch motivierbar. Daß aber die Begünstigten darin die Verwirklichung eines Naturgesetzes sehen, na ja. Die Hinnahme solcher Absurdität durch ein Volk entspricht dem gebrochenen Verhältnis des Europäers zur Macht. Es kostet Mühe, die Völker von ihrem Glauben an eigene Untertänigkeit und gottgesetzte Obrigkeit zu befreien.

Wie hält man es mit Freiheitskämpfen? Man beruft sich auf Befreiung in der Geschichte und stärkt dadurch ein kollektives Freiheitsbewußtsein in historischer Dimension. Aber man mißtraut dem Weg von der historischen zur aktuellen, von der außenpolitischen zur innenpolitischen, von der juristischen zur gesellschaftlichen Freiheit. In einigen Demokratien, zum Beispiel in Schweden, ist es besser gelaufen. Dort werden Freiheitsrechte begriffen und angewandt. In der Schweiz läßt man sich nicht mit Wilhelm Tell abspeisen. Aber sonst ...

Wo Unterdrückung herrscht, gibt es freiheitlichen Widerstand. Das charakterisiert Europa. Eine Tradition, die bis Hellas zurückreicht. Aber es ist ebenso Tradition, daß Gewaltherrschaft sich immer wieder durchsetzt. In diesem Spannungsfeld leben europäische Völker. Als ich 1936 den damaligen Professor Kanellopoulos zum ersten Mal in Athen traf, war ich deutscher Emigrant. Als er mir nach London schrieb, war er auf Kythnos interniert. Sein Brief endete: »Ich bin genötigt, manches durchzumachen, das peinlich ist.« Dezember 1939 schrieb er: »Verzweifeln Sie nicht. Weder als Mensch noch als Deutscher dürfen Sie verzweifeln. Als Mensch müssen Sie überzeugt sein, daß die Finsternis in der Welt nie von Dauer ist. Als Deutscher müssen Sie wissen, daß nicht Ihr Vaterland, nicht das eigentliche

Deutschland in diesem Augenblick alles aufs Spiel gesetzt hat. Die Zeiten sind schwer, aber über allen Zeiten und Ländern schwebt als rettender Engel der Geist.« Dreißig Jahre später hat eine neue Diktatur den Ministerpräsidenten Kanellopoulos gestürzt.

Inzwischen aber haben Deutsche ihre Freiheit zurückgewonnen. Ein europäischer Zyklus. Frage an die Europäer, wann wir aus diesem Kreis endlich ausbrechen, endlich. Mitunter scheint ja jede Hoffnung verloren zu sein. Als ich 1930 Stefan Zweig in seinem Haus in Salzburg besuchte, sagte er: »Ich bin überall zu Hause, in Wien wie in Paris, in London wie in Rom.« Im April 1938 schrieb er in London: »Wie heroisch eigentlich von Ihnen, gleichsam ins Leere hinein zu sprechen ... Vielleicht wird man einmal das, was wir in dieser Zeit versuchen, wie Palimpseste ausgraben und zu entziffern versuchen. Aber das möge Sie nicht entmutigen, nicht Sie und nicht uns, doch so zu tun, als ob noch die deutsche Sprache und Welt für uns bestünde. Werden wir nicht schwach, weil die anderen die Stärkeren sind!« Kurz danach nahm er sich das Leben – Emigrant in Rio.

Hermann Hesse schrieb in jenen Jahren aus Montagnola: »... die allgemeine Atmosphäre, das Umgebensein von lauter Armut, Not, Unrecht, Sorge um meine Nächsten – das sind Dinge, denen ich gern zuweilen in das Paradies eines produktiven Dichterlebens entflöhe, aber es bleiben hierfür in Monaten kaum Stunden.«

Mit Thomas Mann gab es noch zur Zeit seines Schweizer Exils Gespräche, welche Rolle der Schriftsteller in solchen Zeiten zu übernehmen habe. Thomas Mann wehrte zunächst ab, es sei nicht Sache des Schreibenden, in Politik einzugreifen. Im Laufe des Krieges ging er ans Mikrophon. Ein Brief aus Pacific Palisades vom Januar 1943 zeigt, wie intensiv er sich im fernen Kalifornien mit politischer Zukunft Europas beschäftigte: »Allgemein stellt man sich den Ausgang zu sehr in terms von 1918 vor. Es wird sich aber wohl alles ganz anders abspielen. Ich meine das nicht pessimistisch. Aber man tut gut, vom Ausgang das Unerwartetste zu erwarten ... Im übrigen ist absolut alles besser als das gegenwärtig Deutsche.«

Demokratie Europa bleibt immer gefährdet. Nationale Anfälligkeiten bleiben bestehen. Staatliche Strukturmängel sind nicht von heute auf morgen korrigierbar. Das Hineinwachsen in demokratischen Lebensstil dauert seine Zeit, Jahrzehnte, manchmal Jahrhunderte. Die Spannung, in der europäische Völker leben, rührt aber auch daher, daß förderliche Kritik immer wieder auf mythologisches Denken stößt. Man mißtraut dem Kritiker, wenn er eine »geordnete Welt« als ungeordnet aufzeigt. Selbst der kritische Berufsstand selbst, nämlich der Journalismus, hat seine eigenen Schwierigkeiten damit. Ein Beispiel aus den fünfziger Jahren. Paul Sethe wurde auf Betreiben des damaligen Bundeskanzlers Adenauer als führender Mann der »Frankfurter Allgemeinen« entlassen. Sethe schildert den Vorgang so: »Am Mittwoch hat die Mehrheit des Herausgeberkollegiums (mit 3 gegen 2 Stimmen) beschlossen, meine politische Haltung zu tadeln und eine Änderung zu fordern. Ich habe darauf mein Amt als Leiter des Ressorts und als Mitglied des Herausgeberkollegiums niedergelegt ... Den Anstoß hat merkwürdigerweise diesmal ein Kollege gegeben, sicherlich ganz ohne Absicht und Bewußtsein. Am 5. August hat Aleman in der ›Tat‹ einen Bericht aus Bonn gegeben, wonach die Russen jetzt so unnachgiebig seien, weil so viele deutsche Zeitungen eine andere Politik vom Kanzler forderten. Das wurde mir als Beweis dafür ausgelegt, daß ich dem Kanzler in den Rücken gefallen sei ... Das Schlimmste ist natürlich, daß ich nun nicht mehr politisch wirken kann. Ich bin der letzte, der das Wirken eines Provinzjournalisten überschätzt, aber ein wenig am Rande habe ich doch tun können. Das ist nun vorbei.«

Man muß sehen im heutigen Europa, man muß aber gleichzeitig auch übersehen. Als Deutscher kann ich nicht leben, wenn ich nicht vergesse, als Europäer auch nicht. Aber kann ich leben, ohne zu vergessen, wenn jene, die eigentlich nicht vergessen sollten, so tun, als sei gar nichts geschehen? Jene nämlich, die Dreck am Stecken haben. Eine deutsche Schwierigkeit, eine europäische Schwierigkeit. Sie wird überwunden, allmählich, durch die Zeit. Nicht allein durch Bewältigung der Vergangenheit, sondern vor allem durch Bewältigung der Gegenwart. Vergangenheit läßt sich nämlich nicht bewältigen, sie ist geschehen, da steht sie. Durch nichts, was ich tue, kann ich sie ändern, höchstens ihre Folgen. Bewältigung der Vergangenheit ist oft nur eine herrische Ausrede. Gegenwart bewältigen ist jedoch Veränderung, die immer möglich ist. Zu vielen begegne ich, die sich als Bewältiger der Vergangenheit ein Alibi verschaffen. Sie treiben es in der Gegenwart, wie sie nach ihrer Darstellung es in der Vergangenheit nicht getrieben hätten. Das Nein zu einer bösen Vergangenheit ist noch lange keine Freikarte in jede Richtung von heute. Nun kommen die Jungen, endlich, sie – die sich keiner Vergangenheit zu entschuldigen haben. Unbefangen können sie mit ihrer Gegenwart umgehen. Damit werden zum Beispiel verteufelte Grenzfragen, Frage nach vielen Grenzen, die es nicht mehr geben sollte, weil dieses Europa eben sehr klein geworden ist, werden solche Grenzfragen überhaupt erst ausdenkbar und lösbar. Fertig werden wir in unserer Lebenszeit damit nicht. Aber man kann sich denken, wie es gehen könnte. Da steht dann auf die Dauer keine Erinnerung mehr im Weg, der führt ja geradewegs in die entgegengesetzte Richtung, nämlich in die Zukunft. Aber das wird noch dauern, denn Europa ist ein langsamer Weg.

Ein Hauch von Zukunft ist neuerdings in vielen Gesprächen über ideologische Barrieren hinweg zu spüren. Seltsam, ideologische, gesellschaftspolitische, historische Gegensätze verlieren Brisanz, wenn plötzlich ein Mensch da ist, der das Absolute zu menschlicher Proportion reduziert – oder steigert. Man sitzt zusammen, es wird laut gedacht, Modelle, an die man sich klammern möchte oder sollte oder auch nicht, halten Analysen selten aus. Sie eignen sich wenig für Gedankenaustausch, man stellt sie behutsam in die Ecke, diese Tabus und Totems, unbeschädigt müssen sie ja bleiben, denn jeder muß irgendwann seine Ideologiemodelle unversehrt wieder mit nach Hause bringen. Man muß sich sogar rechtfertigen können. »Denen haben wir's gezeigt.« In einigen Ländern muß man es sagen, um überhaupt wieder reisen zu können. Auch das gehört zum heutigen Europa, nur wirkt es bereits absurd. Und daß es absurd wird, zeigt, wie es in Wirklichkeit mit diesem zerspaltenen Europa bestellt ist, nämlich nicht so schlecht, wie es aussieht. Eine geheime Verständigung bahnt sich an. Intelligenz läßt sich nicht nationalistisch und nicht ideologisch mehr abgrenzen, auch wenn es in manchen Gegenden noch riskant wäre, das offen zuzugeben.

Wer sind die Europäer von heute? Ein paar gibt es, die kleben sich eine blaue Europaflagge ans Hinterteil, ans Hinterteil ihres Wagens, versteht sich. Denen soll nicht an den Wagen gefahren werden, aber man muß ja nicht todernst dabei bleiben, oder? Fahnen flattern hier und dort im Wind, blau mit Sternen, vor Hotels und Gaststätten zum Beispiel, bei Zusammenkünften zumal von Berufs- und Werbeeuropäern. Soll ihnen unbenommen bleiben. Wäre es einem darum zu tun, könnte man in diesem Stil 365 Tage im Jahr tagen, Kongresse besuchen, Grußadressen vortragen oder anhören, Tagungen vorbereiten, zubereiten, nachbereiten, ganz Europa ein Tagungstermin. Das ist Europa nicht.

Zum Unterschied von den fünfziger Jahren wagt sich das wirkliche Europa wieder an das ganze Europa. Das ist neu, aufregend, bahnbrechend, wenigstens für geraume Zeit noch, bis er selbstverständlich wird, dieser west-östliche Dialog. Bald wird es selbstverständlich werden, ins Theater nach Ostberlin zu gehen, es wird schwer halten, auf die Dauer, dann noch den Weg nach Westen zu verrammeln. Man trifft sich, man liest Romane, spielt die Stücke von Deutschen und Deutschen. Polnische, tschechische Dramatiker erscheinen auf westdeutschen Bühnen, in Zürich, in Paris. Es ist nichts Fremdes mehr daran, im Gegenteil.

Ein wenig behutsam tritt man zwar noch auf, wenn man sich trifft, ein bißchen tastend, nur nichts verderben! Das geht beiden Partnern so, es gibt Augenblicke, wo man sich nur ansieht, Bruchteil einer Sekunde, fragendes Schweigen, Klicken der Uhr, aber dann doch weiter, recht natürlich. Man weiß eben noch nicht so genau, wo die Wunde beim andern sitzt, wann es schmerzt. Etwas verlegen deutet man eigene Verletzungen an, so nebenbei, nicht klagend oder gar anklagend. Man setzt die Sonde an, wo es mit eigener Gesellschaft, eigener Politik, eigener Situation hapert: Selbstironie als Türöffner, meinetwegen als

Fußabstreifer. Vielleicht wird es leichter dann für den andern, offener zu sprechen, einfach er selbst zu sein. So könnte sich, wenn man die bezahlten oder rabiaten Ideologen beiseite läßt, allmählich eine Schicht, eine Gruppe, ein Stand geistiger Menschen in Europa herausbilden. Das zeichnet sich ab, als Möglichkeit zumindest. Es ist unerläßlich als Gestaltungsmoment in einer Gesellschaft, die wirklich gespalten ist, zerklüftet sogar, und zwar nicht nur zwischen Ost und West. Daran ist nicht zu zweifeln. Das läßt sich auch nicht »europäisch« überspielen, sondern nur gemeinsam heilen. Wie soll eine überdachende Gemeinsamkeit entstehen, wenn nicht eine geistige Schicht das Gemeinsame denkt, das Trennende analysiert, die Wirklichkeit darstellt, Ideen und Ideologien diskutiert, entwirft, verwirft. Sonst entsteht doch eine gewisse Gefahr, daß wieder einmal etwas Absolutes errichtet wird, um nicht zu sagen Absolutismen, das habe so oder so zu sein, wehe, wenn es einer anders sieht. Es entwickeln sich ohnehin rasend schnell neue Hierarchien, europäische und sonstige. Alte Klassen, neue Klassen, alte Autoritäten, neue Autoritäten, immer fein absolut. Man trifft sie, wohin man kommt, die dazu gehören, und man trifft jene nicht, die nicht dazu gehören. Man gibt sich selbstsicher, wenn man »wer« ist, man läßt erkennen in Ton und Pose, was man ist. Europa, das es noch gar nicht gibt, sollte nicht seine neuen Obrigkeiten züchten, die man vielleicht noch schwerer los wird als die alten.

Da sich in diesem Europa von morgen auf jeden Fall die Macht der Bürokraten als Macht von Bürokratien ausdrücken wird, haben die Geistigen es auf jeden Fall schwer. Oder leicht, zu leicht, je nachdem, wie sie sich verhalten. Man wird sich gewiß ihrer bedienen, wenn sie bereit sind, dienstbar zu sein. Man wird sie nicht nur entlohnen, sondern belohnen, mit höfischen Gnaden, Stil zwanzigstes Jahrhundert. Preise erhält man, wenn man am richtigen Ende der Schaukel sitzt. »Herumgereicht« wird man, wenn man »dazugehört«. Auf Biennalen wird man gezeigt, wenn man »ausgewählt« wird. In Festwochen wird man dargestellt, wenn man die richtigen Leute kennt. Man wird dekoriert, wenn man in die Landschaft paßt, und plakatiert, wenn das Geschäft es will. Europa, denke an deine Nonkonformisten!

Dieses Europa von heute ist anfällig für Mode, nicht nur in der Damenbekleidungsindustrie. 1955 schrieb Otto Dix vom Bodensee: »Es ist jetzt schwer, Bilder zu verkaufen – besonders wenn sie wie meine gegenständlich sind.« Jetzt, lange nach seinem Tod, lebt sein Ruhm wieder auf. Jetzt könnte er leben, und zwar gut. Kritik wird häufig nicht nur Mode, sie läuft auch hinter der Mode her, in europäischen Ländern. Ein lebendiges Europa aber wird, wie in der Volkswirtschaft, gerade dann, wenn es schwierig wird, Gegenkurs steuern müssen, um voranzukommen.

Mit das Beste an diesem entstehenden Europa ist das Unbeantwortbare, die Frage nach den äußeren Grenzen. In Ankara ist jeder überrascht, wenn ein Westeuropäer von »Klein-Asien« spricht. Konstantinopel ist Ost-Rom, noch heute. Im Atlantischen Bündnis war Anatolien ein Vierteljahrhundert lang Vorort des Westens schlechthin. Tatsache ist, daß niemand genau angeben kann, was Europa ist, aber nichts ist genauer in der Politik als eine Landkarte, wenn es da nicht mehr linear bleibt, fließt alles.

Der mythisch denkende General de Gaulle definierte: »Vom Atlantik zum Ural.« Da liefen in den Moskauer Ämtern die Drähte heiß: Zunächst recht besorgte russische Fragen bei westlichen Botschaftern, ob die Zerschlagung der Sowjetunion beabsichtigt sei. Natürlich nur zunächst. Wirklich, wie steht es mit den Grenzen Europas? Rußland ist eben auch Europa. Aber ebensowenig wie Ankara Asien ist, fällt Rußland aus Europa heraus, weil seine Staatsgrenzen bis zum Pazifik reichen. Nehmen wir England, wird es sich abgrenzen, nachdem es zur EG stieß? Abgrenzen gegen das Commonwealth, gegen alle, die nach Übersee auswanderten? Sollen sie sich nun »entfremden«, wird London nicht mehr eine Metropole eigener Art sein, sehr verwandter Art für alle, die zum Commonwealth gehören? Nein, England bleibt Europa – und Übersee.

Nun ganz politisch. Diskussionen darüber, ob die Vereinigten Staaten auf einer Konferenz für Europäische Sicherheit und Zusammenarbeit vertreten sein sollten, waren so rasch beendet wie sie begannen. Die amerikanische Großmacht ist mit von der europäischen Partie – und wird es bleiben. Diese europäische Wirklichkeit ist auch, gerade und erst recht eine politische und wirtschaftliche Wirklichkeit. Die europäische Frage ist dort, wo sie gelingt, und ebenso dort, wo es »harzt«, getränkt mit Machtpolitik. Nirgends wird so intensiv, so präzis über das Werden Europas gesprochen, nirgends so konkret darüber verhandelt, was erreichbar ist und was nicht, als unter Politikern, Wirtschaftern, Gewerkschaftern. Da geht es um ganz handfeste Dinge: Wirtschaft, Wohlstand, Sicherheit, Verkehr. Da läßt sich Amerika nicht heraushalten, es ist unerläßlich als Element des europäischen Gleichgewichts. Genauso wie Rußland. Der Atlantik ist in den letzten Jahrzehnten ein europäisches Binnenmeer geworden, die Gegenküste gehört dazu. Nicht nur politisch und wirtschaftlich, auch geistig. Unsere Wissenschaften – um nur ein Beispiel zu erwähnen – wären ohne Verbund mit Amerika überhaupt nicht mehr denkbar. Nicht nur Technik und Medizin, wohlverstanden, sondern zum Beispiel auch Gesellschaftswissenschaften, von Weltraumforschung ganz zu schweigen. Das heißt praktisch, dieses Europa ist nicht abgrenzbar, darf es nicht sein, will es auch nicht sein. Und dennoch weiß dieses Europa – jenseits aller Nationalitäten, aller Ideologien, aller gesellschaftlichen Unterschiede, es weiß heute, daß es den Frieden mindestens für sich selbst gewinnen muß, wenn es nicht – ähnlich den antiken Reichen – zusammenstürzen soll.

Politischer Friede ist eine Funktion des sozialen Friedens, sozialer Friede hängt immer mehr ab von politischem Frieden. Die einzige große Chance für sozialen Aufbau in Europa liegt in militärischem Abbau. Hier ist das einzige mächtige Reservoir, das genügend hergibt. Europäische Friedenspolitik ist die wirksamste europäische Sozialpolitik, die stabilste europäische Innenpolitik. Daher die geradezu selbstverständliche Bereitschaft der Völker, über das Militärische hinauszudenken.

Im Gefühl haben das heute viele Menschen, wenn auch nicht immer im Verstand. Wenn eine Stadt wie Berlin heute europäischen Symbolwert hat, dann nicht nur wegen ihres Freiheitswillens, sondern auch deswegen, weil hier der Wille zur Freiheit sich losgelöst von allen Möglichkeiten eigener Macht ausdrückt. Europa bleibt eingespannt zwischen diesen Polen von Macht und Machtlosigkeit, Frieden und Veränderungswillen, Verinnerlichung und Leistung. Europa bleibt widersprüchlich. Nur solange es mit seinen Widersprüchen lebt, bleibt es Europa.

Werner von Simson
Europa – etwas juristisch

I

Wie groß war Europa, als ich jung war!
Die Welt mit ihren Streitigkeiten und Rivalitäten, das war alles Europa. Amerika lag noch auf einem anderen Planeten. Rußland war ein literarischer und musikalischer, China mehr ein geographischer Begriff. Der Gesprächspartner der Politik, der Einflußreiche in fremden Erdteilen, der Verbündete, der Gefürchtete, der Neider, der Beneidete: sie alle saßen in Europa.
Es bestand aus Ländern, die einander fremd waren. Sie fürchteten und mißbilligten sich gegenseitig, wie nur Nachbarn es tun. Was sie voneinander wußten, war 50 oder 100 Jahre alt. Es stammte aus den Vorurteilen der Eltern. Sich besser zu kennen wäre, wie man es nannte, unrealistisch gewesen. Der Krieg war der Vater aller Dinge. Ein gegenseitiges Verständnis konnte Schwäche bedeuten. Hasser sorgten dafür, daß das nicht passierte. Mein Vater, als junger Legationssekretär, mußte sich wegen seiner Verteidigung Fritz von Unruhs und Friedrich Wilhelm Foersters die ernsten Vorhaltungen seines Gesandten gefallen lassen.
Nach dem ersten Weltkrieg zerbrach zunächst die Heldengestalt, welche das wilhelminische Deutschland zu verkörpern gesucht hatte. Nur Reste blieben, mit Mühe ernst genommen von den Älteren, den Jüngeren nicht mehr verständlich. Rathenaus gewandte Beurteilung des Kaisers und seiner den Zeitproblemen völlig fremden Absurdität überzeugte. Uns interessierte mit 14 Jahren nicht Tirpitz oder Ludendorff. Der Verlust von Eupen

und Malmédy oder von Danzig kümmerte uns nicht, wohl aber der von Otto Braun, Gräser, Hellingrath, Marc, August Macke. Auf der anderen Seite waren Wilfried Owen und Rupert Brooke gefallen, wir wußten und bedachten das aber nicht.

Nur England kann vielleicht einen Krieg verlieren, ohne an seinem Charakter Schaden zu nehmen. Deutschland tat sich leid. Frankreich mußte sich in der Rache wiederfinden. Die neu entstandenen östlichen Staaten fürchteten sich. Europa war politisch eine Erscheinung, die jeder mit anderen Augen sah. Noch immer hatte Amerika es besser als unser Kontinent, der alte. »Unnützes Erinnern und vergeblicher Streit . . .« Die Ruhrbesetzung mit ihren schicksalhaften Folgen war der Höhepunkt. Das war die Welt unserer ersten politischen Gedanken. Sie bestanden im wesentlichen in der Erkenntnis, was andere alles falsch machten.

Etwas wuchs aber auch, das hätte retten können. Nicht, wie viele gehofft hatten, im neu entdeckten Amerika. Vielmehr waren es die Namen Aristide Briands und Gustav Stresemanns, die uns, die wir noch auf der Schule waren, als Zeichen einer neuen Möglichkeit aufschienen. Wir hatten zwar schon die Aufrufe des Grafen Coudenhove-Kalergi gelesen. Aber er galt als ein Schwärmer, der mit seiner Europa-Union Unmögliches voraussetzte und forderte. Er sah Europa von außen, als Kosmopolit, mit einem Weitblick, der über unsere Zeit hinausging. Jetzt aber waren es nicht Schriftsteller und Propheten, sondern Außenminister und Reichskanzler, die erkannten und begreiflich zu machen suchten, daß nur ein einiges Europa überleben könne.

Das kam der Jugend groß und vielversprechend vor. Aber sie sah noch nicht, was alles würde sterben müssen, sollte dies werden.

Die das Alte nicht lassen wollten, konnten das Neue verhindern. Zu spät sahen die Hugenbergs auf der einen, die Dogmenstreiter auf der anderen Seite, daß auch ihre Ziele dabei verfehlt wurden und daß ihre Macht, ihre Sicherheit, ihr Gewissen schließlich verlorengingen.

Meine Generation ahnte dies. Sie war aber zu jung und un-

erfahren, um auch nur zu wissen, wie sich etwas ändern ließe. Nicht daß sie machtlos, ist ihr vorzuwerfen, sondern daß sie gleichgültig war gegenüber den Grundfragen der konkreten politischen Existenz. Statt dessen suchte sie ein Wandervogelleben, das ihr wie ein neues, reineres Beginnen vorkam, aber niemandem etwas nützte.
Über ihren Kopf hinweg wurde nun noch einmal der Versuch gemacht, von nationaler Überhebung aus Europa als Herrschaftsgebiet eines einzigen fanatischen Willens aufzurichten. Der Schatten Ludwigs des Vierzehnten und Napoleons fiel über die europäische Vielfalt. Es war ein Plan, der alles Europäische verleugnete, und der nur in Blindheit ersonnen, in Schlechtigkeit verfolgt werden konnte. Für ein irgendwie zivilisiertes Denken kam dieser Bierhaustraum nicht in Betracht. Und so nahmen viele, durch erste Erfolge verführt, von solchem Denken Abschied. Für andere schien es das Schlimmste, wenn dieser Plan gelingen sollte. Wer hätte in dieser Welt leben mögen?
Der Krieg allein konnte Europa retten, wenn er es nicht zerstörte. Denn das Sterben, ohne das Europa nicht werden konnte, blieb nun nicht auf das Veraltete beschränkt. Es wurde fraglich, ob überhaupt etwas überlebte, das man europäisch nennen konnte. Vielleicht behielt Alexis de Tocqueville recht mit seiner hundertjährigen Prophezeiung, und Rußland und Amerika sollten allein die Stunde regieren.

II

Ich überlebte, als einer der, wie Goethes Epimenides, »diese Nacht des Jammers überschlief«. Da ich eine englische Frau geheiratet hatte, verbrachte ich den Krieg, und die ersten sieben Jahre danach, in England.
Die sich gegen Hitler gewandt hatten oder vor ihm geflohen waren, glaubten im westlichen Ausland an die Zugehörigkeit zu europäischen, von den Nationalsozialisten verratenen Gemeinsamkeiten appellieren zu dürfen. Das wurde nur sehr zögernd anerkannt. Aber gerade daß sich innerhalb Europas andere als

nationale Grenzen sichtbar machten, brachte die ersten Ansätze eines europäischen Denkens. Nach dem Kriege, als das Bemühen einsetzte, das gefallene Deutschland zunächst wieder lebensfähig zu machen und dann irgendwie zu verstehen, wurde man denn auch wirklich ausgefragt, um Entwürfe gebeten, um Vermittlung von Bekanntschaften mit neuen Kräften, um Eintritt in eine hastig geplante, dann mit Recht am französischen Widerspruch scheiternde Vierzonenregierung.

Jetzt, zum ersten Mal, trat eine europäische Gemeinsamkeit als konkrete politische Möglichkeit in Erscheinung. Frankreich sah nicht, wie sich retten, wenn Deutschland auch mit seinem westlichen Teil in die Hände der Sowjetunion fiele. Die anderen Länder brauchten die wirtschaftliche Anlehnung. Für Deutschland schließlich, und auch für die Benelux-Staaten, wurde Europa zugleich zum geistigen Ziel. Man brauchte ein neues Vaterland, man wollte zugehörig sein zu einer Einheit, die den Aufgaben der Zeit gewachsen wäre. Das schien sich in Europa finden zu können.

Bis dahin war das geistige Europa eine Sache der Bildung, aber kein politischer Begriff gewesen. Denn der Nationalismus und die Religionskriege hatten das große einheitliche Erbe zerspalten und es von der jeweils wirklichen Existenz der einzelnen Staaten hoffnungslos getrennt. Macht und Kultur fielen auseinander, gerade wo kulturell gleichrangige Völker einander mit widerstrebenden Ansprüchen begegneten. Es genügte nicht, daß einzelne erkannten, die wechselseitige Erbitterung werde das Ganze untergraben, und auf diesem Wege könne es kein Vorwärtskommen und noch nicht einmal ein Erhalten des Bestehenden geben. Auf Leidenschaften gegründete Verhältnisse, erwachsen aus Opfern, deren Sinnlosigkeit keiner einzugestehen wagt, lassen sich nicht überwinden ohne gegenläufige Zwänge. Es mußte beweisbar werden, daß es in der alten Weise nicht weiterging, ehe der Gedanke einer neuen Gemeinsamkeit als praktisch notwendig, und eben dadurch erst als möglich, hervortrat.

Wir erlebten nun, wie Churchill zuerst, dann der amerikanische Außenminister Byrnes Europa zur Einheit aufriefen. Aber an eine Einheit, welche die politischen Aufgaben der Zeit überneh-

men konnte, war nicht zu denken. Die enthusiastischen Appelle hatten zu hoch gegriffen.
Das Maß des Möglichen zeigte der Marshall-Plan. Er zeigte zugleich, nachdem die Sowjetunion eine Beteiligung für sich und ihren Einflußbereich abgelehnt hatte, den Kreis der für eine europäische Einheitsbildung in Betracht kommenden Staaten.
Denn das Problem war ja nicht eine Einigung um jeden Preis. So weit war Europa nicht zerstört, so weit seine Existenz nicht gefährdet, als daß es hätte, um des Überlebens willen, sein eigentliches Wesen aufgeben müssen. Heilslehren mit derartigen Lösungen sind heute in gewissen kleinen, aber begriffsgewandten Kreisen populär. Sie waren es damals noch nicht. Die Freiheit war zu bitter entbehrt und mit zu entsetzlichen Opfern zurückgewonnen worden, als daß sich jemand unterstanden hätte, mit ihr zu spielen. Die Einfalt galt noch nicht wieder als fortschrittlich und menschenfreundlich.
Eine Gruppe Verantwortlicher fand sich zu einer gemeinsamen Richtung durch. Jean Monnet, Robert Schuman, Paul-Henri Spaak, Joseph Bech, Alcide de Gasperi und Konrad Adenauer legten den Grund, indem sie erkannten, daß es darauf ankam, in aufeinanderfolgenden, einander bedingenden Schritten mehr und mehr in den Bereich des politisch Möglichen hineinwachsen zu lassen.
Mit der Errichtung der Montanunion erwuchs auch mir eine Aufgabe. Ich ließ liegen, was ich in England hatte, und ging nach Luxemburg, wo die Hohe Behörde und der Gerichtshof ihre Arbeit aufzunehmen im Begriff waren. Hier war ich die folgenden 15 Jahre ganz, und seitdem teilweise in Verhandlungen zwischen Industrieunternehmen und der Gemeinschaft, und in Prozessen als Vertreter solcher Unternehmen oder der Bundesregierung tätig. Es war eine Zeit lehrreicher Erfahrungen.
Einmal handelte es sich um die Wiederherstellung der im Gemeinschaftsvertrag beschlossenen Gleichheit der deutschen Montanindustrie mit den Größenordnungen anderer Gemeinschaftsunternehmen. Die deutschen, auf dem Verbundsprinzip aufgebauten Konzerne waren nach dem Kriege entflochten worden.

Unter den Garantien des Gemeinschaftsvertrages sollten sie ihre Wettbewerbsfähigkeit zurückerhalten können. Das bedurfte langjähriger, maß- und vertrauensvoller Verhandlungen.
In einer langen Reihe von Prozessen vor dem Europäischen Gerichtshof ging es sodann um die genauere Abgrenzung der Rechte und Pflichten von Hoher Behörde und Unternehmen oder Regierungen im Verhältnis zueinander.

III

Im Rückblick auf einen Zeitraum von 20 Jahren scheint es so, als hätten die Dinge sich nach vorgefaßten Plänen und im ganzen folgerichtig entwickelt. Die nähere Erinnerung an das Miterlebte zeigt manches in anderem Licht. Vieles, was geschehen ist, war nicht so geplant. Mancher Rückschlag stellte sich in Wirklichkeit als Fortschritt, mancher Fortschritt als Rückschlag heraus. Und doch ist es wahr, daß über allen Bemühungen eine beständige, wenn auch oft verborgene Logik waltete. Allmählich wird ein Bild dessen sichtbar, was auf dem Wege zu einer europäischen Gemeinsamkeit möglich und was unmöglich ist, und auch, was sich vertraglich formulieren läßt und was im Ungewissen bleiben muß.
Der Aufruf Robert Schumans hatte zunächst keinen Gemeinsamen Markt vorgesehen, sondern die Verschmelzung der deutschen und französischen Kohle- und Stahlerzeugung. Seit Jahrzehnten hatte die Wirtschaft das auf privaten Wegen zu erreichen gesucht. Es erwies sich aber, heute wie damals, als politisch nicht durchführbar. Statt dessen wählte man, mit Folgen, die auch heute nur wenige begreifen, die nächst lockere, und dies hieß eben auch die nächst freiere Form der Gemeinsamkeit: nicht die gemeinsame Produktion, sondern den gemeinsamen Markt. Das bedeutete, daß nicht einer produzieren, planen und entscheiden sollte, sondern viele im Wettstreit miteinander. Diese Vielfalt der Entscheidungsmöglichkeiten ist, wie sogleich zu erörtern ist, nach meiner Überzeugung unentbehrlich, wenn sich der europäische Gedanke in Freiheit verwirklichen soll. Damit sind der

Verstaatlichung der Produktionsmittel, die als gesellschaftspolitische Forderung immer wieder auftaucht, sehr deutliche Grenzen gesetzt. Sie wäre mit einer Weiterführung der Europäischen Gemeinschaft nur noch vereinbar, wenn sie in allen neun Mitgliedstaaten gleichzeitig stattfände oder wenn sie, falls sich dafür die nötigen Mehrheiten nicht fänden, durch Zwang verwirklicht würde. Ich frage mich, ob sie, was sonst man darüber denken möge, damit nicht als konkrete Möglichkeit ausscheidet. Die Technik, die man für die europäische Einigung gewählt hat, und die, wie ich glaube, die einzig mögliche Technik dafür ist, läßt sich mit anderen als mit marktwirtschaftlichen Mitteln nicht verfolgen. Daß diese erheblichen Kontrollen zu unterwerfen sind, soll damit nicht bestritten werden.
Diesen Sachverhalt ahnten die deutschen Sozialisten zu Beginn. Besonders Kurt Schumacher sträubte sich deshalb mit allen Kräften gegen den Montanvertrag. Aber sein Widerstand setzte sich nicht durch, denn die Marktwirtschaft versprach hier etwas, was nur in offenen Entscheidungsprozessen gelingen kann. Heute übergeht man diese Tatsache mit Schweigen – nicht zum Vorteil der Lebensnähe neuerer politischer Diskussionen.
Die Gründe sind etwa folgende.
Das Gesamtbild der wirtschaftlichen Fakten ist zunächst derart komplex und schwer durchschaubar, daß die für eine einheitliche Planung und Leitung benötigten Informationen nicht erreichbar sind. In marktwirtschaftlichen Entscheidungsprozessen braucht man die maßgebenden Informationen erst später. Sie ergeben sich aus dem Marktgeschehen und wirken dann erst auf die Entscheidungen ein. Man kann also warten und eine Entwicklung berücksichtigen, die mit keinen Mitteln voraussehbar, und deshalb in ihren Resultaten für ein einheitliches Planen und Entscheiden nicht verfügbar ist.
Das zweite Problem, das sich in der Praxis als immer wichtiger erweist, ist der Mangel an Übereinstimmung über das, was die einzelnen Vertragsformulierungen in der Folge eigentlich bedeuten werden. Das alles zeigt erst die tausendfältige Entwicklung der unvorhersehbaren Dinge. Wechselnde Situationen und Kräfteverhältnisse müssen jeweils in die Interpretation der in

dieser Hinsicht elastischen Vertragsbestimmungen eingehen können, wenn diese sich nicht bald als verfehlt, und unsinnig geworden, herausstellen sollen. Überläßt man die Bildung dieser Verhältnisse der Gemeinschaft selbst, so mutet man ihr Unmögliches und Unvertretbares zu. Überläßt man sie den Mitgliedstaaten, so ist es wieder aus mit der Gemeinsamkeit, und das Ganze kehrt zur Form nationaler Machtkämpfe zurück. Als einzige grenzüberschreitende und doch nicht sachlich inkompetente und politisch unkontrollierbare Entscheidungsinstanz kommt daher, das jedenfalls ist die Philosophie der Gemeinschaftsverträge, das möglichst freie, nur in seinen Gesamtresultaten gelenkte Spiel der im Mark aufeinanderstoßenden Kräfte in Betracht.

Denn eine zentrale Lenkung, selbst wenn sie möglich wäre, würde einen Machtapparat erfordern, der im europäischen Rahmen unter keine effektive politische Kontrolle zu stellen wäre. Kein Staat, der die Kontrolle der Macht zu seinen politischen Errungenschaften zählt, könnte der Entstehung dieses Apparates zustimmen. Schon in marktwirtschaftlichen Verhältnissen ist das Problem der politischen Kontrolle kaum zu lösen. Sollte die europäische Einigung nicht mit dem Rest demokratischer Freiheit erkauft werden, so kam eine andere als die marktwirtschaftliche Technik nicht in Frage. Sie ist denn auch niemals versucht worden.

IV

Als weiteres großes Problem erschien nun die Personalfrage. Hier machten wir in den ersten Jahren in Luxemburg eine Erfahrung, deren hoffnungsvolles Niveau sich dann leider nicht fortsetzte, vielleicht auch nicht fortsetzen konnte. Europa begann an dieser Stelle nun wirklich als Idee, und diese Idee war repräsentiert durch Persönlichkeiten, an ihrer Spitze ein Mann, der die Phantasie der Menschen gefangennahm, man wußte nicht wie. Jean Monnet war kein Führer großer Massen. Aber er überzeugte die, die mit ihm zusammenkamen, in der Weise, daß kaum einer sich fand, der hinter seinem Enthusiasmus, seiner

Erfahrung, seiner Besonnenheit und schließlich auch der Schlichtheit seines Auftretens hätte zurückbleiben oder sich ihr nicht fügen wollen. Die Europabeamten der ersten Zeit, vom Mitglied des obersten Gremiums bis zum jüngsten Referenten, waren wie Verschworene. Man sah das Bild Monnets in den Amtsstuben oder auf den Schreibtischen. Noch heute haben die Politiker und Beamten, die hier die ersten Spatenstiche taten, sich ein Gefühl der Zusammengehörigkeit bewahrt, und ich kann sie, in Brüssel oder in Straßburg, von den späteren, ernüchterten, unterscheiden.

Aber wie das mathematische oder das künstlerische Wunderkind die Erfahrung durchmacht, daß der Elan der Jugend nur selten eine Lebensleistung auf dem unbefangenen Niveau des Anfangs trägt, so ging es auch mit der Europäischen Gemeinschaft. Ihr Apparat wuchs über das Familiäre hinaus. Ein deutlicher Rückschlag in Stimmung und Hoffnung trat ein. Was sollte der riesige Aufzug, wenn er nach sechs Jahren nichts erreicht hatte, was sich nicht durch gewöhnliche Handelsverträge auch hätte bewerkstelligen lassen? Der Handel hatte die Märkte durchdrungen. Aber hatte sich an der gegenseitigen Durchdringung der Produktion, der Investition, an der Arbeitsteilung innerhalb der Gemeinschaft viel Wesentliches geändert? Hier waren vielmehr deutliche Grenzen sichtbar geworden. Was an solchen Dingen geschehen war, hatte des Gemeinsamen Marktes gar nicht bedurft, sondern war das Werk der eher marktfeindlichen Großkonzerne gewesen.

Und nun scheiterte die schon vereinbarte Europäische Verteidigungsgemeinschaft am Widerstand des französischen Parlaments, einem Widerstand, der nur zu begreiflich war. Denn es konnte nicht die Rede davon sein, daß Frankreich seine überseeischen Interessen und Verantwortungen aus der Hand gab, solange die europäischen Gemeinschaften weder willens noch imstande waren, sich ihrer anzunehmen. Das schien das Erreichte fraglich werden zu lassen und weitere Fortschritte zunächst auszuschließen.

In Wirklichkeit war diese Krise aber nicht mehr als eine Begegnung mit den realen Möglichkeiten. Wo diese bestanden, erwies

sich mit überraschender Geschwindigkeit, daß der Europagedanke in ein Stadium getreten war, in dem es kein Zurück mehr gab. Wie ein Blitz erhellte der Zusammenbruch der EVG die europäische Szene. Felix von Eckardt, der dies in der Nähe Adenauers miterlebte, schildert in seiner Autobiographie, wie nun, als könne man nicht mehr warten, die Europäische Wirtschaftsgemeinschaft allen Hindernissen zum Trotz zustande kam. Der Vertrag wurde, aus den Gründen, die ich schon erwähnt habe, kein Vertrag der festen Regeln. Er wurde ein Vertrag der Gewinnung von Regeln, die in kluger Verteilung der Kompetenzen zwischen einem europäischen Verwaltungsorgan und einem aus Mitgliedern der beteiligten Regierungen zusammengesetzten Ministerrat hervorgebracht werden sollten. Das Gemeinschaftsorgan, die Kommission in Brüssel, legt die Entwürfe für die jeweils erforderliche Gesetzgebung vor, der Ministerrat nimmt sie an oder lehnt sie ab. Nur mit Einstimmigkeit, also wo politische Übereinstimmung der Mitgliedstaaten erreicht ist, kann der Ministerrat die Gesetzgebungsvorschläge der Kommission ändern. Im ganzen hat sich das Verfahren bewährt.
Es begann nun die Suche nach der Reihenfolge, in welcher die verschiedenen in der vollständigen Einigung angelegten Probleme nach und nach als lösungsreif in Erscheinung treten würden.

V

Es war der Versuch, die Gesamtidee der europäischen Einigung laufend daraufhin zu prüfen, wieviel davon sich in Freiheit verwirklichen ließe. Der Sinn des Ganzen, das Europäische, Vielfältige, im großen und ganzen Freiwillige, mußte erhalten bleiben, und zugleich mußte der Beweis der zunehmenden, anders nicht erreichbaren europäischen Leistung ständig neu erbracht werden. Das erwies sich als ein unendlich schwierigeres Vorhaben, als die erste Begeisterung es hatte ahnen lassen.
Jetzt erst, wo es ernst, wo es unaufhaltsam wurde, sahen wir alle, was Frankreich zu verlieren hatte. Es sah sich, trotz oder

vielleicht gerade wegen der im Kriege erlittenen Demütigung, als die Bewahrerin von Werten, die im eigentlichen Sinne europäisch waren, an die andere Völker nicht mehr glaubten, und die im eigenen Lande zu Traditionen und Institutionen hochgewachsen waren, welche das Europäische schlechthin repräsentierten. Europa war nur zu begreifen als geistiger Zusammenhang unzähliger individueller, vergangener, gegenwärtiger und zukünftiger Strömungen. Es war geformt und belastet von seiner Geschichte, vielfältig und widersprüchlich gebaut und den Keim der Unvergänglichkeit in sich tragend: chargé du passé et gros de l'avenir, wie Leibniz es gesehen hatte. Noch immer waren die Wertmaßstäbe der Welt solche, die aus Europa hervorgegangen waren. Frankreich, allein von allen Ländern, war einmal dieses Europa gewesen und konnte das nicht vergessen.

An ein Europa, in das dies einzubringen wäre, sind hohe Forderungen zu stellen. Auch Deutschland hat etwas zu verlieren, und muß daher seine Ansprüche machen. Es hielt sich nicht für Europa, sondern wollte, nach seiner jüngsten entsetzlichen Vergangenheit, durch Europa anders werden. Wo es seinerseits fürchten konnte, zu verlieren, handelte es sich um etwas anderes. Zu fürchten war um die neu gewonnenen, neu befestigten politischen Freiheitsrechte. Sie waren in gewissem Maße zur neuen Substanz des deutschen, oder doch des westdeutschen, Selbstbewußtseins geworden, und immer wieder erhoben sich Stimmen, die meine darunter, die davor warnten, das eben Errungene in einem hierin noch gestaltlosen Europa wieder untergehen zu lassen. Wir sehen, wie Großbritannien jetzt diese Sorge teilt. Sie ist noch nicht so ernst, solange die Kompetenzen der Gemeinschaft nur das Wirtschaftliche umfassen. Denn hier sind die persönlichen Freiheiten weniger bedroht. Mit der Zunahme der Mitgliedstaaten und der Aufgaben kann das leicht anders werden. Dabei ist die Frage vielleicht weniger, ob man die Freiheiten erhalten will, als ob man es überhaupt kann.

Keiner dieser Zweifel ist mehr stark genug, die Europäische Gemeinschaft selbst noch in Frage zu stellen. Das bewiesen gerade diejenigen, die nicht an sie geglaubt hatten. De Gaulle versuchte sie noch rückgängig zu machen, schon wissend, daß es nicht mehr gelingen würde. Die Demonstration, daß die Gemeinschaft selbst diesem Willen widerstand, und ihn in die Vergangenheit verwies, war unschätzbar.

Großbritannien hatte sich ferngehalten, in dem Glauben, oder gar in der Hoffnung, aus dem Ganzen werde nichts werden. Gelang es doch, so mußte es sich verspätet, und unter schwierigeren Bedingungen anschließen. Es scheint mir sicher, daß nur die Einsicht in die absolute, nicht zu umgehende Notwendigkeit die britische Regierung zu ihren Beitrittsbestrebungen veranlassen konnte.

VI

Für den Juristen bietet dieses ganze politische Geschehen eine sehr ermutigende Besonderheit. Das Instrumentarium des Rechts wird hier in einem bisher nicht gekannten Sinne unentbehrlich. Denn auf den alten politischen Wegen ist ein Zusammenwachsen von Staaten, die dennoch im ganzen keinen Staat bilden können, nicht in Angriff zu nehmen. Es bedurfte der eigenartigen Figur eines Gesetzgebungsorgans, dem kein Staat, sondern ein Vertrag zwischen mehreren, gemeinsam diese Gesetzgebung akzeptierenden Staaten zugrunde lag. Das weitere Geschehen mußte auf juristische Einrichtungen, auf Verträge, Gegenseitigkeit, Wandelbarkeit nach bestimmten Regeln, einzuhaltende Versprechen, ja schließlich auf einklagbare Ansprüche gegründet werden. Der Staatsvertrag, diese niemals Wirklichkeit gewordene Denkfigur, welche das Irrationale der politischen Zukunft in einen rationalen Rahmen verweisen sollte, hier wurde er wahr.

So wenig man es sich eingestehen mochte, wurde damit aber auch der Europäische Gerichtshof in Luxemburg zum weiteren politischen Organ. Sein gegenwärtiger Präsident, M. Lecourt, hat mich einmal seiner Frau mit den Worten vorgestellt: »C'est un de nos meilleurs clients.« Vielleicht meinte er damit eher die Zahl der Prozesse als die Qualität der Prozeßführung. Aber ich kann doch sagen, daß mir die langjährige Tätigkeit, die zum großen Teil auch darin bestand, daß ich von Prozessen abraten mußte, einen Einblick in die seltsam gemischte Verantwortung dieses Gerichts gegeben hat.

Seine schwierige Aufgabe, so stellte sich immer mehr heraus, besteht darin, daß er Recht sprechen soll, wo die Verhältnisse nur teilweise rechtlich erfaßbar sind. Es gilt in vielen Fällen zu entscheiden, nicht was hier rechtens ist, sondern wieviel von den vorliegenden Problemen mit rein rechtlichen Mitteln, also im Wege der üblichen Textauslegung, und wieviel nur mit dem Blick auf die überragende Zielsetzung der europäischen Vergemeinschaftung zu lösen ist. So manches, ich habe es schon erklärt, war eben in den Verträgen offen gelassen worden. Die wahre Entscheidung sollte der Einzelsituation im Zuge einer fortschreitenden Entwicklung überlassen bleiben. Kommt es jetzt aus irgendeinem konkreten Anlaß zum Streit über die Rechtmäßigkeit einer Maßnahme der Kommission oder des Ministerrats, oder der Handlungsweise eines Mitgliedstaats, so muß der Gerichtshof das ihm vorgetragene Geschehen an den Intentionen der Verträge im Licht des jeweils erreichten politischen Entwicklungsstandes messen. In dieser Hinsicht ist der Gerichtshof ein Verfassungsgericht, wie unser Bundesverfassungsgericht oder der amerikanische Supreme Court, berufen, Schritt für Schritt aus den gefaßten, in den Texten niedergelegten Vorsätzen, und dem sich diesen Vorsätzen mehr und mehr angleichenden Überzeugungen und politischen Situationen das Geschehende rechtlich zu verfestigen.

Eine bittere Erfahrung blieb mir und meinen Klienten dabei nicht erspart. Die hohen Ansprüche, die wir, gerade in Deutschland, an die Verwaltungsrechtsprechung stellen, lassen sich im Rahmen der europäischen Gemeinschaften nicht erfüllen. Wir mußten in dieser Hinsicht alle von den Franzosen lernen. Ihnen fällt es leichter als uns, die Staatsaufgaben, oder die Leistungsziele der Gemeinschaft, in den Vordergrund zu stellen. Der einzelne kann dann nicht immer, und nicht unter allen Umständen recht behalten. Nur wo es geht, bekommt er recht, wo nicht, muß er sich das gefallen lassen. Als die Hohe Behörde der Montanunion eine Hunderte von Millionen Dollar umfassende

Schrottausgleichskasse verwaltet hatte, bei der es nicht gelang, mit rechtlich vertretbaren Entscheidungskategorien auszukommen, mutete der Gerichtshof, dem dies nicht verborgen geblieben sein kann, den Unternehmen zu, dies hinzunehmen. Es zeigen sich hier Grenzen zwischen rechtlich bestimmbarem und notwendigerweise rechtsfreiem Handeln. Ich tadle den Gerichtshof nicht, wenn er das Gelingen des Gemeinschaftswerks entscheidend sein läßt.

VII

Dieselbe Haltung kommt, wenn dies ein Trost ist, den Unternehmern auch wieder zugute. Es ergab sich nämlich die Frage, ob ein Unternehmen, als »Bürger im Gemeinsamen Markt«, sich seiner eigenen oder einer anderen Regierung gegenüber auf die Gemeinschaftsverträge berufen könne. Die Staaten haben z. B. untereinander vereinbart, keine Zollerhöhungen vorzunehmen. Ein Staat verstößt gegen diese Verpflichtung, die anderen haben ihre Gründe, es nicht zu rügen. Kann nun der betroffene einzelne Importeur, dem eine zollähnliche Abgabe abverlangt wird, die Zahlung verweigern, da sie dem Gemeinschaftsvertrag widerspreche? Oder ein Staatsbürger wird bestraft, weil er gegen eine Bestimmung verstoßen hat, welche er nach den Gemeinschaftsverträgen für ungültig hält. Kann er den Europäischen Gerichtshof zum Richter über die Rechtmäßigkeit der Strafe machen?
Der Gerichtshof hat diese und andere ähnliche Fragen ganz entschieden bejaht. Das bedeutet die Klarstellung dessen, was die Staaten gelten lassen müssen, wenn von einer Europäischen Gemeinschaft weiter die Rede sein soll. Wollen sie das nicht, so müssen sie sich von den Verträgen lossagen. Das wollte keiner, das kann auch keiner mehr. Und damit hat das Wagnis des Gerichtshofes sich bewährt, und es hat sich gezeigt, daß er den Stand der politischen Integration in diesem Punkte richtig eingeschätzt hat. Man mag dem Gerichtshof vorwerfen, daß er sich manches, juristisch sowohl als auch in seinen Ansprüchen an die Beweisführung, gelegentlich zu leicht macht. Ich jedenfalls bin

dieser Ansicht. Aber in diesen wesentlichen Entscheidungen hat er seine Aufgabe erkannt und ist ihr ganz im Sinne der Verträge gerecht geworden.

Noch eine Erfahrung will ich erwähnen, an die vielleicht bei dem Abschluß der Verträge niemand gedacht hat, die sich aber doch als eines der technischen Mittel des politischen Fortschritts geltend macht. Es gibt Entscheidungen, die für die Erreichung der Vertragsziele notwendig sind, die aber die beteiligten Regierungen nicht in eigener politischer Verantwortung treffen wollen, weil ihre kurzfristigen Nachteile offenkundig, ihre langfristigen Vorteile dem Wähler nicht, oder nicht zur Zeit, klarzumachen sind. Kann man diese Entscheidungen dem Gemeinschaftsvertrag anlasten, so ist es gut, denn für diesen sind frühere Politiker verantwortlich. So mag es öfter vorzuziehen sein, die sachlich gar nicht unwillkommene Entscheidung dem Gerichtshof zuzuschieben. Mir scheint als kennte ich manches Beispiel.

Gegenüber der Bildung eines europäischen Einheitsstaates ist der Gemeinsame Markt ein beschränktes Ziel. Auch in dieser Beschränkung wird es nun mehr und mehr deutlich, daß noch große Hindernisse zu überwinden sind, Hindernisse, die nicht durch die bereits angelegte Entwicklung überwunden werden können, sondern neue politische Entschlüsse erfordern. Von Zeit zu Zeit finden denn auch Konferenzen der Regierungschefs statt, auf deren Tagesordnung solche Entschlüsse stehen. Immer näher kommt man dabei an die Grenze heran, die jetzt eigentlich die entscheidende geworden ist. Die Staaten müssen bestimmte lebenswichtige Rechte aufgeben, weil deren Weiterbestehen der Gemeinschaftsbildung im Wege steht. Ich nenne hier hauptsächlich die Währungspolitik und die Wirtschafts- und Konjunkturpolitik. Über deren gemeinsame Ausübung aber ist man sich schon unter den sechs bisherigen Mitgliedstaaten nicht einig, von den hinzukommenden gar nicht zu reden. Noch weniger kann man sich vorstellen, welches Gemeinschaftsorgan hier den Ausgleich finden oder die für alle wirksame Verantwortung soll ausüben können.

Eine zweites unbewältigtes Problem ist die einfache Verwaltungsleistung. Wo die Dinge nicht dem Markt überlassen bleiben können, wie auf dem Agrarsektor, da wird gegenwärtig in Brüssel eine Verwaltung tätig, deren Umfang groteske Züge annimmt. Das liegt zum großen Teil daran, daß keine Mittel- und Unterbehörden bestehen, und daher alles in der Zentrale entschieden und veranlaßt werden muß. Fast jeder sieht, daß es so nicht weitergeht.

Die Staaten wagen also mit gutem Grunde nicht, noch sehr viel weiter gehende Befugnisse einer nicht staatlichen Organisation anzuvertrauen. Wie soll auf der anderen Seite eine Gemeinschaft mit staatlichen Wesenszügen entstehen, wenn dieses Wagnis nicht unternommen wird?

VIII

Ich glaube nicht, daß in unserem Jahrhundert ein europäischer Gesamtstaat entstehen kann. Den Grund sehe ich nicht in der Entschlußlosigkeit der Regierungen. Es fehlt vielmehr an Voraussetzungen, die erst durch das langjährige Wirken der jetzt geschaffenen, vielleicht noch etwas auszudehnenden Einrichtungen zu gewinnen sind. Vorerst sind die Interessen noch zu verschieden, die Loyalitäten noch zu sehr an das Einzelstaatliche gebunden, und die politischen Kontrollmöglichkeiten, denen ein modern verfaßter Staat unterworfen sein muß, für einen Gemeinschaftsstaat nicht einzurichten.

Ein anderes muß sich bilden, das erst wachsen muß. Ich will es mit einem altmodischen Ausdruck den europäischen Bürgersinn nennen. Weltbürger zu sein, ist sicher sehr schön. Aber die Welt ist nicht so konfliktlos, daß es überflüssig wäre, innerhalb ihrer Gegensätze Stellung zu nehmen. Der große Gegensatz ist heute die Freiheit des einzelnen in den hochentwickelten Ländern und die Gleichheit der Massen in den anderen. Das ist kein Werturteil, sondern die Feststellung verschiedener Bedürfnisse in verschiedenen Entwicklungszuständen.

Wer nun glaubt, daß die westliche Welt mit der in ihr verwirklichten und vielleicht zunächst nur in ihr möglichen Freiheit etwas zu erhalten, etwas den anderen vorzuhalten, und deshalb etwas zu verteidigen hat vor denjenigen, die glauben, die Freiheit des einen müsse der Gleichheit des anderen im Wege stehen, der muß auch den Rahmen abstecken, in dem er sich dafür verantwortlich fühlen will. Die Vereinigten Staaten machen die schwere Erfahrung durch, daß man nicht die ganze Freiheit der Welt auf sich nehmen kann, ohne dabei selbst unfrei zu werden. Wir müssen vielmehr, wie Max Frisch es genannt hat, lernen, die Freiheit zu bewirtschaften.

Mein persönlicher Glaube ist, daß Europa der richtige Rahmen für den auf die europäischen Länder fallenden Teil der Verantwortung sein kann. Amerika braucht einen Gegenpol in aller Gemeinsamkeit. Auch bedarf es auf der westlichen Seite eines Schauplatzes für die Aufnahme östlicher, oder nennen wir es ruhig nichtkapitalistischer Vorstellungen in ein freiheitliches System. Alles dies, und mehr, könnte Europa leisten. Aber das Bewußtsein, daß es auf diese Leistung ankommt, bleibt, wenn ich es richtig sehe, vorläufig noch weit hinter der Wirklichkeit zurück. Ich möchte das dabei Wesentliche so kennzeichnen, daß Europa nicht nur eine Ausdehnung des bisher bei den Staaten liegenden Tätigkeits- und Verantwortungsfeldes darstellt, sondern, wenn es nicht eine blasse und im Grund nichtssagende Idee bleiben soll, zugleich eine Beschränkung des Allerweltsdenkens auf eine besondere geographische Region, für die man nun selbst die Verantwortung auf sich nimmt, und an deren konkreter Gestaltung der einzelne mitwirkt.

Ich glaube, daß die Bildung einer solchen Überzeugung für die Erhaltung der mit dem Namen Europa verbundenen unersetzlichen Werte notwendig, und daß sie zugleich die Voraussetzung dafür ist, daß ein politisch verfaßtes Europa zustande kommt.

Die bisherigen Schritte können die Bildung eines solchen Bewußtseins ermöglichen, aber nicht ersetzen. Sie wird lange Zeit dauern. Hoffentlich gibt das Schicksal uns diese Zeit. Vollendet sie sich, so werden, denke ich, Formen der politischen Existenz entstehen, die nur einzelne Züge mit den heutigen Staatsformen gemeinsam haben. Ich persönlich kann mir nicht vorstellen, daß nicht sehr vieles, was zu einer solchen Existenz erforderlich ist,

noch weiterhin nur im Einzelstaatlichen, als Glied dem Ganzen Eingefügten zu bewahren ist.
Geistig ist das in sich verschiedene Eine ein alter, seit dem Griechentum über das Mittelalter bewahrter europäischer Gedanke. Ein naturwissenschaftliches Denken glaubte ihn zeitweise überwunden zu haben. Jetzt aber ist es gerade die Physik, die ihn auch auf ihrem Felde als zum Verständnis komplizierterer Daseinsformen unentbehrlich anerkennt. Die Versuchung ist groß, sich die Dinge einfacher zu machen. Wenn man aber etwas darstellen will, was den Namen Europa verdient, so muß man die Verschiedenheiten achten. Ein Beispiel, das Europa gäbe mit diesem Anspruch, der zugleich eine Selbstbescheidung ist, könnte für die Organisation eines Weltfriedens von großer Bedeutung sein, welcher nicht nur auf despotischem Zwang beruht. Carl Friedrich von Weizsäcker hat es uns allen klargemacht: daß wir, da es ohne Frieden kein Überleben mehr gibt, einen Frieden haben werden, und daß wir nur die Wahl haben zwischen dem schon von Kant beschworenen Frieden des Kirchhofs, und einem Frieden des Einander-gelten-Lassens. Ich glaube, daß ein solcher ohne Europa nicht gelingen, und daß Europa ohne ihn nicht weiterbestehen kann.
Meine Erfahrung ist aber, daß die Generation, welche die Unfreiheit nicht mehr gekannt hat, Bedeutung und Schwierigkeit der hier vor ihr liegenden Aufgabe erst langsam erkennt. Solche Entwicklungen, das zeigt die Geschichte, brauchen eben entweder eindrucksvoll-primitive Gefahrenlagen oder Jahrzehnte. Wir sind, so hoffe ich, weit genug, um für beide Möglichkeiten gerüstet zu sein.

Hilde Spiel
Das Sternbild Europa

Frühe Vermessungen

Die Welt über den eigenen Kirchturm hinaus zu sehen, in jüngsten Jahren das Gefühl der Weite, des großen Raumes, aber auch der Vielfalt in der Einheit kennenzulernen – wem wäre das leichter gefallen als einem Kind der Donaumonarchie? Europa im Kern: das war jener Rest eines Weltreichs, in dem einst die Sonne nicht unterging, und lange nach dem Wegfall der westlichen und südlichen Provinzen hatte es sich eine selbstverständliche Duldung, eine Achtung fremder Sprachen, fremder Sitten bewahrt. Kein echtes »ärarisches« Kind, dem dieses erste gleichsam europäische Erlebnis zuteil wurde, aber immerhin das Kind eines Offiziers der Reserve, dessen Regiment im Kriegsjahr 1915 in einem kleinen mährischen Dorf bei Olmütz, später im polnischen Krakau im Militärkader lag. Mit tschechischen Köchinnen, Schustern, Schneidern bereits vertraut, fand sich das kleine Mädchen jetzt von tschechischen Bauern und Bäuerinnen umgeben, dazu kam ein galizischer Offiziersbursche, Pfeifendeckel genannt, der noch weichere, melodischere Töne in ihren Alltag trug. Als man nach einem weizengelben, sonnenschweren Sommer im Flachland herbstens weiter östlich, in die alte Haupt- und Krönungsstadt an der Weichsel zog, war slawische Güte, Einfalt, Schlauheit, Musikalität und Melancholie schon zum festen Bestandteil des jungen Lebens geworden.
In der alten k. und k. Armee, wer wüßte das nicht und wie viele Dichter dieses Landes haben es beschrieben, waren alle Idiome, alle Akzente des Vielvölkerstaates zu einer österreichischen

lingua franca vermischt. Das Kind sprach sie früh. Nicht nur mit nord-, ost- und südslawischen, auch mit magyarischen und italienischen Wörtern, Flüchen, Liedern war es bald vertraut. In einem Schauspiel von Franz Theodor Csokor, dem »3. November 1918«, das den Zerfall jener Armee an einem Grüppchen rekonvaleszenter Offiziere und Soldaten an der Karawankengrenze zwischen Kärnten und Slowenien schildert, heißen die Figuren Radosin, Orvanyi, Ludoltz, Kaminski, Zierowitz, Vanini, Sokal, Kacziuk; und nur der Regimentsarzt, dessen nationale Zugehörigkeit auf das Volk der Bibel zurückgeht, trägt den deutschen Namen Grün. All jene Klänge, Anklänge, Nachklänge waren in der Krakauer Offiziersmesse zu hören und zu spüren. Das Kind nahm davon auf, was zu jener Zeit in sein Bewußtsein dringen konnte, und das war mehr, als sein Verstand zu erfassen imstande war. Viel später kamen die so verschütteten Erfahrungen ans Licht, in den unerwartetsten Augenblicken, manchmal in der rätselhaften Form eines déjà vu.
Dann wurde, der Krieg war zu Ende, das Netz europäischer Wahrnehmung weit nach Norden geworfen. Das Kind wurde nach Dänemark verschickt, in einer karitativen »Offizierskinderaktion«. Ein Oberst in Kopenhagen, Lundsteen genannt, nahm die achtjährige Österreicherin auf, die Familie wohnte in der Willemoesgade 23, viele Jahrzehnte später konnte der einstige Gast die Straße, die Wohnung mit ihren neuen, unbekannten und dennoch zuvorkommenden Mietern noch einmal besuchen. Sechs Monate in Skandinavien. Welche Andersartigkeit tat sich da auf! Das Essen – viel Fische, rote Grütze, kalt gesprudelter Kakao, man wollte das ausgehungerte Kriegskind so reichlich wie möglich nähren, doch es blieb spindelig dünn. Der Kopenhagener Karneval: die kleine Fremdlingin wurde in ein Dominokostüm gesteckt, sie verstand bereits ein wenig Dänisch, fühlte sich gleichwohl ausgesetzt in dieser seltsamen, wirbelnden Lustbarkeit. Überhaupt, die Kommunikation: die Lundsteens konnten deutsch, aber nach Art der Holsteiner, so schwer erlernbar für das Kind wie die Landessprache. Und dann, das Entsetzen, als es im Tivoli, vor den weißgewandeten, weißgepuderten Figuren der Commedia dell'Arte, neben zwei winzigen

Wienern saß, die sich zungenflink miteinander unterhielten. Wenige Monate fern der Heimat, und es verstand die eigene Mundart nicht mehr – Vorahnung des Verlustes der Vaterstadt in einem späteren Leben.

Mit dreizehn wieder südlich, ins Italienische, das immerhin Teil des der neuen Republik vermachten ideellen Erbgutes war. Venedig, von 1814 bis 1866 österreichisch gewesen, Florenz, Lucca, Pisa, dann Viareggio, wo Giacomo Puccini, edel profiliert und mit schwarzem Schopf, im langen altmodischen Auto durch die Straßen fuhr. Übers Jahr nach Jugoslawien, Bled – das war unter dem Namen Veldes bis vor kurzem herzoglich krainisch gewesen. Und so leuchtete vor der Adoleszenz ein trapezoides Sternbild über Europa auf, ein Territorium bezeichnend, von dem schon Besitz ergriffen schien, bevor es noch durchforscht werden konnte.

Der Begriff Europa

Ein riesiger Saal, die größte Menschenmenge, in der man sich je befunden hatte, auf der Tribüne dunkel gekleidete Herren, Blumen, Bewegung, Fanfaren. Trügt das Gedächtnis? Es waren wohl keine Fanfaren hörbar gewesen. Man schreibt 1926. Der erste Paneuropa-Kongreß in Wien. Das sehr junge Mädchen hat sich mit hochfliegenden Träumen, mit utopisch-humanitären Zielen schon befreundet. Es gehört zu einem Bund, der sich Jugendrotkreuz nennt, eine eigene Zeitschrift verschickt, in der Kinder aller Nationen – vom Kunstgewerbler Professor Cizek in secessionistischer Manier skizziert – Hand in Hand durch die Lande marschieren. »Franzosen, Chinesen und Eskimos / Die Welt gehört uns allen und die Welt ist groß / Die Welt gehört uns allen / Die Grenzen müssen fallen –«, und die letzte Zeile des Liedes entzieht sich der Erinnerung.

Daß Richard Graf Coudenhove-Kalergi so schön war, so geheimnisumwittert, Sproß alten Adels und einer Exotin, einer Japanerin – es half ohne Zweifel mit, die jungen Menschen im Saal für seine Idee zu gewinnen. Wer davon wußte, hatte das

Bild vor sich, wie der philantropische Graf in München und Vorkämpfern der Räterepublik aus dem Bett, in den Kerker, vielleicht an die Hinrichtungswand gezerrt werden sollte und seine Frau, die hochdramatische Schauspielerin Ida Roland, sich im Nachtgewand rettend dazwischen warf. Nun stand er auf dem Rostrum und rief die Versammlung zur Gründung der Vereinigten Staaten von Europa auf. Erstes Hochgefühl im Bewußtsein einer guten, großen Sache, erste Anzeichen auch jener Massenhysterie, die eine Vielzahl zu gleichem Zwecke versammelter Menschen unweigerlich ergreift. Unfaßbar, daß nicht jeder in dieser Stadt, diesem Land, diesem Kontinent sich sogleich hinter der paneuropäischen Fahne einreihen sollte – hier im Schubertsaal des Konzerthauses war man allgemein dazu bereit.
Die Bewegung war dann, im Zuge der politischen Verhärtung und Verhetzung, immer mehr im Sand verlaufen. Es begann in Österreich, in Wien, eine dunkle und düstere Zeit, der Justizpalast brannte, Männer in weißen Kniestrümpfen warfen Böller und gar nicht so harmlose Sprengkörper in das Kaffeehaus gegenüber der Universität, an der das Mädchen studierte, ein paar Februartage lang gab es Bürgerkrieg, belagerte Trutzburgen der Sozialisten, Kanonenschüsse aus dem hochgelegenen Garten der Villa Alma Mahlers und Franz Werfels auf einen Gebäudekomplex, der Karl-Marx-Hof hieß, Verwundete, Tote, Hingerichtete, im Sommer darauf dann ein mißglückter Putsch von rechts. Ein Jahr später hatte das Mädchen sich einer anderen, der zweiten sozialistischen Internationale angeschlossen, aber schon der blutige Februar hatte diesem Versuch einer überregionalen Verbrüderung ein Ende gemacht. Die erste österreichische Republik, jetzt in einen Ständestaat verwandelt, marschierte geschmückt mit Hahnenschwänzen ihrem Untergang entgegen. Aus dieser Enge zu entfliehen, schickte das Mädchen sich an. Denn inzwischen hatte sich ihm der europäische Westen erschlossen.

Frankreich

In jenem Leben, das sich in und mit Büchern vollzieht, war Frankreich die erste Liebe, die erste Lehrmeisterin, die erste Inspiration. Undenkbar, daß ein Kind aus gebildetem Hause in den Zwanzigerjahren nicht früh mit dem Französischen begonnen hätte. Nach dem Kriege verarmt, bestanden die Eltern dennoch auf einer Mademoiselle, einem ältlichen Fräulein mit grauem Häkelschal und einer Katze, der sie gehackte Leber zu essen gab. Das kleine Mädchen ging mit ihr parlierend spazieren, besuchte sie, las mit ihr die Bücher der Bibliothèque rose, später die »Lettres de mon Moulin« und den »Tartarin de Tarascon«. An ihrer Hand wanderte es immer tiefer in die Spiegelsäle, Bürgerwohnungen, Kammern der französischen Dichtung hinein, betrat dann allein die Räume Stendhals, Balzacs, Flauberts, Zolas und des spöttischen Anatole France. Als das junge Mädchen schließlich nach Paris gelangte, eines Nachts im Mai 1933, erschien ihm die Stadt wie ein einziger dunkelroter Plüschsalon der Belle Epoque. Es ließ seinen Koffer in einem Hotel der rue de Caumartin, durchforschte die Boulevards, Avenuen, Plätze um Mitternacht. Auf der Place de la Concorde, dann am Geländer des Pont Neuf lehnend, weinte es unaufhaltsam, einundzwanzig Jahre alt, fassungslos überwältigt von dem Glanz, der Größe, der Geschichte, der Gegenwart dieser Stadt.

Nur ein Buch hätte zu sagen vermocht, was Paris der jungen Person in jenen drei nächsten Tagen gab. Es wurde geschrieben und nie gedruckt. Zwei andere erschienen in den Jahren ihres Studiums, frühe Talentproben, da und dort gelungen, in manchem mißglückt. Bestimmend blieb die französische Welt, blieben Gide, der gesamte Gide, Cocteau, Carco, Radiguet, und immer wieder Gionos »Jean le Bleu«, die Bibel ihrer Empfindsamkeit, sie kannte, sie liebte jede Zeile. Vor allem: eine neue Dimension war hinzugekommen, der östlichste Punkt des Sternbildes jetzt durch einen westlichen Gegenpol ergänzt. Europa begann in ihrer Imagination eine der topographischen Wirklichkeit entsprechende Gestalt anzunehmen. Es reichte im Osten bis tief nach Rußland hinein: schon als Kind in Krakau hatte sie den Vater Kosakenlieder auf der Mandoline spielen gehört. Tolstojewskij, wie sie später respektlos den Archetyp russischer Epik zu nennen pflegte, hatte das Seine dazu getan. Im Norden war immer noch Kopenhagen, im Süden nunmehr Neapel der Endpunkt der Ach-

se; Paris aber flammte als hellster Fixstern an ihrem Himmel auf. Hier schien ihr kristallisiert, was sie als das Europäische in und um sich zu empfinden meinte: stets präsente Historie, ein immer noch leuchtendes Geflecht aus allen Denkrichtungen, Weltanschauungen, Ideologien, die sich in diesem Erdteil gebildet und ineinander verschlungen hatten, Urbanität des Lebensstils und der Geisteshaltung, Vernunft und Zivilisation.
In Brüssel hatte sie, an Hand eines inzwischen verschollenen Buches, die Sprache als eine einzig dauerhafte Wohnstatt erkannt. Die Sprache schlechthin allerdings – keineswegs nur die eigene, deutsche, sondern jedes Wortsystem, in dem sie heimisch werden konnte. Es war Paul Drouot, der ihr diese Erkenntnis vermitteln half, ein früh Gefallener wie Henri Alain-Fournier, gleich diesem von Henri de Régnier beklagt. In seinem schmalen Band betitelt »Eurydice deux fois perdue«, den sie auf dem Bücherregal eines belgischen Freundes fand, las sie von der Macht der Wörter – sie mußte nicht auf Sartre warten, um zu begreifen, daß auch ihr Leben in deren Zeichen stand. Nie vergaß sie mehr, was Drouot über »Les Mots« gesagt hat: »Ils sont près de nous toujours; ils ont des secrets bien plus subtils que la pensée; ils sont l'ornement des sirènes, le sourire des fées: il faut qu'ils chantent pour que je vive.«

England

Und jene Inseln jenseits des Kanals, jenes Großbritannien, das sich als »off Europe«, aber nicht als »in Europe« zu bezeichnen liebte, das sich weit weniger als Appendix des Kontinentes denn als Zentrum des eigenen Weltreichs verstand? Auch England, Irland, Schottland hatten sich in ihren Dichtungen längst angekündigt. Zu den Symbolen der europäischen Literatur gehörte Mr. Pickwicks gesottene Hammelkeule so gut wie Prousts Madeleine, Madame Chauchats Crayon, Fürst Myschkins Krawattennadel mit dem Brillanten und freilich auch Octavians Tropfen persischen Rosenöls. Noch war die Woolf unentdeckt, aber Katherine Mansfield schon trauernd nachempfunden worden, noch hatte Ivy Compton-Burnett nicht die Austen und Eliot verdrängt, doch etwas stand bevor, eine zweite Liebe, eher eine erste Ehe, der französischen Leidenschaft den Rang ablaufend durch die Dauer, die Festigkeit, die Tiefe dieser maritalen Beziehung, die fast ein halbes Leben anhalten sollte und den Blickwinkel auf Europa um zwei Längengrade und einen Breitengrad verschob.

Kurz gesagt: die junge Frau – denn eine solche war sie inzwischen geworden – nahm im Oktober 1936 Aufenthalt, ja Wohnsitz in London und fiel so gewissermaßen aus dem europäischen Orbit heraus. In München hatte sie, auf der Durchfahrt, einen einzigen und entmenschenden Tag im Dritten Reich verbracht. In Paris, ihrer nächsten Station auf dem Wege nach Newhaven, fand sie ihr Europa noch mehr oder weniger intakt. Die kleine Place de la Contrescarpe ließ sich durchaus mit dem Heiligenstädter Pfarrplatz, ein Kaffeehaus wie das Deux Magôts mit dem Café Herrenhof vergleichen, der Herbst im Bois de Boulogne besaß immer noch Ähnlichkeit mit dem Prater und seiner Hauptallee; und waren die Menschen dunkler, kleiner, wendiger und weltläufiger als in Wien, so hatten sie dafür mit Wallonen, oder auch Piemontesen, desto mehr gemeinsam. Gewiß: der Erdteil hatte in seiner Mitte ein Geschwür, war auch am Bein von einer bösen Krankheit angenagt, aber in dieser vierten und turbulenten französischen Republik, der das Wasser gleichfalls am Halse stand, schien das Zeitalter der Vernunft noch in jeder Concierge gegenwärtig. Daß der Kanal mehr als ein breiter Wassergraben war, daß die Grenzen Europas in der Tat zwischen Brest und Calais verliefen, hatten zwei Wiener Freundinnen, soeben aus London zurückgekehrt und mit der Englandreisenden in jenem Deux Magôts sitzend, der jungen Frau vorausgesagt.

In der Tat: was ihr entgegenschlug, als sie nach stürmischer Überfahrt in den Boat train zur Hauptstadt einstieg, war nicht nur eine neue Welt, es hatte auch mit der »Neuen Welt« der fünften Symphonie Antonin Dvořàks weit mehr als mit dem alten Kontinent zu tun. Der Kanal, Quelle unerwarteter Übelkeit, wie sie schon Heine auf dem Schiff nach England befallen hatte, konnte nicht schmäler sein als der Atlantik – trennte er nicht zwei Bereiche von größerer Verschiedenheit? London und New York, waren das nicht Geschwisterstädte gemessen an der Fremdheit zwischen London und Paris? Jahre später, auf ihrem ersten Amerikabesuch, sollte die junge Frau sich in dieser Vermutung bestätigt sehen. Alles, vom süßen Rauch der Virginiazigaretten bis zum stark gezuckerten, mit Milch versetzten braunen Tee, vom gebutterten Toast bis zu den riesenhaften Zeitungen, die von rußgeschwärzten kleinen Jungen dargeboten wurden, alles vermittelte transozeanische Andersartigkeit, angelsächsische Caprice. Anderntags, als London auf sie hereinbrach mit optisch so gewaltiger wie akustisch gedämpfter Eindringlichkeit, als sie auf Piccadilly Circus stand, der Nabe des Weltreichs, hatte ein durchaus neues, ein wahrhaft globales Gefühl von ihr Besitz ergriffen.

Bewußtmachung im Wort

Jetzt in den drei Jahren vor dem neuen Kriege, während sie ihrerseits von der Zehnmillionenstadt und dem in der Ferne darum sich spannenden Imperium Besitz ergriff, begann die Vorstellung von jenem Europa, das sie hinter sich gelassen hatte, sich zu materialisieren. Sie fing an, ein Buch zu schreiben, in dem der Sommer 1936, im faschistischen Italien verbracht, einen für sie selbst erstaunlichen Niederschlag fand. Zum einen stand jenes Land für eine letzte ihr vergönnte, unverbundene und überströmende Lebensfreude, für eine losgelöste, unbürgerliche Existenz, eine rauschhaft hedonistische Lust am Dasein, mit der es jetzt, da sie vor der Zeit ein Emigrantenschicksal auf sich genommen hatte, zu Ende war. Zum anderen erkannte sie, mit einem politisch sehr akuten Exilschriftsteller verbunden, weit schärfer als zuvor, in welchem ideologischen Sumpfland sie auf ihren vermeintlichen Rosenwegen gewandert war.
So erfand sie eine Spiegelfigur, deutlich und ausdrücklich als »Kind Europas« konzipiert, Sandra, die Tochter einer irischen Mutter und eines halb russischen, halb französischen Vaters, rot-

haarig, einzelgängerisch, a cat who walks by herself, die ganz dem Augenblick hingegeben durch die Städte und Provinzen Italiens zieht. »Es ist ein Buch der Jugend«, war ein Jahrzehnt danach auf dem Umschlag der deutschen Ausgabe zu lesen, »die auf ihren Universitäten und Festen noch den Glanz und Atem der Freiheit hat. In die Lieder aber fallen schon die Marschrhythmen der faschistischen Revolution« – gemeint war der Aufbruch zum Abessinien-Feldzug – »und beklemmend greift nach den Menschen die Angst vor dem Zwang und der beengenden Ausschließlichkeit. Wie ein Paradies scheint uns jetzt diese Zeit, in der für einen kurzen Augenblick die Grenzen in Europa nicht zu gelten schienen.«

»Flöte und Trommeln«: noch ein Jugendwerk – die Autorin dieses vierten erzählenden Bandes war immerhin erst fünfundzwanzig, voll von Romantizismen –, dennoch in der knappen Form der neuen Sachlichkeit verfaßt. Wie in jedem unvollkommenen Gedicht schöne Zeilen, ja Verse stehen mögen, so finden sich in jenem vergriffenen und nicht wieder aufgelegten Roman Passagen, deren Empfindungen und Überlegungen, deren Formulierungen heute vielleicht noch vertretbar sind. Ein Rhythmus geht durch das Buch, der die Schreiberin selbst auf ihrer sommerlichen Wanderung begleitet hatte, den sie damals zu einem französisch geschriebenen Rilke-Gedicht erfand:

Puisque tout passe, chantons
la mélodie passagère,
celle qui nous désaltère
aura de nous raison

Chantons ce qui nous quitte
avec amour et art
soyons plus vite
que le rapide départ.

Darf man diese oder jene Stelle dem Vergessen entreißen? Doch nur, um sich zu legitimieren als jemand, für den die Problematik Europas zeitlebens in der Mitte des Daseins zu liegen schien. Wie in einem späteren Buch, das gleichfalls zu zitieren nicht wird vermieden werden können, schuf die Autorin sich einen Gegenspieler, einen advocatus diaboli, hier den Holländer de Kruik aus Sumatra, der ihren geliebten Erdteil in den Staub zu zerren, ihrer Spiegelfigur den Glauben daran zu rauben sucht.

»›Schaumblasen –‹, sagte er, ›Blasen aus giftigem Schaum, ein gefährliches, schillerndes Gekröse, das ist euer Europa. Ich war in Holland, in Belgien, in Frankreich, in der Schweiz. Italien ist der Brutherd, hier schillert es am grellsten. Ein lächerliches und eingebildetes Volk, das die Welt anzünden wird mit seiner leichtfertigen Feuerwerkerei.‹

›Nicht das Volk‹, sagte ich.

›Was meinen Sie?‹

›Es kann nicht das Volk sein, Mijnheer. Die Leute in Italien leben, wie man überall lebt. Sie lieben einander, bekommen Kinder, werden krank und sterben. Sie sind eitel, trinken gern, laufen dem Geld nach wie alle andern. Vielleicht . . .‹

De Kruik hörte nicht auf mich. Er wischte sich die Stirn.

›Ich weiß nicht‹, sagte er mißmutig, ›was in dieses Europa gefahren ist. Ich weiß auch nicht, wie man es kuriert. Aber es ist krank, todkrank, sehen Sie das nicht? Nichts als Angst und Haß und Sünde ist in Europa. Nein, ich will nichts damit zu tun haben, ich fahre fort.‹«

Einige Seiten später wird Sandra ihm erwidern:

»›Ich kann Europa nicht verlassen. Es ist meine Welt, eine andere mag ich dafür nicht eintauschen. Mein Vater kam aus Rußland, meine Mutter aus Amerika zurück, weil ihnen nichts anderes am Herzen lag als dieser lächerliche Erdteil. Wahrscheinlich schlägt man sich hier bald wieder die Köpfe ein und wirft Gasbomben und zerschmettert die letzten schönen Kathedralen. Aber ich muß dabei sein, Mijnheer, da hilft mir nichts. Europa ist meine Heimat. Hier will ich bleiben!‹«

Das Kredo war ernst gemeint. Es galt im gleichen Maße für die Urheberin dieser Figur. Der 1937 geschriebene Roman fand zunächst keinen deutschen Verleger – suchte ihn freilich nicht einmal –, er wurde in englischer Übersetzung zwei Jahre darauf in

London publiziert, im Frühling des Jahres, das den darin vorhergesagten Weltkrieg brachte.

Europa in London

Fünf Jahre der Verdunkelung, vier Jahre der unmittelbaren, dauernden Lebensgefahr; das stand bevor, das wurde trotz der Möglichkeit einer Weiterfahrt nach den Vereinigten Staaten freiwillig auf sich genommen. Da man sie überlebte, diese Jahre, möchte man sie heute nicht missen. Obgleich die Sonne häufig in ihnen schien, und niemals heller als in jenem Sommer 1940, da die drôle de guerre mit der Invasion Belgiens und Hollands abrupt zu Ende ging, herrschte in ihnen die Finsternis. Wann immer die junge Frau im späteren Leben vom Kriege sprach, versprach sie sich und sagte: »Im Winter.« Ein langer Winter des Mißvergnügens, der unaufhörlichen, darum nur noch als dumpfe und unterschwellige Begleitung des Alltags wahrgenommenen Todesangst, ein einziger Winter aus lärmenden Nächten akzentuiert durch die erste und letzte Sirene, das summende Geräusch der anfliegenden Maschinen, den zerreißenden Aufprall der Bomben, das Klingeln der Ambulanzen und die schrillen Schreie der verwundeten Menschen. Dennoch ging man an jedem nebligen Morgen, in jeder nieselnden Frühe erfrischt aus den nur allzu wirklichen Alpträumen der Nacht hervor. Was mich nicht umbringt, macht mich stärker. Man erfuhr es in diesem Krieg.

Dazu kam ein Gefühl der Einheit, der Einigkeit aller auf dieser schwankenden, bedrohten Insel versammelten Klassen und Nationen, eine keineswegs verzweifelte Hoffnung, ein kaum je erschüttertes Vertrauen auf die Sache, um derentwillen man all dies auf sich nahm. Wenn Heldenmut nichts ist als Mangel an Phantasie, dann hätte man sich seiner nicht rühmen dürfen. Aber es war mehr: ein Gehobensein auf die »heroische Ebene«, wie Koestler es in seiner Schrift über den Flieger Richard Hillary nannte, eine Zuversicht über die individuelle Existenz hinaus. Niemals, dies kann mit Gewißheit versichert werden, hatte die

junge Frau den Begriff Europa so scharf umrissen, so schützenswert vor sich gesehen wie in einer Zeit, da dieses Europa realiter im Namen des Bösen eingebracht wurde. In der Idee war es in London dauerhafter und sinnfälliger verschmolzen. Hier erschollen jeden Abend, vor den Rundfunknachrichten um neun Uhr, die ganz England vor dem Gerät verbrachte, eine nach der anderen die Hymnen der alliierten Länder: Großbritanniens, Frankreichs, Belgiens, Hollands, Luxemburgs, Norwegens, Dänemarks, Polens, Jugoslawiens, Albaniens, Griechenlands: erst Jahre darauf kamen die der Sowjetunion, der Vereinigten Staaten und Chinas hinzu. Jeder kannte sie, man sang sie mit, ergriffen, verglich die Macht der musikalischen Aussage. Keine reichte an die tiefe, gläubige Entschlossenheit des »Niederländischen Dankgebetes« heran.
Europa in London: die Stadt, das ganze erschütterte, rauchende, narbenbedeckte Land ringsum war von den nationalen Eigenschaften und Eigenheiten der hier versammelten Exilierten geprägt. Die Polen liebten kräftig, die Holländer tranken viel, die Deutschen diskutierten, Griechen und Jugoslawen trugen gleichsam in den katalaunischen Feldern ihre innenpolitischen Fehden aus. Für die Français libres mußte roter Wein aus Algerien eigens eingeflogen werden, wenn niemand in England Wein zu kaufen bekam – sie hätten keinen Tag weiter Krieg geführt, wäre er ihnen vorenthalten worden. Am vierzehnten Juli gab es rührende Feste auf dem Londoner St. James's Place, zeitweilig »Little France« genannt, einem kleinen Platz mitten in der Stadt, wo man den freien Franzosen in einem Kellergeschoß ein Clublokal eingeräumt hatte. Auch da floß der herbe rote algerische Wein. In der Abenddämmerung tanzte die junge Frau mit einem Marineleutnant aus Toulon, tanzte immer weiter, bis es finster wurde und man kaum die Hand vor den Augen sah, nur zuweilen im Licht der Suchscheinwerfer merkte, daß auch alle anderen Paare sich noch zum Akkordeon drehten. Den Partner wechseln – wozu? »Dans la nuit tous les chats sont gris«, sagte ihr Tänzer. »Et les sous-lieutenants de la marine«, erwiderte sie eilig, beglückt, daß ihr das naive kleine Wortspiel gelang.
Die Einheit in der Vielfalt – aus welchen archaischen Erinne-

rungen stieg die Formel auf? – dieses ideellen Europa wurde nirgends einleuchtender dokumentiert als auf einem Treffen des Internationalen P.E.N.-Clubs, das im September 1941 stattfand, unter dem Vorsitz des ebenso venerablen wie cholerischen H. G. Wells. Das Motto hieß: Schriftsteller in Freiheit. Drei Monate vor Pearl Harbor waren amerikanische Autoren in das gefährdete London gekommen, um ihre Solidarität mit dieser Stadt zu bekunden: John dos Passos und Thornton Wilder saßen neben Wells und Priestley auf dem Podium. Im Saal an die hundert Bücherschreiber. Man vertraute auf die Rückkehr ins eigene Land, zum eigenen Idiom, wenn all der Spuk einmal vorbei sein sollte. Inzwischen befaßte man sich mit einem Provisorium – der Lage all jener, denen ihre Sprache genommen war. Es gab solche, die sich, mühsam oder flink, das Englische zunutze machten, eingedrungen waren in die Sprache Miltons oder Shakespeares, in den feingedrechselten Witz der Buchrezensionen des »New Statesman« und der dritten Leitartikel der »Times«. Andere beharrten auf ihrem ererbten und von Kindheit an erworbenen Wortschatz. Kein Turmbau zu Babel wurde hier errichtet: man kam überein, daß jeder die Frage des Ausdrucksmittels auf subjektive Weise für sich lösen müsse, daß der Geist Europas jedoch in allen lebendig und unteilbar sei.

Die neue, alte Welt

Hätte man, vor die Wahl gestellt, die Zeit der Finsternis, der Knechtschaft, des täglichen Schreckens wissentlich auf sich genommen, nur weil das Ende dieses Schreckens, weil der Augenblick der Freiheit so groß, so stark, so herrlich war? Vermutlich nicht. Historie zu erleben ist qualvoll: die unzähligen Leiden löscht der glückliche Ausgang nie und nimmer aus. Dennoch scheint auch im Rückblick der Tag, an dem die Waffenruhe in Europa ausgerufen wurde, mit nichts vergleichbar, es sei denn mit einer Geburt.

Die Himmel wieder rein, die Türen zum Kontinent geöffnet, im Flugzeug schwang die junge Frau sich bald hinüber in ihr armes, versehrtes Vaterland. Eins nach dem anderen blätterten die Länder sich wieder auf wie ein verklebtes, vergilbtes Buch, dessen Seiten nun behutsam aufgespalten und gesäubert wurden. Paris, Brüssel, Venedig: gleich Geschenken fielen sie ihr wieder in den Schoß. Bald aber sank auch sie aus der »heroischen« auf die »triviale Ebene« zurück, nahm den Frieden, den wachsenden Wohlstand als Grundrecht, als Erbrecht entgegen, machte sich keine Gedanken mehr darüber, wie das Wiedergewonnene zu sichern sei. Eine Epoche hob an, wie die – immer noch einigermaßen junge – Frau sie niemals gekannt hatte; alle existentiellen Sorgen schwanden allmählich dahin. Eine Jugend im Zeitalter der Arbeitslosigkeit, des verlorenen Besitzes, der politischen Fehden, später die Nöte des Exils hatten sie den eigenen Kräften niemals ganz vertrauen lassen. Jetzt war zumindest wahrscheinlich, daß man mit seiner Hände Arbeit sich immer würde durchschlagen können, daß selbst mit Hirngespinsten der tägliche Unterhalt zu verdienen war. Anderwärts, im Nahen Osten, in Indochina, in Afrika, mochten die Verhältnisse weniger ruhig, weniger gerecht, weniger zukunftsfreudig sein, hier auf diesem alten, lange geplagten Erdteil meinte man, sich sein bißchen Lebenskomfort verdient zu haben, wurde selbstsicher, selbstsüchtig, nur noch auf die eigene ungestörte Entfaltung bedacht.

Es bedurfte einer Reise weit aus Europa hinaus, um diesen Begriff, der im langen Londoner Winter so klar, so konturiert im geistigen Raum gestanden war, von neuem aus der unübersichtlich gewordenen Realität herauszuschälen. Die Frau fuhr 1952 in dem guten Schiff »Liberté« nach Amerika; weil sie in ihren Pässen als Schriftsteller bezeichnet waren, hatten sie und ihr Mann die Erlaubnis – so wird die Literatur in Frankreich geehrt –, sich auf allen Verdecken des Ozeandampfers zu bewegen; im großen Salon der Ersten Klasse, unter Palmen und begleitet von den Klängen eines entsprechenden Orchesters, saß T. S. Eliot und schrieb – woran wohl?; am letzten Abend nahm man am Captain's Dinner teil. In der rosigen Frühe stieg Manhattan aus den blauen Meeresschleiern: unglückliche Fluggäste der kommenden Jahrzehnte, denen sich dieses Erlebnis nicht mehr bot! Drüben betrat die aus England Gekommene vertrautes Gebiet, wahrhaftig eine einstige Kolonie Großbritanniens; was ehedem in Newhaven spürbar gewesen war, hier wurde es mit Gewißheit erkannt. Graduell, nicht grundsätzlich verschieden die Aufschriften, Leuchtreklamen, Filmpalast-Fassaden, Backsteinhäuser, und die Wolkenkratzer hatten, wie sich in einer vergleichsweise kurzen Zeitspanne herausstellen sollte, eben nur vorweggenommen, was London so gut wie Paris und Palermo bevorstand: eine neue Raumordnung, vertikal. In New York aber, und nur dort, war an ein paar Dutzend europäischer Emigranten abzulesen, was ihr Konflikt gewesen war und blieb.

Die alte Welt für immer verlassen zu haben, in der neuen nicht nur seßhaft, sondern für immer heimisch zu werden, das war dieser Leute unlösbares Problem. Keine bequeme Formel, daß man zwar nicht »in«, aber »off Europe« wäre, kein elastisches Sprungbrett, von dem aus man sich in einer Stunde auf den Kontinent katapultiert! Hier saß man dreitausend Meilen entfernt von dem nächsten englischen Hafen, hier war man in den Tiegel jener Menschen eingeschmolzen, die gleich Heine »europamüde« gewesen waren, aber anders als Heine die Konsequenz daraus gezogen hatten und nun Bürger waren dieser Vereinigten Staaten von Amerika. Diese Müdigkeit sich einzureden, hatten sie ja wohl versucht, und in den Jahren der Hitlerherrschaft war ihnen das nicht schwergefallen. Nun aber stand die Möglichkeit zur Rückkehr nicht nur offen, sie gefährdete ihr qualvoll errungenes amerikanisches Heimatgefühl. Die Besucherin, der auf ihrer zwei Monate währenden Reise nur je eine Woche, anfangs und am Ende, in New York vergönnt war, lebte sich dennoch so gründlich in das Dilemma ihrer alten Freunde ein, daß sie, nach England zurückgekehrt, beschloß, eines Tages ein Buch darüber zu schreiben.

Dieses, englisch verfaßt, kam 1961 in London unter dem Titel »The darkened Room« heraus, vier Jahre später in der eigenen deutschen Übersetzung als »Lisas Zimmer«. Hier sei der Autorin noch einmal erlaubt, sich selbst zu zitieren, nicht aus Ruhmsucht, wie man ihr gefälligst glauben soll, sondern um wiederum zu erhärten, welche Bedeutung der Begriff Europa zu jeder Zeit in ihrem Sinnen und Trachten eingenommen hat. Lisa ist weit weniger, als Sandra es war, eine Spiegelfigur, ist vielmehr ein komplexes Wesen, aus mehreren realen Personen zusammengebraut. Aber auf gewisse Weise kann sie als Nachfolgerin der naiven Rothaarigen gelten, die auf Geheiß der Verfasserin durch das schöne, verseuchte Italien vor dem Kriege gezogen war. Der Nachtmahr Europa, so schreibt Lisa nach ihrer Ankunft in Amerika, sei von ihr gewichen. Damit beginnt in diesem Buch die Auseinandersetzung zwischen den wahrhaft Europamüden und jenen, die in all ihren Fasern nach einem Erdteil verlangen, der ihnen zum Verhängnis geworden wäre, hätten sie sich nicht beizeiten aus ihm davongemacht.

»Denkt nicht jeder von euch stündlich an Europa, träumt jede Nacht von Europa, findet alles schal und unersprießlich, was nicht europäisch ist?« Der so fragt, ist Bothe, ein Erfolgsschriftsteller, der in jenem Jahr 1948 bereits an seinen Landsitz in Lugano zurückkehrt. »Zurück zu diesem Misthaufen?« fragt verächtlich ein Mädchen namens Renate, »mich nach diesem Schlachthaus sehnen, dieser Grabstätte aller großen Ideen? Jeden Morgen, Herr Bothe, wenn ich die New School for Social Research betrete, danke ich Hitler auf den Knien dafür, daß er mich aus dem elenden Universitätsinstitut von Breslau vertrieben hat. Als junge Seminaristin war ich dort bereits verknöchert, ja, uralt und modrig und von grünem Schimmel bedeckt. Hier, fünfzehn Jahre später, fühle ich mich jeden Morgen neugeboren.« – »Rollen Sie die europäische Landkarte ein«, ruft spöttisch ein Prager Emigrant, »Fräulein Renate Schaefer hat keinen Bedarf mehr dafür.« – »Pitt glaubte, sie würde zehn Jahre zugerollt bleiben«, sagt Bothe ein wenig von oben herab, »aber es dauerte nicht einmal so lang – gerade eben zehn, von Austerlitz bis Waterloo. Soviel wie diesmal für mich.«

Das Gespräch wird in Lisas Zimmer geführt, es ist eines von vielen, in denen das Problem wie eine geheimnisvolle Münze immer wieder studiert, abgegriffen, von Hand zu Hand gereicht und schließlich als unenträtselbar beiseite gelegt wird, um für den nächsten Besucher neuerlich hervorgeholt zu werden. Darf man noch mehr zitieren? Es trifft, so scheint es, des Pudels Kern

– etwa die Kontroverse zwischen Bothe und Katharine Langendorf, einer Psychoanalytikerin von dubiosem Auftrag, gleich jenem Mijnheer de Kruik ein antieuropäischer advocatus diaboli. »Sehen wir uns doch die Erdkugel an – ein Tümpel, ein Goldfischteich in einer Unendlichkeit längst erforschter Kontinente und ausgeloteter Ozeane, hält sich immer noch für den Mittelpunkt und Maßstab der Welt. Mit welchem Recht? Vielleicht, weil seit eh und je alle Katastrophen von Europa ihren Ausgang nahmen?« – »Nicht nur alle Katastrophen«, entgegnet Bothe sanft. »Auch alle Kunst, alle Philosophie und Religion, die nicht in Sackgassen führten. Welche Rolle nehmen Buddha und Laotse im modernen Denken ein? Wem haben die Vedanta noch etwas zu sagen? Ein paar Narren und englischen Esoterikern in Hollywood vielleicht, die ihren Blake noch immer nicht verdauen können. Unsere Ethik, unser Glaube, unsere Kosmologie – all das stammt von ein paar kleinen Völkern an den Küsten des Mittelmeeres –«. Und Katherine: »Ich weiß, ich weiß: die Wiege der Menschheit! Eine gigantische Mutterbindung. Nun, wir heilen sie in Einzelfällen. Warum nicht auch den globalen Ödipuskomplex?«

Läuft es also darauf hinaus? Darf Katharine das letzte Wort behalten? Unmöglich und unnütz, hier den auf und ab, für und wider fluktuierenden Dialog des Buches wiederzugeben, es wäre denn Bothes Replik, daß New York ohnehin nichts anderes sei als »eine europäische Stadt in irgendeinem unbestimmten Land« und »in Wahrheit keiner von den Exilierten Europa verlassen habe«, oder auch die abschließende Bemerkung des alten Professors Winterstein, »wenn man alle Düfte gerochen habe, die man liebt, und alle Städte und Landschaften gesehen, nach denen es einen verlangt, dann werde man den blauen Luganer See zu seinem Glück nicht brauchen, sondern auch im zehnten Stock des Hotel Colonial in Central Park West mit seinem Los zufrieden sein«. Genug daran, daß der Konflikt nur durch den Tod gelöst wird, daß Lisa stirbt, an Amerika stirbt, und ihre junge, rücksichtslose Gesellschafterin, die Lettin Lele, mit Lisas Mann an die Westküste zieht und zur wahren Amerikanerin wird. Die Wahl bleibt immer offen: doch häufig ist, wie hier, die letzte Wahl der Tod.

Hilde Spiel

Verblaßt die Strahlkraft?

Hier könnte die Schreiberin enden, bestünde nicht der dringende Grund zu einem Postscriptum im Sinne der jungen Europäer von heute, die den zitierten Dialog kaum mehr verstehen. Vielen von ihnen bedeuten jene Philosophie und Ethik, jener Glaube und jene Kosmologie, die von ein paar kleinen Völkern an den Küsten des Mittelmeers entwickelt wurden, nicht mehr als die Vedanta, die Lehren Buddhas und Laotses, deren Wirkung Bothe so leichthin verwarf. Sie bestreiten den kulturellen Alleinanspruch des alten Abendlandes und setzen die hinduistische, die moslemitische Überlieferung der christlichen gleich. Das patriotische und possessive Gefühl für den Erdteil, in den sie hineingeboren wurden, ist ihnen abhanden gekommen, weil sie dauernd über seine Ränder hinwegreisen und hinausdenken, weil sie die Kugel, auf der wir leben, frei im Raum haben schweben sehen, weil der Begriff Europa in ihrer Vorstellung einem Globalbegriff gewichen ist. Wahre Erdenbürger, lassen sie daran zweifeln, daß die jahrtausendalte Strahlkraft Europas im Leuchten des Planeten zukünftig noch gesondert auszunehmen sein wird. Muß man das Verblassen dieser Strahlkraft befürchten, darf man es erhoffen? Die Schreiberin gesteht: sie weiß es nicht. Vielleicht sollte man, so meint sie, die Antwort davon abhängig machen, ob wir samt und sonders in eine ›elektrisch beleuchtete Barbarei‹ westlicher wie östlicher Prägung hineinsteuern oder in die gleichmäßige Helle der ersten, zweiten und dritten Welt.

Nachwort des Herausgebers

Der vorliegende Band soll der Beginn einer Reihe von Büchern sein, die ich P.E.N.-Essay nenne. Damit wird ein Versuch wiederaufgenommen, der mit zwei anderen Veröffentlichungen des P.E.N.-Zentrums Bundesrepublik Deutschland begann: »P.E.N. – Neue Texte deutscher Autoren«, herausgegeben von Martin Gregor-Dellin, erschienen 1971 im Horst Erdmann Verlag, Tübingen; »Federlese – Ein Almanach des Deutschen P.E.N.-Zentrums der Bundesrepublik«, herausgegeben von Benno Reifenberg und Wolfgang Weyrauch, erschienen 1967 im Verlag Kurt Desch, München. Diese beiden Anthologien brachten Prosa, Lyrik, Essays von P.E.N.-Autoren, deren Arbeiten einen einigermaßen repräsentativen Querschnitt durch die literarischen Bemühungen im Deutschland jener Jahre ergaben.
»Europa persönlich« geht von einer für alle Mitarbeiter verbindlichen gemeinsamen Fragestellung aus. Dieses Buch soll das erste einer Trilogie sein. Ein zweiter Band wird nichtdeutsche europäische Autoren fragen, was für sie persönlich Europa bedeutet; ein dritter Teil soll Beiträge nichteuropäischer Autoren über Europa bringen – wiederum unter dem persönlichen Aspekt. Was noch weiter als P.E.N.-Essay kommen mag, steht dahin. Das *P.E.N.-Zentrum Bundesrepublik Deutschland* möchte jedenfalls auch mit diesen Anthologien die Aufgaben und Möglichkeiten der weltweiten internationalen Schriftstellervereinigung P.E.N. nutzen und aktivieren.
Der Herausgeber dankt hier Werner Steltzer von INTER NATIONES dafür, daß er den Anstoß zu diesem Europa-Projekt gab. INTER NATIONES wird die Essays in einer Reihe

von Vortragsveranstaltungen in der Bundesrepublik Deutschland vorstellen. Herrn Steltzer gelang es, beim DEUTSCHLANDFUNK und bei der DEUTSCHEN WELLE Interesse für die Texte zu finden; sie werden von diesen Sendern als Vortrags- und Interview-Folge gebracht.

Thilo Koch

Die Autoren

MAX VON BRÜCK

* 27. 2. 1904 Kempten. 1923 Abitur. Studium Rechtswissenschaften (Dr. jur.), Geschichte, Germanistik in München. 1935–1943 Frankfurter Zeitung (Leiter des Feuilletons). 1949–1956 MH Zeitschrift *Die Gegenwart.* 1956–1958 Studio Düsseldorf WDR. 1958–1970 Rom, Italien-Korrespondent des WDR und NDR. Autor von Rundfunksendungen. Seit 1938 verheiratet, 4 Kinder, 2 Enkelkinder.

Publikationen: Die Sphinx ist nicht tot, 56; Egmont. Dichtung und Wirklichkeit, 69; MA Die großen Deutschen, II; (Johann Georg Hamann), 56; Diplomaten des Friedens (Wilhelm Hausenstein), 71; Hg. Im Lauf der Zeit, 40; Essays und Rezensionen in Tageszeitungen und Zeitschriften (Neue Rundschau, Merkur, II Veltro).

RALF DAHRENDORF

* 1. 5. 1929 Hamburg. Schulen in Berlin, Buckow, Hamburg. 1944–1945 Inhaftierung durch Gestapo. Abitur 1947. Studium Philosophie und Klassische Philologie Hamburg, Soziologie London. Ordentlicher Professor für Soziologie Hamburg 1958, Tübingen 1960, Konstanz seit 1966 (dort stellvertretender Vorsitzender des Gründungsausschusses seit 1964). FDP-Bundesvorstand seit 1968, MdL 1968–1970, MdB 1969–1970. Parlamentarischer Staatssekretär im Auswärtigen Amt 1969–1970. Mitglied der Kommission der Europäischen Gemeinschaft in Brüssel seit 1970.

Publikationen: Marx in Perspektive, 53; Industrie- und Betriebssoziologie, 56; Soziale Klassen und Klassenkonflikt, 57; Homo Sociologicus, 59; Gesellschaft und Freiheit, 61; Das Mitbestimmungsproblem in der deutschen Sozialforschung. Eine Kritik, 63; Die angewandte Aufklärung, 64; Gesellschaft und Demokratie in Deutschland, 65; Bildung ist

Bürgerrecht, 65; Essays in the Theory of Society, 66; Pfade aus Utopia, 67; Für eine Erneuerung der Demokratie in der Bundesrepublik, 68; Konflikt und Freiheit, 72.

PETRU DUMITRIU

* 8. 5. 1925 Bazias/Donau, Banat, Rumänien. Gymnasium in Orschowa und Tîrgu-Jiu, Rumänien. Studium der Philosophie in München 1941–1944. Journalist und Schriftsteller in Bukarest. *Eurydike, 8 Prosastücke*, ab 1943, erschienen in Buchform 1947. *Vorspiel* zu Elektra, 1943, erschienen 1945, beides auf rumänisch, beides manieristisch. Ab 1948 sozialistisch-realistische Periode, deren Ergebnisse er von sich weist und die ihn ohne äußeren Anlaß zur Übersiedlung führte. Letztes in Rumänien erschienenes Buch: *Die Bojaren*, ab 1954, 3 Bde. 1956. Lebt, nach kurzem Aufenthalt in Paris, seit 1960 in Frankfurt/Main und schreibt französisch, Publizistisches auch deutsch.

Publikationen: (in deutscher Übersetzung): Die Bojaren I, R. 60; Die Bojaren II, R. 61; Treffpunkt Jüngstes Gericht, R. 62; Inkognito, R. 63; Fernwest, R. 65; Die Transmoderne, Ess. 66; Das sardische Lächeln, R. 67; Der Mann mit den grauen Augen, R. 70.

NINO ERNÉ

* 31. 10. 1921 Berlin. Kinderjahre in Mailand; Schüler und Student in Berlin und München, Promotion zum Dr. phil., Dolmetscher, Dramaturg, Schauspiellehrer und Beginn schriftstellerischer Arbeit; Redakteur in Mainz; Dozent in Aix-en-Provence; Verlagslektor in Frankfurt und Hamburg; TV-Korrespondent in London und seit 1966 in Rom. »Somit hoffe ich« – heißt es schon 1971 in *Wer ist wer im P.E.N.* – »auf einen der ersten europäischen Pässe.«

Publikationen: Der sinnende Bettler, G. 47; Blick aus dem Fenster, Erz. 48; Kunst der Novelle, 56; Junger Mann in der Stadtbahn, Erzn. 59; Das Ideal und das Leben, Ess. 60; Monolog des Froschkönigs, 66; Murmelpoeme, 67; Hg. E. T. A. Hoffmann; Conan Doyle; Ue.: Larbaud, Buzzati, Calvino, Bemelmans, Brassens u. a.; TV-Filme: Römisches Mosaik; An der Elbchaussee; Der Milchmann; Fleet Street; Mir Frankforter Kulturmensche; Venedig muß gerettet werden; Triest italienisch u. a.

CHRISTIAN FERBER

* 31. 10. 1919 Eberswalde, aufgewachsen in Berlin und Oberbayern. Philosophie-Studium ohne Abschluß, im zweiten Weltkrieg einfacher Soldat und POW-Landarbeiter. Arbeitete einige Jahre als Verlagsbuchhändler, wurde dann im Hauptberuf Journalist, erst bei der *Neuen Zeitung*, später bei der *Welt*. Seit 1969 lebt er als reisender Korrespondent für Westeuropa in London. Theodor-Wolff-Preis 1966 und 1972, Mitglied der Freien Akademie der Künste in Hamburg.

Publikationen: Das Netz, 51; Die schwachen Punkte 53; Jeder wie er kann, 56; Christian Ferbers Flohmarkt, 63; Bonner Patiencen (unter dem Pseudonym Lisette Mullère), 63; Hamburg für Anfänger, 64; Die Moritat vom Eigenheim, 67; mehrere Erzählungen (darunter Mimosen im Juli); viele Hörspiele (darunter Neujahrsansprachen, Gäste aus Deutschland). Die Leute im Schrank, fünfteilige Fernsehfolge über Archetypen der Weltliteratur, 71.

MARTIN GREGOR-DELLIN

* 3. 6. 1926 Naumburg. Aus Thüringen stammend, lebte bis 1958 in Weißenfels (Saale). Nach Verlassen der DDR Kritiker in Bayreuth, Rundfunkredakteur in Frankfurt und Verlagslektor in München, seit 1966 freier Schriftsteller. – Herausgeber Klaus Manns und der Anthologie *P.E.N.* 1971; Kritiker der *Zeit*.

Publikationen: Cathérine, Erz. 54; Jakob Haferglanz, R. 56; Der Mann mit der Stoppuhr, Erzn. 57; Der Nullpunkt, R. 59; Der Kandelaber, R. 62; Möglichkeiten einer Fahrt, Erzn. 64; Einer R. 65; Geordnete Verhältnisse, Hsp. 67; Markwerben, Hsp. 67; Aufbruch ins Ungewisse, Erzn. 68; Unsichere Zeiten, Erzn. u. Ess. 69; Ferdinand wird totgeredet, Hsp. 71; Wagner-Chronik, Biogr. 72; Das Gästehaus, Hsp. 72; Die Revolution als Oper, Ess. 73.

PETER HÄRTLING

* 13. 11. 1933 Chemnitz. Ich wuchs auf in Sachsen, Mähren und Österreich. Schulzeit in Nürtingen/Neckar. Danach Journalist, erst bei schwäbischen Provinzzeitungen, danach (bis 1962) bei der *Deutschen Zeitung*. Von 1962–1970 Mitherausgeber des *Monat*. Jetzt Verlagsleiter bei S. Fischer. Verheiratet, vier Kinder. Mitglied zweier Akademien; zahlreiche Literaturpreise.

Publikationen: Poeme und Songs, 53; Yamins Stationen, 55; In Zeilen zuhaus, 57; Unter den Brunnen, 58; Im Schein des Kometen, 59; Palmström grüßt Anna Blume, 61; Spielgeist – Spiegelgeist, 62; Niembsch oder Der Stillstand, 64; Vergessene Bücher, 66; Janek – Porträt einer Erinnerung, 66; Das Ende der Geschichte, 68; Das Familienfest oder Das Ende der Geschichte, 69; Gilles, 70; ... und das ist die ganze Familie, 70; Ein Abend, eine Nacht, ein Morgen, 71; Neue Gedichte, 72; Zwette – Nachprüfung einer Erinnerung, 73; Das war der Hisbal (Kinderb.), 73.

GUSTAV RENÉ HOCKE

* 1. 3. 1908 Brüssel. Deutscher Staatsangehöriger. Studien in Berlin, Paris, Bonn. Philosophie und Romanistik. Abschluß 1934 bei Ernst Robert Curtius mit einer Dissertation: *Lukrez in Frankreich.* Dann Leiter der Kulturredaktion der *Kölnischen Zeitung* als Nachfolger von Max Rychner. Kreis des »Dritten Humanismus«. Ab 1940 Italien-Korrespondent für deutsche und schweizerische Zeitungen. Von 1943–1944, im antinazistischen Widerstand, versteckt in Rom lebend. Ab 1944 erster Chefredakteur der Wochenschrift *Der Ruf* in den USA, der ersten freien Publikation von Nicht-Emigranten. 1949 Rückkehr nach Rom, wo Hocke seitdem – im Vorort Genzano – lebt. Schon in seinem Frühwerk programmierte er einen »symbolischen Realismus«, so speziell in dem Roman *Der Tanzende Gott* (1948, 1949). Seine Manierismus-Studien wurden in die wichtigsten Weltsprachen übersetzt.

Publikationen: Das geistige Paris, Ess. 37, 39; Das verschwundene Gesicht, Erz. 39, 41; Magna Graecia, 60; Der tanzende Gott, R. 48; Die Welt als Labyrinth, Ess. 57, 63; Manierismus in der Literatur, Ess. 59, 64, 69; Römische Essays, 61; Das europäische Tagebuch, Ess. 63; Das glänzende Rom, 64; Die Stadt Rom und die deutsch-römische Geistesgeschichte, 67; Rheinisches Europäertum. E. R. Curtius Biogr. 67; Fabrizio Clerici, Ess. 68; Der Mensch in Sein und Zeit, Ess. 69; Manierismus in der Kunst, Ess. 70; Eberhard Schlotter, Ess. 71.

THILO KOCH

* 20. 9. 1920 Canena bei Halle. 1939 Abitur, bis 1945 Wehrdienst. Studium Germanistik, Philosophie, Geschichte in Berlin. 1946 NWDR, 1954 Studioleiter Berlin NDR-WDR, Berlin-Korrespondent *Die Zeit,* Radio Zürich. 1960–1964 Washington, Amerika-Korrespondent Deut-

sches Fernsehen, NDR, WDR, *Die Zeit*. Seither Autor Fernseh- und Rundfunksendungen, wöchentl. Kolumne für Zeitungskette, Bücher. Seit 1944 verheiratet, 2 Kinder, 2 Enkelkinder.

Publikationen: Eine Jugend war das Opfer, R. 46; Stille und Klang, G. 47; Zwischen Grunewald und Brandenburger Tor, Feuilletons, 56; Gottfried Benn, Biogr. Ess. 57, erw. Neuauflage 70; Berliner Luftballons, Feuilletons, 58; Zwischentöne, Ein Skizzenbuch, 63; Wohin des Wegs, Deutschland, 65; Tagebuch aus Washington I, II, III, 63/64; Briefe aus Krähwinkel, 65; Neue Briefe aus Krähwinkel, 67; Kämpfer für eine neue Welt, 68; Fünf Jahre der Entscheidung, 69; Die Goldenen Zwanziger Jahre – Porträt eines Jahrzehnts, 70; Ähnlichkeit mit lebenden Personen ist beabsichtigt, 70; Interview mit Südamerika, 71; Deutschland war teilbar, 72; Die Weltmächte im XX. Jahrhundert: Nordamerika, 73; Reporter-Report, 73; Piktogramm der Spiele, Tagebuch der Olympiade, 73. Etwa 100 große Fernseh-Dokumentarfilme.

RUDOLF WALTER LEONHARDT

* 9. 2. 1921 Altenburg. Studium in Leipzig, Bonn, Cambridge und London, Naturwissenschaften, Philosophie und Moderne Sprachen. Abschluß: Staatsexamen, Promotion (Bonn 1950). Danach journalistische Arbeiten für die BBC, *The Times, The Guardian, The New York Times,* die *Neue Zürcher Zeitung, Die Zeit.* Heute Stellvertretender Chefredakteur der Zeit.

Publikationen: 77mal England, 57; Der Sündenfall der deutschen Germanistik, 59; Xmal Deutschland, 61; MV Reise in ein fernes Land, 64; Wer wirft den ersten Stein, 69; Drei Wochen und drei Tage in Japan, 70; Haschisch-Report, 70; Hg. Kästner für Erwachsene, 66.

PETER DE MENDELSSOHN

* 1. 6. 1908 München. Begann 1926 beim *Berliner Tageblatt,* 1930 veröffentlichte er sein erstes Buch, 1933 ins Exil nach England ausgewandert, politischer Journalist und Übersetzer, während des Krieges im britischen Staatsdienst. Nebenher Bücher englisch und deutsch. 1950 bis 1970 Londoner Korrespondent des Bayerischen Rundfunks. 1970 Rückkehr nach München.

Publikationen: Insgesamt etwa 35 Bücher in deutscher und englischer Sprache und über 100 Übersetzungen. Romane: Schmerzliches Arkadien, 32; The Hours and the Centuries, 44. Essaybände: Überlegungen, 48; Einhorn singt im Regen, 52; Der Geist in der Despotie, 53; Inselschicksal England, 65; Das Gewissen und die Macht, 71; Von deutscher Repräsentanz, 72. Biographie: The Age of Churchill, 60. Monographien: Zeitungsstadt Berlin, 59; S. Fischer und sein Verlag, 70.

JÜRGEN PETERSEN

* 2. 4. 1909 Wiesbaden. Lübecker Familie, Vater Kirchenmusiker. In Wiesbaden aufgewachsen, Humanist. Gymnasium, Philologie-Studium, Promotion und Staatsexamen 1934–1935, Literatur- und Theaterkritiker 1936–1941 in Berlin. 1942–1945 Kriegsmarine. 1946–1955 und 1955–1961 Leiter der Literaturabteilungen bei Radio Hamburg und Frankfurt. Seit 1962 Programmdirektor (Kultur) im Deutschlandfunk.

Publikationen: Hg.: Triffst du nur das Zauberwort, Stimmen von heute zur deutschen Lyrik, 61; Die Hochzeit des Figaro, In der Reihe »Dichtung und Wirklichkeit«, 65. Viele Publikationen in Zeitungen, Zeitschriften und Sammelbänden. Radio-Essays.

WERNER ROSS

* 27. 1. 1912 Krefeld-Uerdingen. Lehr- und Gesellenzeit als Student, Assistent und Doktorand bei Ernst Robert Curtius in Bonn. Promotion 1938, Thema: Die römische Kaiserzeit in der französischen Literatur des 19. Jahrhunderts. Andere Fächer: Deutsch, Italienisch. In Genua, Pisa, Florenz als Student und Lektor. Nach dem Krieg: Schullaufbahn, 1957 bis 1964 Direktor der Deutschen Schule in Rom. Dann Wechsel zur Kulturpolitik: 1964 bis 1972 Direktor des Goethe-Instituts mit Sitz in München.

Publikationen: Deutsch in der Konkurrenz der Weltsprachen (1972). Übersetzungen ital. Liebesgedichte und des Goethebuchs von Croce. Die Lyrik Ungarettis (1972). Anthologie »Deutsche Dichter«. Beiträge zu H. Domin: Doppelinterpretationen, M. Reich-Ranicki: In Sachen Böll, u. a. Essays und Rezensionen in FAZ, Süddeutscher Zeitung, Zeit, Neuer Zürcher Zeitung, Merkur. Wissenschaftliche Aufsätze in »Romanische Forschungen«, »Germanisch-romanische Monatsschrift«, Herrigs »Archiv«, »Zeitschr. f. frz. Sprache u. Literatur«, »arcadia«.

HORST RÜDIGER

* 20. 9. 1908 Geringswalde/Sa. Studierte bei drei vorzüglichen Lehrern – Gundolf, Jaspers, Alfred Weber –; war freier Schriftsteller und Redakteur, war 1938–1957 an drei italienischen Universitäten tätig (Bologna, Mailand, Pavia), habilitierte sich in Italien und ist Professor für Komparatistik in Bonn. Dreimal Gastprofessor in den USA.

Publikationen: Sappho – Ihr Ruf und Ruhm bei der Nachwelt, 33; Wesen und Wandlung des Humanismus, Nachdr. 66; Winckelmann und Italien – Sprache, Dichtung, Menschen, 56; Italien ganz privat, 60; Zweisprachige Ausgaben Griechischer, Lateinischer, Italienischer Gedichte; Sammlung von »Briefen des Altertums«, 65; zahlreiche Aufsätze und Essays. Ue.: Theophrast »Charakterbilder«, »Griechische Lyriker«, Horaz »Ars poetica«; Hg. von »arcadia – Zeitschrift für Vergleichende Literaturwissenschaft« und der »Komparatistischen Studien«; MHG von »Euphorion«, »Studien zum Fortwirken der Antike«, »Literatur und Leben«.

WILHELM WOLFGANG SCHÜTZ

* 14. 10. 1911 Bamberg. Anfänge: Arbeiten für die Bühne. Studienjahre in Heidelberg und München. Korrespondent der *Neuen Zürcher Zeitung* in London. Seit 1950 tätig in der deutschen Politik. Freilich, Politik nicht nur als Politik, sondern Politik auch als Theater. Folgerichtig: Rückkehr zur Arbeit für das Theater.

Publikationen: Schauspiele: Galopp rechts, 73; Leak, 73; Gebrauchsanweisung für einen Reichsverweser, 72; Die Fahndung, 71; Der Fall Sokrates, 70. Politische Bücher: Antipolitik, 69; Der uneigentliche Punkt – Ein politischer Dialog, 67; Modelle der Deutschlandpolitik, 66; Reform der Deutschlandpolitik, 65; Deutschlandmemorandum, 68; Rethinking German Policy, 67.

WERNER VON SIMSON

* 21. 2. 1908 Kiel. Studium der Rechte in Freiburg und Berlin. 1935 Dr. jur., 1936–1939 Rechtsanwalt am Kammergericht Berlin, Geschäftsführer. 1939–1953 England. 1953–1967 Rechtsanwalt am Gerichtshof der Europäischen Gemeinschaften in Luxemburg. 1965 Habilitation in Freiburg. 1967 Professor, 1968 Ordentlicher Lehrstuhl für öffentliches Recht. Seit 1938 verheiratet, vier Söhne.

Publikationen: Die Souveränität im rechtlichen Verständnis der Gegenwart, 65; Beitr. Wirtsch. und Wettbewerb / Zeitschr. f. d. ges. Handelsrecht u. Wirtschaftsrecht / Z. f. ausl. öff. Recht u. Völkerrecht / Freiburger Rechts- u. Staatswiss. Abh. / Gemeinschaftskommentar z. Ges. über Wettbewerbsbeschränkungen / Jahn-Junckerstorff, Intern. Kartellrecht / Kaiser, Planung I / Festschr. f. Otto Riese, Karl Loewenstein, Erik Wolf / Europarecht. Western Europe Handbook, 67; Das Demokratische Prinzip im Grundgesetz, 72.

HILDE SPIEL

* 19. 10. 1911 Wien. Studium der Philosophie und Psychologie, Promotion 1936. Im selben Jahr Übersiedlung nach London, Mitarbeit am *New Statesman.* Nach Kriegsende englische Kulturkorrespondentin für *Neue Zeitung,* dann *Süddeutsche Zeitung, Tagesspiegel, Weltwoche* etc. 1946–1948 Berlin, Theaterkritikerin der *Welt.* Ab 1955 zweiter Wohnsitz St. Wolfgang, Salzkammergut. Endgültige Rückkehr nach Österreich 1963. Kulturkorrespondentin der *Frankfurter Allgemeinen* in Wien. Auszeichnungen: Öst. Professor 1962, BVK 1. Kl. 1962, Ehrenkreuz f. Kunst und Wissensch. 1. Kl. (Öst.) 1972, Gold. Ehrenzeichen Land Wien 1972. Preise: Julius Reich-Preis 1934, Salzburger Kritikerpreis 1970.

Publikationen: Kati auf der Brücke, R. 33; Verwirrung am Wolfgangsee, R. 35; Flute and Drums, R. 39 (deutsche Ausgabe ›Flöte und Trommeln‹, 48); Der Park und die Wildnis, Ess. 53; Welt im Widerschein, Ess. 60; The darkened Room, R. 61 (deutsche Ausgabe ›Lisas Zimmer‹, 65); Fanny von Arnstein oder die Emanzipation, Bio. 62; Richard III., Hist. Essay, 64; Der Wiener Kongreß in Augenzeugenberichten, 65; Wien/Spektrum einer Stadt, 71 (ed. und mitverfaßt); Städte und Menschen; 72. Eine Reihe kleinerer Publikationen. Übersetzungen von Prosa, Lyrik und Dramen aus dem Englischen.